현대 영미 여성시의 이해

편집위원회

편집위원장   신원철(강원대)

편집위원   김양순(고려대)   윤준(배재대)   정옥희(김포대)
             최문수(동덕여대) 홍은택(대진대)

현대 영미 여성시의 이해

한국현대영미시학회 편

초판 발행일 2013년 7월 15일

발행인 이성모

발행처 도서출판 동인

주 소 서울시 종로구 명륜2가 237 아남주상복합아파트 118호

등 록 제1-1599호

TEL   (02) 765-7145 / FAX: (02) 765-7165

E-mail dongin60@chol.com

ISBN   978-89-5506-537-4

정가   18,000원

※ 잘못 만들어진 책은 바꿔 드립니다.

현대 영미
여성시의 이해

한국현대영미시학회 편

도서출판 ┃동인

현대 영미 여성시의 다양성과 활력

윤준

한국현대영미시학회 제13대 회장

이번에 발간하는 『현대 영·미 여성시의 이해』는 『현대 미국 생태시의 이해』 (2008), 『현대 영·미 전쟁시의 이해』(2010; 2011년 문화체육관광부 우수학술 도서)에 이어 우리 학회가 의욕적으로 개최해온 월례 독회의 세 번째 성과물입 니다. 학회가 창립된 1988년부터 시작된 우리 학회의 독회는 한동안 활발하게 개최되다 일시 중단된 후 2004년경부터 재개되어 오늘에 이르고 있습니다. 2009년 1월부터 2010년 12월까지 개최된 '현대 영미 여성시인들'이라는 주제 의 월례 독회는 2010년에 한국연구재단의 '소규모연구회모임' 경비지원을 받 아 한층 더 활발하게 진행된 바 있습니다.

영미시의 오랜 역사에 걸쳐 뛰어난 여성시인들이 많았음에도 불구하고, 그 동안 여성시인들의 시는 비평적으로나 학문적으로 남성시인들의 시에 비해 상대적으로 소홀히 취급되어 왔다고 할 수 있습니다. 현대의 주요 여성시인들의 시적 성취에 초점을 맞춰 기획된 이 단행본은 그 같은 추세를 바로잡을 수 있는 의미 있는 작업이 아닐 수 없습니다. 이 단행본에는 19세기에 활동하면서 현대적 감수성을 보여준 에밀리 디킨슨부터 현재에도 활발한 작품 활동을 벌이고 있는 이반 볼랜드와 캐롤 안 더피에 이르기까지 영국과 미국의 15명의 여성시인의 주요 시편들이 상세하게 해설되어 있습니다. 실제로 많은 학자들이 지적하듯, 초창기의 페미니즘이 여성들의 공유된 경험에 관심을 기울였다면, 근래의 페미니즘은 여성적 경험의 다양성, 문화적 유산의 다양성, 인종적 정체성, 지리적 배경, 성적 선호, 계급적 편견 등의 다양한 문제들에 초점을 맞추고 있습니다. 굳이 여성적 정체성을 의식하지 않았던 시인들뿐만 아니라 여성적 경험, 여성 공동체에 대한 탐색, 가족속의 여성 자아의 문제, 흑인의 인종성, 보편적 여성주의, 생태주의적 쟁점, 사회적 문제, 시적 실험 등에 깊은 관심을 기울였던 시인들의 대표적인 시편들에 대한 전문가들의 해설을 통해 독자들은 이 단행본에서 현대 영미 여성시의 다양성과 활력을 확인할 수 있을 것입니다.

월례 독회에서 발표해주시고 또 이 단행본을 위해 좋은 글을 써주신 필자 선생님들, 매번의 독회가 유익한 학문적 토론의 장이 될 수 있도록 적극적으로 참여해주신 회원 선생님들, 이 단행본의 토대가 된 독회의 진행과 그 성과물인 이 단행본의 발간을 위해 헌신적으로 애써주신 신원철 전 부회장님을 비롯해 단행본 편집과 교열에 수고해주신 편집위원 선생님들께 깊이 감사드립니다. 또 쾌적한 독회 장소를 제공해주신 동국대학교 김영민 교수님, '소규모연구회 모임'으로 선정해 경비지원을 해준 한국연구재단, 어려운 출판 여건에도 불구하고 흔쾌히 이 책을 발간해주신 도서출판 동인의 이성모 사장님을 비롯한 관계자 분들께도 감사의 인사를 전합니다.

2013년 4월
윤준

차례

현대
영미 여성시의
이해

에밀리 디킨슨 Emily Dickinson, 1830–1886
여성과 자연의 생태적 어울림

| 신문주

깊은 반향을 울리는 짧은 시들로 널리 사랑받고 있는 에밀리 디킨슨은 19세기 미국 동부뉴잉글랜드의 매사추세츠 주 앰허스트라는 전원 마을에서 전통적인 청교도 집안의 세 남매 중 둘째로 태어났다. 아버지 에드워드 디킨슨(Edward Dickinson)은 법률가로서 주의회 의원, 앰허스트 대학교 재정 출납관을 역임한 엄격한 청교도였다. 그는 자녀들의 교육에 관심이 많아 장남인 오스틴(Austin)뿐만 아니라 두 딸도 학교 교육을 시켰다. 에밀리는 1835년부터 4년간 초등학교(Primary School)를 다녔고 1840년에는 여동생 라비니아(Lavinia)와 앰허스트 아카데미(Amherst Academy)에서 공부를 시작해 1847년까지 7년간 수학했다. 그 해에 에밀리는 마운트 홀리오크 여학교

(Mount Holyoke Seminary)에 들어갔으나 건강상의 이유로 1년만 다니고 그만 두었다. 공식교육은 여기서 끝났지만, 에밀리는 아버지의 서재에 있는 책들과 아버지가 정기 구독하는 잡지와 신문들을 섭렵하면서 그 당시 사회문화의 주요한 쟁점들을 접하고 문학적 소양과 안목을 키워나갔다.

디킨슨은 소녀시절에 "앰허스트 일등미인"(the belle of Amherst)이 되어 수많은 청년들의 선망의 대상이 되려는 꿈이 있었으나 삼십대 후반부터 아버지의 집과 정원 밖으로 외출하지 않고 흰옷만 입는 "은둔의 여왕"(the Queen of Recluse)이 된다. 방문객을 대면하지 않고 문이나 휘장 뒤에서 얘기를 하는 등 특이한 행동을 하였기에 동네 사람들로부터 "전설"(the myth)로 불리기도 했다. 디킨슨이 은둔생활을 하게 되었던 원인에 대해 갖가지 추측이 있지만 대부분의 학자들은 여성의 권리를 인정해 주지 않는 뉴잉글랜드의 가부장제적 청교도 사회질서에 대한 반항의 표현으로 보고 있다. 중상류층에 속한 가문에 태어나 경제적 부담이 없었던 디킨슨은 사회에 나가 경제 활동을 하거나 수입을 얻기 위해 글을 쓸 필요가 없었기 때문에 사회규범이나 당시 문단의 흐름의 규제를 받지 않고 자신이 원하는 대로 마음껏 시를 쓸 수 있었다. 하지만 생전에 디킨슨은 시인으로보다는 꽃 가꾸는 여인으로 동네 사람들에게 알려졌다. 그녀는 집의 정원과 온실에서 사시사철 갖가지 꽃과 채소를 가꾸었고 수확물들을 동네 사람들과 나누었기 때문이다. 칩거생활을 하면서 디킨슨은 정원의 꽃을 가꾸며 자연과의 깊은 교감과 자신에 대한 성찰을 하게 되었다. 정원의 갖가지 꽃들을 찾아오는 새, 곤충, 바람, 햇빛 등을 세밀히 관찰하고 깊이 공감함으로써 인간이 아닌 생물들의 존재 가치를 인정하며 당시의 인간 중심 세계관에 반대하여 자연 앞에서의 겸손함, 자연의 독립적 존재 가치와 자연과의 일치를 노래하는 시를 썼다. 여성과 자연을 동일시하는 전통적 관점을 수용하면서도 자연을 정복의 대상으로 보기보다는 인간이 통제할 수 없는 고유한 가치를 가진 존재로 그림으로써 자연에 대한 생태적 관점을 제시하고 있다.

　19세기 뉴잉글랜드의 청교도주의와 영국 빅토리아 시대사조의 영향으로 여성이 사회적 인정과 지지를 받지 못했던 시기에 살면서 디킨슨은 여성의 삶과 역할은 물론 여성과 자연의 연관성을 깊이 자각하였다. 하지만 여성과 자연을 억압과 정복의 대상으로 간주하는 가부장제의 남성위주의 세계관에 반하여 여성과 자연이 서로 사랑으로 연결되어 있는 생태학적인 조화로운 공생의 이미지를 시에서 그려내었다. 이는 현대의 생태여성주의자(ecofeminist)의 입장과 유사하다. 생태여성주의 입장은 남성중심의 발전지상주의가 가져온 자연 파괴와 가부장제도 하에서의 여성에 대한 억압이 밀접하게 연결되어 있다고 본다. 이러한 전통적인 자연과 여성에 대한 이중 억압 구조에 비교해 볼 때, 디킨슨의 시는 여성과 자연의 상관성을 인정하면서 여성과 자연의 관계와 자연의 위상에 대한 재고를 촉구하고 있다. 자연의 독자성, 신비성, 우위성을 노래하는 생태적 전망을 제시하여 자연의 위상을 들어 올림으로써 자연과 밀접히 연계되어 있는 여성의 자리를 찾아 주는 이중 효과를 거두고 있다.

　디킨슨의 시를 읽기 전에 기억할 사실은 우리가 현재 알고 있는 디킨슨의 시는 거의가 사후에 출판된 것이란 점이다. 디킨슨 연구 학자들 간 의견 차이는 있지만 랠프 W. 프랭클린(R. W. Franklin)에 따르면, 11편만 시인의 생전에 발표된 것이고 나머지 1778편의 시는 사후에 발견되었다. 1886년 그녀가 신장의 질병(Bright's Disease)으로 돌아간 후 여동생 라비니아가 언니의 방 정리를 하다가 옷장 서랍에서 손으로 직접 묶어 놓은 시 모음집들(Fascicles)을 발견하였다. 이 모음집들에는 1858년부터 1865년 사이에 쓰인 800여 편의 시가 담겨 있었다. 이는 라비니아가 자신의 글을 소각하라는 언니의 유언을 거슬러 시를 보관하였던 덕분에 오늘날 우리가 디킨슨의 심오하고 독창적인 생각들을 만날 수 있게 된 것이다. 하지만 디킨슨 스스로 시집을 펴내지 않았기 때문에, 그녀의 사후 수많은 편집자들이 1890년의 첫 시집 『에밀리 디킨슨의 시들』(*Poems by Emily Dickinson*)을 시작으로 최근의 프랭클린의 『디킨슨 시 집주본(集註本)』(*The Poems of Emily Dickinson: Variorum Edition*, 1998)과 『디킨슨 시 독서본』(*The Poems of Emily Dickinson: Reading Edition*, 2005)까지 15권의 시집을 출간하였다. 이 글에서 다룰 시들은 프랭클린 집주본에서 인용한 것이며 프랭클린의 약자(Fr)를 시의 번호 앞에 붙여 사용하는 관례를 따르기로 한다.

비록 생전에 출판에 대해 회의적이어서 시집을 내지 않았지만, 디킨슨은 평생 동안 자신의 시와 편지를 가족, 친지, 친구들에게 보냈다. 은둔 생활을 하며 극히 소수를 제외하고는 사람을 대면하지 않았지만 편지를 통해 세상과 소통하였다. 다음 시에서 디킨슨은 자신이 쓰는 시를 세상에 보내는 편지라고 부르며, 자신은 자연의 대변인으로서 자연의 소식을 전한다고 한다. 인간은 자연을 완전히 알 수 없고 마음대로 통제할 수 없음을 인정하면서 대신 인간이 자연을 위해 할 수 있는 일을 발견한 것이다. 말을 할 수 없는 자연을 위해 스스로 자연의 대변인이 되는 길이 그것이다. 어떤 의미에서 사회에서 물러나 은둔 생활을 하고 있는 시인 자신의 입장과 말하지 못하는 자연의 입장이 유사함을 시사한다. 따라서 자연을 대변하면서 동시에 억압받아 온 여성의 목소리를 낼 수 있게 되는 것이다.

이것은 나의 편지
내게 결코 편지를 쓰지 않는 세상에 보내는―
부드러우나 위엄 있게
자연이 얘기해 준 소박한 소식들

그녀의 서신은 들려 있네
내가 볼 수 없는 손들에

그녀를 사랑한다면 — 친절한 — 동포들이여 —
나를 자애롭게 평가해 주시길

This is my letter to the World
That never wrote to Me —
The simple News that Nature told —
With tender Majesty

Her Message is committed
To Hands I cannot see —
For love of Her — Sweet — countrymen —
Judge tenderly — of Me

— Fr519 전문

　우리에게 널리 알려진 이 시는 은둔 시인이 자연의 이야기를 담은 시를 편지로 써서 세상에 보내면서 독자들에게 우호적인 태도로 읽어 달라고 부탁하고 있다. 세상은 시인에게 한 번도 편지를 보낸 적이 없으나 시인은 자연의 진솔한 소식을 적어 세상에 보낸다(1연). 그런데, 시인의 손을 벗어난 편지는 세상의 누군가의 손에 넘겨지게 되고, 시인은 누군지 모르는 독자에게 두 가지 요청을 하고 있다. 둘째 연의 마지막 두 줄을 보면, 첫째는, 자연을 사랑하라는 것, 둘째는, 자신을, 곧 자신의 시를 자비롭게 평가해 달라는 것이다. 이와 같은 자신의 시에 대한 변명(apologia)은 오랜 문학적 전통에 속한다.

　디킨슨은 이 시에서 겸손한 변명이라는 편지 봉투에 자연으로부터 온 소식을 담아 전달하고 있다. 표면상으로 볼 때, 이러한 변명은 디킨슨의 선배인 17세기 미 식민지시대의 청교도 시인 앤 브래드스트리트(Anne Bradstreet)가 자신의 시집 『열 번째 뮤즈신』(*The Tenth Muse*)의 「서문」("The

Prologue")의 마지막 연에서 독자들에게 하는 부탁을 연상시킨다. 브래드스 트리트는 "만일 황송하게도 그대가 이 비천한 시들에 눈을 준다면, / 사향 초나 파슬리 화환을 주세요, 나는 월계수는 바라지 않으니 / 하찮고 다듬어 지지 않은 나의 이 광석은 / 그대의 광채 나는 금을 보다 더 빛나게 해 줄 거예요"(If e'er you deign these lowly lines your eyes, / Give thyme or parsley wreath, I ask no bays; / This mean and unrefined ore of mine / Will make your glist'ring gold but more to shine)라고 노래했다. 두 시인은 모두 남성 독자를 염두에 두고 일종의 자기 방어를 하고 있다. 브래드스트리트는 남 성을 영광의 "월계수"와 "광채 나는 금"에 연결시켜 치켜세우는 한편 자신 의 시를 "비천한 시"와 "보잘 것 없고 정련되지 않은 광석"이라고 부르며 요리할 때 쓰는 향신료인 사향초와 파슬리로 된 화환을 달라고 요청함으로 써 자신도 남성만큼은 아니지만 약간의 영예를 받을 자격이 있음을 밝히고 있다. 반면 디킨슨의 경우는 자신이 받을 영예보다는 자신이 쓴 자연의 이 야기를 독자들이 이해심 있게 읽어 주기를 요청하는 데에 더 초점이 있다. 그리고 그렇게 요청하는 근거는 "자연에 대한 사랑"이 전제되고 있다. 이는 곧 당시 뉴잉글랜드에 팽배해 있던 인간중심주의 자연관에 대한 재고를 요 청하는 것이며, 결국 자연과 여성을 사랑하고 친절하게 대해 달라는 이중 의 의미를 전달하고 있다. 자연과 여성이 서로 밀접하게 연결되어 있으며 사회에서 열등한 위치를 공유하고 있음을 자각한 시인이 문학적 전통을 사 용해 남성에게 배려를 요청하는 겸손한 태도를 보이고 있지만 실상은 모든 것이 서로 연결되어 있으니 평화롭게 공존하자는 초대장을 보내고 있는 것 이다.

　이러한 인간중심 사고에서 생태적 사고로의 전환은 자연과 여성의 관 계에 대한 새로운 인식이 우선되어야 가능하다. 인간중심 사고에서 자연은 인간의 편리를 위한 도구적 가치로서 존재한다. 마찬가지로 여성도 남성의 편리를 위한 보조적 가치만 갖는다. 학자들은 이러한 사고구조의 원인을 서구문화의 이성(reason)과 남성중심의 이분론(dualism)에서 찾는다. 이분론이란 남성과 여성과 같이 비교되는 개념들을 지배와 복종의 관계로 이해하고 대립적이고 배타적인 관계로 인식하는 과정을 말한다. 이분론의 핵심 문제는 이성과 자연 또는 인류(문화)와 자연이라는 지배와 복종의 대립구조에 있다고 생태여성학자들은 지적한다. 이분론에서는 남성만을 진정한 인간으로 보고 남성과 이성, 문화를 동일시하는 한편 여성을 자연과 동일시하는데, 남성과 관련된 특성의 우위성을 강조하는 반면 여성에 속한 특성을 열등시하게 된다. 그 결과 전통적인 가부장제 사회에서 이분론에 바탕을 둔 여성과 자연의 동일시는 여성과 자연에 대한 무분별한 억압과 파괴를 아무런 도덕적 거리낌 없이 할 수 있게 용인해 주었다.

이러한 시대 문화적 상황 안에서 디킨슨은 여성과 자연의 연관성을 인정하면서도 자연의 새로운 면모를 부각시켜 고정된 사고의 틀에 변화를 꾀하고 있다. 대부분의 앤솔로지(anthology)에 등장하지 않는 다음 시에서 디킨슨은 자연을 여성으로 특히 어머니로 보는 전통적 견해를 수용하고 있다. 그러나 가부장제 하에서 무조건 순종하는 여성의 이미지와는 달리 인자하지만 사물을 통제하는 힘을 가진 자연의 이미지를 그리고 있다.

> 자연은−가장 점잖은 어머니
> 어떤 자녀에게도 성마르지 않으니−
> 가장 약한−또는 가장 반항적인 자녀에게−
> 그녀의 훈계는 온화하네−
>
> 숲−그리고 언덕에서−
> 나그네에게−들려오네−
> 사나운 다람쥐를−

또는 너무 난폭한 새를 꾸짖는 소리를—

그녀의 대화는 얼마나 솔직한지—
어느 여름 오후—
그녀의 가족—그녀의 모임에서—
그리고 해가 질 무렵—

나무들 사이서 들리는 그녀의 음성은
머뭇거리는 기도를 끌어내네
가장 작은 귀뚜라미와—
가장 보잘 것 없는 꽃의—

모든 자녀들이 잠들었을 때—
그녀는 멀리 물러가네
자신의 등불들을 켜기에 충분할 만큼—
그 다음 하늘에서 몸을 굽히네—

무한한 애정과—
더 무한한 간절한 마음으로
그녀의 황금빛 손가락을 입에 대고—
침묵을 명하네—온 천지에—

Nature—the Gentlest Mother is,
Impatient of no child—
The feeblest—or the Waywardest—
Her Admonition mild—

In Forest—and the Hill—
By Traveller—be heard—
Restraining Rampant Squirrel—

Or too impetuous Bird —

How fair Her Conversation —
A Summer Afternoon —
Her Household — Her Assembly —
And when the Sun go [sic] down —

Her Voice among the Aisles
Incite the timid prayer
Of the minutest Cricket —
The most unworthy Flower —

When all the Children sleep —
She turns as long away
As will suffice to light Her lamps —
Then bending from the Sky —

With infinite Affection —
And infinite Care —
Her Golden finger on Her lip —
Wills Silence — Everywhere —

— Fr741 전문

　　모두 6연으로 된 이 시는 자연을 여성화하고 있지만 남성과 사회의 규
범에 맹목적으로 복종하는 전통적인 수동적 여성상과는 다르다. 대신에 다
양하고 광범위한 숲속 자연 공동체 구성원 하나하나를 지도하고 보호하는
지도자의 역할을 하는 것으로 그리고 있다. 자애로운 어머니 같은 자연은
자녀가 허약하거나 반항하거나 상관없이 다정하게 훈계하며(1연), 정도가
지나칠 정도로 난폭한 다람쥐와 새를 진정시키기도 하고(2연), 숲속 공동체

를 가족같이 여기고 집회를 열어 솔직하고 공평한 대화를 하며(3연), 귀뚜라미와 이름 모를 꽃들의 쭈뼛거리는 기도를 격려해주는 영적 지도자이며(4연), 자녀들이 모두 잠든 저녁이면 등불을 켜기 위해 멀리 떠나(5연) 깊은 애정과 관심을 갖고 자녀들이 깨지 않고 푹 잠잘 수 있도록 온 세상에게 침묵하라 명령을 내리는 주체적이고도 사랑이 넘치는 존재이다.

이 시는 "어머니 자연"(Mother Nature)이라는 통념에 대해 진지하게 생각하게 할 뿐만 아니라 19세기 미국 뉴잉글랜드 청교도 문화 안에서의 남성적 신관에 대한 하나의 대안을 제시한다. 디킨슨은 자연을 "가장 점잖은 어머니"라고 부름으로써, 청교도에서 상정하고 있는 엄격한 아버지로서의 신의 이미지와 대비시키고 있다. 디킨슨보다 한 세기 전에 같은 뉴잉글랜드 지역에서 활동했던 저명한 청교도 목사이자 작가인 조나단 에드워즈(Jonathan Edwards)가 1741년 7월 8일에 했던 설교 "성난 신의 손에 달린 죄인들"(Sinners in the Hands of an Angry God)에 등장하는 진노하는 신의 모습이 디킨슨 생존 당시에도 여전히 사람들의 기억 속에 각인되어 있었다. 이러한 성난 아버지로서의 신의 이미지와는 극명하게 대조적으로 디킨슨 시에 나타난 어머니 자연은 꾸짖고 통제하지만 온화하게 훈계하며 동시에 자비롭고 사랑이 넘치는 존재이다. 이 시에서 디킨슨이 그리고 있는 자연은 개척해야 할 대상으로서 보던 당시의 자연관과 달리 자녀들을 양육하는 자비심 많은 어머니로서의 자연이다. 이와 같이 어머니로서의 자연의 측면을 부각시킴으로써 존경심을 갖고 자연을 대하도록 우리를 초대한다.

디킨슨은 위의 시에서 자연과 여성의 관계성을 긍정적인 시각으로 그려냈는데, 다음의 시에서는 자연을 대표하는 존재로서 여성화된 산과 산을 경배하는 여성 화자와의 친밀한 관계를 종교적 모티브를 많이 사용하면서 표현하고 있다. 앞의 시에서는 화자가 전면에 나서지 않지만, 이 시에서는 여성으로서의 자연과 여성으로서의 화자 사이의 특별한 관계가 부각되고 있다. 디킨슨이 평생 살았던 앰허스트는 산들이 첩첩이 병풍처럼 마을을 둘러싸고 있어 시인은 어렸을 때 자주 산에 가서 식물채집을 하였다. 나중에 성년이 되어 아버지의 집에서 은둔 생활을 하면서도 산에 대한 애정을 간직했다. 다음의 시는 이러한 시인의 자전적 요소를 반영하고 있다.

인정 많은 산들이여 ─ 그대들은 내게 거짓말 않네 ─
결코 나를 부인하거나 ─ 결코 두고 도망가지 않네 ─
그 한결같이 변함없는 눈들은
나를 눈 여겨 보네 ─ 내가 실패할 때나 ─ 속일 때나,
또는 여왕의 이름을 함부로 일컬을 때나 ─
그들의 천상적이고 ─ 영원한 ─ 보랏빛 눈빛 ─

나의 강한 산들은 ─ 여전히 소중히 감싸네 ─
언덕 밑의 ─ 이 고집 센 수녀를 ─
그대를 향한 ─ 그녀의 수고는
그녀가 가장 최근에 드린 예배는 ─ 해가
하늘로부터 점차 사라져 버릴 때 ─
그녀의 둥근 눈썹을 그대에게 들어 올리는 것 ─

Sweet Mountains ─ Ye tell Me no lie ─
Never deny Me ─ Never fly ─
Those same unvarying Eyes
Turn on Me ─ when I fail ─ or feign,
Or take the Royal names in vain ─
Their far ─ slow ─ Violet Gaze ─

My Strong Madonnas ─ Cherish still ─
The Wayward Nun ─ beneath the Hill ─
Whose service ─ is to You ─

Her latest Worship — When the Day
Fades from the Firmament away —
To lift Her Brows on You —

— Fr745 전문

　이 시는 그리스도교와 관련된 용어와 이미지들을 많이 사용하고 있다. 1연의 첫째와 둘째 줄에서 화자는 산들이 자신에게 거짓말을 하지 않고 결코 자신을 부인하거나 혼자 두고 도망가지 않는다고 하는데, 이는 신약성서에서 수난 전날 예수 그리스도가 올리브산에서 로마 병정들에게 체포되자 그의 제자들이 모두 도망가고 수제자 베드로는 스승을 부인하며 모른다고 거짓말을 했던 사실을 상기시킨다. 믿을 수 없는 이러한 인간들과는 달리 산들은 언제나 정직하고 진실하다. 실패해도, 거짓을 꾸며도, 여왕의 이름을 함부로 불러도, 산들은 변함없는 사랑어린 눈빛으로 화자를 지켜본다. "신의 이름을 함부로 부르지 말라"는 그리스도교의 십계명 중 첫 계명과 비교할 때, 이 "다정한 산들"의 자비로움이 더 한층 부각된다. 화자에게 익숙한 "여왕의 이름"은 그리스도교에서 말하는 신의 이름이 아닌 지상의 권위자의 이름이며, 화자는 신의 이름보다 여왕의 이름을 더 많이 부르고 있다. 더 나아가, 예수 그리스도와 제자들이 남자들인 점에 착안하면, 화자는 남자들 사이의 우정과 의리는 파괴되지만, 2연에서 여성으로 지칭된 산들과 화자 자신은 여성과 여성 사이의 진실한 우정을 나눈다는 점을 강조하고 있다.

　둘째 연에서는 특히 가톨릭교의 용어들을 사용해 산들과 화자 사이에 있는 깊은 유대감을 표현한다. 이제 산들은 "나의 강한 마돈나들"이다. "마돈나들"은 산들을 비유적으로 부르는 말로서 자연이라는 교회의 자비로운 이미지를 대표한다. 원래 "마돈나"(Madonna)는 이탈리아어로 "나의 귀부인"이라는 뜻이며, 가톨릭교에서 예수 그리스도의 어머니 마리아를 지칭하는 용어이다. 산을 성모 마리아로 본 것은 화자가 산에서 받는 위로가 가톨릭 신자들이 마리아에게서 얻는 위로와 힘에 비길 수 있음을 시사하고 있다. 아버지 신과 그의 아들 예수 그리스도는 남성이어서 거리감을 느낄 수 있지만 성모 마리아는 자상한 어머니로서 화자나 독자가 쉽게 다가갈 수 있는 존재이다. 이 시의 화자에게 산은 마리아와 같이 기댈 수 있는 든든한 존재인 것이다.

그런데, 화자는 자신을 "고집 센 수녀"라고 부르고 있다. 왜 "고집 센 수녀"인가? 수녀는 교회 공동체와 사회에 봉사하기 위해 평생을 독신으로 수도 생활을 하는 여성으로 대부분 수녀원이라는 사회로부터 격리된 공동체를 형성하며 산다. 그런데, 화자가 있는 곳은 수녀원이 아니라 이 산들과 가까운 "언덕 아래"이다. 그녀는 그리스도교의 전통적인 숭배 대상인 신과 예수 그리스도를 섬기는 것이 아니라 산, 즉 자연을 섬기는 여성으로서 전통적인 교회의 눈으로 보면 그릇된 "수녀"이다. 산들은 이러한 "고집 센 수녀"를 여전히 소중히 여긴다. 화자가 몸과 마음으로 봉사를 바치는 대상이 바로 이 산들이며 그렇게 봉사하는 것이 산에 대한 자신의 경배라고 한다. 여기서 눈여겨 볼 점은 화자가 산들을 경배하는 방법이다. 저녁 석양 무렵 햇빛이 하늘에서 서서히 사라져 가면서 산을 넘어갈 때 그녀의 두 눈썹을 들어 올리며 산들을 바라보는 것, 그것이 화자가 산들을 경배하는 방식이다. 이는 여러 가지 절차를 따르는 전통적인 그리스도교의 예배 의식이나 전례 의식과는 다르다. 산들로 대표된 자연과 여성 화자 간의 관계는 화자가 자연을 경배하는데, 단지 서로의 눈을 맞춤으로써 충분하다. 마음과 마음이 서로 통하는 관계인 것이다. 이 시에서 디킨슨은 남성중심의 종교적 전통과는 달리 여성으로 묘사된 자연을 경배하는 여성 화자의 목소리를 통해 자연과 여성의 친밀한 공생의 관계를 열어 보인다.

이렇게 자연과 여성 사이의 친밀한 관계를 노래하지만, 디킨슨은 이와 동시에 인간이 자연을 완전히 이해하거나 통제할 수 없다는 것을 잘 알고 있었다. 디킨슨의 자연시는 많은 경우 자연의 본질적인 신비와 독자적 존재성을 다루고 있다. 다음 시에서 디킨슨은 자연과 인간의 관계를 깊이 고찰하여 자연은 인간을 위해 존재하지 않으며 인간의 필요와는 무관하게 자체의 삶의 궤도에 따라 존재한다는 사실을 강조한다.

우물에는 신비로움이 가득하네!
우물물은 참 멀리도 살고 있네 −
딴 세상에서 온 이웃으로
항아리 안에 머물고 있네

아무도 그 바닥을 본 적이 없네,
그러나 유리로 된 그의 뚜껑만 (보네) −
그대가 원할 때마다 바라보는 것 같네
심연의 얼굴 속을!

풀은 두려워하지 않는 것 같아,
난 종종 궁금하네 그가 (어떻게)
그토록 가까이 서서 대담하게 바라볼 수 있는가 하고
내겐 두려운 것을.

어쨌든 그들은 친척 사이인지 몰라,
사초가 바다 옆에 서 있네 −
바닥이 없는 바다 옆에서
(사초는) 아무 두려움도 보이지 않네 −

그러나 자연은 여전히 낯선 이;
자연을 가장 많이 거론하는 사람들은
그녀의 유령의 집을 지나친 적도 없었고

그녀의 유령을 달래지도 않았네.

자연을 알지 못 하는 이들을
너무 안쓰러워하지 않아도 되네
그녀를 아는 이들도 그녀 가까이 갈수록
그녀를 더 모르게 되는 게 슬픈 진실이니.

What mystery pervades a well!
That water lives so far—
A neighbor from another world
Residing in a jar

Whose limit none have ever seen,
But just his lid of glass—
Like looking every time you please
In an abyss's face!
The grass does not appear afraid,
I often wonder he
Can stand so close and look so bold
At what is awe to me.

Related somehow they may be,
The sedge stands next the sea
Where he is floorless
And does no timidity betray—

But nature is a stranger yet;
The ones that cite her most
Have never passed her haunted house,
Nor simplified her ghost.

To pity those that know her not
Is helped by the regret
That those who know her, know her less
The nearer her they get.

— Fr1433 전문

이 시에서는 자연과 화자 사이의 거리감과 자연과 자연 사이의 친밀감을 대비시키고 있다. 먼저, 자연과 화자 사이에 존재하는 근본적인 거리를 부각시킴으로써 자연의 신비함을 표현한다. 자연은 화자의 지식, 이해와 경험의 수준을 뛰어 넘어 존재한다. 이러한 자연 앞에서 화자는 거리감을 느끼는 동시에 자신과 무관하게 독자적으로 존재하는 자연의 방식을 인정하게 된다. 그리하여 화자는 자연 위에 군림하고 통제하려는 가부장적 인간 중심 자연관에 반하여 자연 앞에서 겸손한 자세를 갖게 된다. 이 시는 이와 같은 깨달음을 연못의 물과 우물 안의 자연 공동체를 주제로 하여 전달한다. 우물은 "딴 세상에서 온 이웃"으로 지칭되는 물을 담고 있는 항아리이며 물은 인간으로부터 멀리 떨어져 존재한다(1연). 남성으로 간주되는 물은 우리에게 유리와 같은 표면만 보여주고 그 바닥끝은 감추고 있으며 우리가 물의 표면을 볼 때 속을 알 수 없는 심연의 얼굴 속을 응시하는 것과 같다(2연). 그런데, 1연과 2연에서 말하고 있는 인간과 자연 사이의 거리와 상반되게 3연과 4연에서는 자연 공동체 내에서의 조화로운 공존을 보여 준다. 화자는 자신에게는 두려운 물인데 우물 안에 있는 풀은 물 가까이 살면서 언제나 두려움 없이 용감하게 바라볼 수 있음에 의아해 한다(3연). 화자의 답은 그들이 모두 같은 가족일지 모른다는 것이다. 사초(sedge)는 바닥이 보이지 않는 바다 같은 물 옆에 서 있으면서도 아무런 두려운 기색이 없기 때문이다(4연).

그런데 5연에서 "그러나"(but)로 시작하면서 반전을 이룬다. 자연과 자연끼리는 친근하지만 인간을 대표하는 화자에게 자연은 여전히 낯선 존재라는 것이다. 앞의 네 연을 통해 자연의 신비를 세밀히 고찰하였지만, "그래도 자연은 알 수 없다"라고 결론을 내린다. 전통적인 그리스도교 교리에 따르면, 자연은 신의 또 다른 성스러운 책(the Holy Book)이다. 즉, 신은 인간에게 성서라는 책과 자연이라는 책을 주어 자신의 뜻을 알 수 있게 하였다는 것이다. 그래서 디킨슨의 청교도 선조들은 신의 뜻을 찾기 위해 자연을 연구하였다. 그런데 디킨슨은 이 시에서 "자연은 아직도 낯선 나그네"라고 한다. 이러한 자연의 불가지성(unknowability)은 인간의 한계를 드러내주며 자연의 신비함 앞에 겸손할 수 있게 해준다. 여기서 주목할 점은 "물"(2연), "풀"(3연), "바다"(4연)는 모두 남성 대명사(he)로 받고 있지만, "자연"(5, 6연)은 여성명사(her)로 받는다. 자연을 구성하는 공동체 성원들은 모두 남성이지만 이들을 포함하는 총체적 존재로서의 "자연"은 여성으로 이해하고 있는 것이다. 이는 디킨슨 시대에 "명백한 운명"(manifest destiny)과 "서부로의 확장"(westward movement)이라는 미국의 국가적 표어 아래 파괴되어 가고 있던 자연과 사회의 이등 시민(second class) 취급을 받던 여성들의 위상을 높이려는 시도로 볼 수 있겠다.

또한 5연에는 자연과 예술에 대한 디킨슨의 유명한 구절의 반쪽이 포함되어 있다. 1876년 디킨슨은 자신의 문학적 멘토였던 토마스 웬트워쓰 히긴슨(Thomas Wentworth Higginson)에게 한 줄로 된 편지를 보냈다. 그녀가 "자연은 유령의 집이고 예술은 유령을 불러들이려는 집이다"(Nature is a Haunted House — but Art — is a House that tries to be haunted)라고 했을 때 의미하는 바는 자연은 인간의 영역을 뛰어 넘는 신비의 세계이며 인간이 창조하려는 예술은 자연으로부터 영감을 받아 가능하다는 것이다. 예술가로서 디킨슨은 자연에 내재해 있는 경이로움과 신비스러움의 경험을 재창조하려고 하였다. 그러나 유령이 출몰하는 자연이라는 집은 불가사의하며 가까이 가면 갈수록 그 불가해성이 더욱 명백해진다는 것이다.

여기서 "자연"과 "예술" 모두 "집"(House)으로 되어 있는 점이 흥미롭다. 생태학을 영어로 이콜러지(ecology)라고 하는데, "이코"(eco-)의 그리스어 어원인 "오이코스"(oikos)가 집(house)을 의미하는 것을 생각할 때, 디킨슨이 자연을 집으로 본 것은 현대 생태학의 기본 개념과 맞닿아 있다. 생태학이라는 용어는 1866년 언스트 핵켈(Ernst Häckel)이 처음으로 "살아있는 유기체들과 외부 세계, 그들의 서식지, 습관, 에너지, 기생 생물과의 관계에 대한 과학"이라고 정의 내렸다. 여기서 중요한 관점은 관계성이며 디킨슨은 예술 특히 자신이 창조하는 시가 자연과 밀접하게 연결되어 있다는 것을 지적하고 있다. 더 나아가 자신이 하는 예술은 자연의 영감을 받고 자연을 본받으려는 노력이라는 것이다. 디킨슨과 동시대에 살았으며 현대 환경운동의 대부로 추앙받고 있는 헨리 데이비드 쏘로(Henry David Thoreau)는 지구를 "우리의 공동의 거처"(our common dwelling)라고 하였는데, 디킨슨은 자연 뿐만 아니라 예술(시)도 우리의 집이 될 수 있다고 함으로써, 시를 통한 자연과 인간 사이의 연결 가능성을 제시하고 있다. 또한 디킨슨은 자연을 집으로 부름으로써 자연은 우리를 보호해 주는, 우리의 생존과 뗄 레야 뗄 수 없는 소중한 존재임을 암시하고 있다.

비록 자연은 우리에게 여전히 낯선 존재이지만 마지막 6연은 자연의 신비를 알 수 없음을 인정하는 이들에게 위안을 준다. 이른바 자연을 잘 안다고 하는 이들도 자연에 가까이 가면 갈수록 더욱 자연을 알 수 없게 된다는 것이다. 여기서 프랭클린의 주석에 의하면, 디킨슨이 자신의 절친한 벗이자 시누이인 수잔 디킨슨(Susan Dickinson)에게 이 시의 5, 6연을 연필로 적어 보내면서 5연의 "자연"(nature)을 "수잔"(Susan)으로 바꿔 넣었다고 한다. 이는 자연과 여성의 상호호환성을 잘 보여주는 예라고 하겠다. 자연과 여성은 그 자체의 고유한 신비함을 지니고 있으며 인간의 이성으로 완전히 파악할 수 없다는 것이다.

　이제까지의 예에서 살펴 본 바와 같이, 디킨슨은 자신의 시를 통하여 자연에 대한 인간 중심의 관점을 자연과 인간이 공존하는 생태 중심의 관점으로 변화를 꾀하고 있다. 여성과 자연이 서로 밀접하게 연결되어 있다는 전통적 관념을 인정하면서도 자연을 착취와 정복의 대상으로 다루었던 19세기 미국의 인간 중심적 자연관에 반기를 들고 그 대안으로 여성화된 자연에 대한 인식 전환을 요청하고 있다. 디킨슨에게 자연은 진실하고 소박한 소식을 전해 주는 존재, 인간과 자연 공동체의 구성원을 인자하게 보호하는 강력한 존재, 인간이 이해할 수 없는 신비한 존재이다. 특히 자연은 전통적인 종교가 신자들에게 해주었던 위로를 신자와 비신자를 가리지 않고 모두에게 베푼다. 여기서 다룬 디킨슨의 시들은 이와 같이 자연에 대한 인식이 바뀌면 자연과 여성이 함께 열등시되는 전통적인 인간중심적 세계관에서 여성에 대한 관점도 함께 변화하게 될 것이라고 암시하고 있다. 디킨슨은 다른 시에서 자신은 산문보다 더 아름다운 가능성이라는 집에 살고 있으며 자신의 소명은 자신의 작은 손들로 천국을 획득하는 것이라고 노래했다(I dwell in Possibility — / A fairer House than Prose — / . . . / For Occupation — This — / To gather Paradise —)(Fr 466). 생태 환경의 심각한 위기를 겪고 있는 오늘날의 우리들에게 디킨슨은 시공을 초월하여 자연이 보낸 편지들을 전해 주고 있다. 아름다운 가능성의 집인 시를 통해 가부장제하에서의 지배와 억압의 이분론적 사고 구조를 지양하고 자연과 인간, 자연과 예술이 생태적으로 조화롭게 어울리는 세상을 제안하고 있다. 자연과 여성, 더 나아가 자연과 온 인류가 사랑으로 친밀하게 공존함으로써 이 지상에 천국이 가능하다는 희망을 노래하고 있다.

■ 참고문헌

Franklin, R. W. *The Poems of Emily Dickinson: Variorum Edition*. 3 vols. Cambridge: Harvard UP, 1998.

Gerhardt, Christine. "'Often seen — but seldom felt': Emily Dickinson's Reluctant Ecology of Place." *The Emily Dickinson Journal* 15.1 (2006): 56-78.

Hallen, Cynthia, et al., eds. *Emily Dickinson Lexicon*. Brigham Young U, 27 April 2007. Web. 22 Feb. 2013.

Leiter, Sharon. *Critical Companion to Emily Dickinson: A Literary Reference to Her Life and Work*. New York: Facts on File. 2007.

Merchant, Carolyn. *The Death of Nature: Women, Ecology, and the Scientific Revolution*. New York: HarperCollins. 1989.

Plumwood, Val. *Feminism and the Mastery of Nature*. London: Routledge, 1993.

Sewall, Richard B. *The Life of Emily Dickinson*. Cambridge: Harvard UP, 1980.

Stein, Rachel. *Shifting the Ground: American Women Writers' Revisions of Nature, Gender, and Race*. Charlottesville: UP of Virginia, 1997.

거트루드 스타인^{Gertrude Stein, 1874–1946}

새로운 문장쓰기의 지평을 여는 입체파 시인

| 송지윤

"몽파르나스의 마더 구스"(Mother Goose of Montparnasse)나 "다다이즘의 어머니"(mama of dada) 등 다양한 수식어를 가지고 있는 스타인은 모더니즘 여성시인으로서 새로운 문장쓰기와 문학적 글쓰기의 새로운 지평을 연 작가이다. 그의 작품은 우리가 예상하는 종류의 시적인 것 너머에 있기 때문에 쉽사리 다가가기 어렵다고 느껴진다. 그러나 그가 걸출한 남성시인들을 중심으로 펼쳐진 모더니즘 문학의 세계에서 자신만의 독특한 스타일을 마련했다는 점은 모더니즘의 대표 여성시인으로 그의 입지를 더욱 단단히 해준다.

1874년 미국 펜실베이니아 주 앨러게니에서 부유한 유대계 이민자 가족의 막내딸로 태어난 스타인은 어린 시절 유럽 곳곳으로 이사를 다녔기 때문에 다양한 외국어를 구사할 수 있었다. 그의 작품에서 독자가 발견하는 우연적이고 불연속적인 언어관은 아마도 그의 성장배경과도 다소 관련이 있을 것이다. 그러나 그의 독특한 작품 경향과 직접적으로 관련 있는 그의 행보는 프랑스에서의 생활에서 발견된다. 스타인은 1946년 72세의 나이로 숨을 거둘 때까지 생의 많은 시간을 프랑스 파리의 몽파르나스 지역에서 보냈다. 그곳에서 그는 헤밍웨이(Ernest Hemingway)를 비롯한 걸출한 문인들과 화가들을 지원하고 그들이 모일 수 있었던 살롱을 운영했으며, 특히 입체파(cubism) 미술작품에 많은 관심을 두었다. 스타인의 친오빠인 레오 스타인(Leo Stein)은 미술비평가였고, 스타인과 함께 1904년에서 1913년까지 개인 미술박물관을 경영하며 미술품을 수집했다. 그들의 소장품에는 피카소(Pablo Picasso), 세잔(Paul Cézanne), 르누아르(Pierre-Auguste Renoir), 마티스(Henri Matisse), 로트렉(Henri de Toulouse-Lautrec)과 같은 거장의 작품들이 다수 포함되어 있었으며, 1914년 레오가 이탈리아로 이주한 후 스타인은 본격적 입체파로 들어선 피카소와 그리스(Juan Gris)의 작품에 몰두하였다.

파리에 거주하는 동안 많은 문인과 예술가들과 교류했던 스타인은 출판을 위한 글쓰기에 관심을 갖게 되었고, 소설 『세 가지 삶』(*Three Lives*)을 비롯해 『미국인의 형성』(*The Making of Americans*), 『단어 초상화』(*Word Portraits*) 등 에세이집, 『앨리스 B. 토클라스의 자서전』(*The Autography of Alice B. Toklas*)을 출간하였다.[1] 그의 작품에는 비슷한 문장들이 반복적으로 등장하고 전후 관계를 유추하기가 쉽지 않으며, 통사와 구문의 구조 또한

---

1) 토클라스는 동성애자였던 스타인의 연인이자 일생의 동반자였다. 이 자서전은 표면적으로는 토클라스가 자신의 삶에 대해 쓰면서 자신의 삶과 깊이 연루되었던 스타인의 이야기에 페이지를 상당량 할애하는 것으로 되어 있지만 실제 글쓴이는 스타인 자신이며, 자신의 삶의 행보에 대해 다소 객관적으로 접근하려는 시도를 보이고 있다.

일반적인 문학적 언어와는 상당한 차이를 보인다. 이러한 서술방식은 당대에 혹독한 비판을 받았으며, 작품의 출판 역시 어려움을 겪었다. 파이필드(Arthur C. Fifield)라는 출판업자는 『미국인의 형성』의 출판을 거절하는 편지에서 그의 작품이 읽을 가치도 없고 출판된다 하더라도 팔기가 힘들 것이라는 독설을 던지기도 했다. 스타인의 독특함을 보여주는 단적인 예를 살펴보자.

로즈는 한 송이 장미다는 한 송이 장미다는 한 송이 장미다.

Rose is a rose is a rose is a rose.

— 『신성한 에밀리』(*Sacred Emily*) 부분

어디까지가 주어이고 동사는 어디에 있는지 도대체 당황스럽지만 이 문장에 대한 하나의 해석은 이러하다. 문장에 처음 등장하는 장미(Rose)는 관사가 없이 사용되었으므로 사람의 이름이거나 개념으로서의 장미를 나타낸다. 이 대상은 한 송이 장미만큼의 가치가 있고, 다시 그 문장은 또 다른 한 송이 장미만큼 아름답고 가치 있으며, 그 문장은 다시 한 송이 장미만큼의 아름다움과 의미를 가진다. 즉. 하나의 대상은 한 문장이 되고, 문장은 다시 한 송이 장미처럼 아름다운 것으로 거듭나며, 이러한 과정을 통해 개별의 문장들은 다시 자신의 의미와 아름다움을 띠게 된다. 스타인은 이처럼 끊임없이 문장을 새로운 형태로 쓰며 새로운 의미의 가능성을 열고자 했다. 이러한 점이 그가 쓴 시 작품의 매력이자 난점이다.

스타인의 여러 장르의 작품 중 가장 유명한 『부드러운 단추들』(*Tender Buttons*)[2]은 어떻게 문장을 쓰고 어떻게 시어를 선택하는지에 대한 스타인

---

2) 『부드러운 단추들』은 다양한 소품들로 구성된 시집의 제목이며, 그 자체로 하나의 긴 시로 볼 수도 있다. 실제로 이 작품의 장르를 "시"로 규정할 수 있는가에 대해서는 논란이 있을 수

의 모험과 여정을 집약적으로 드러낸다. 이 작품은 다양한 해석이 가능한 한편, 주석을 달고 해석을 하는 것이 무슨 소용이 있을까라는 회의를 이끌어 내기도 한다. 이 작품에 대한 지배적인 평가는 밀폐성(the hermetic)이다. 즉, 글쓴이가 아닌 다른 사람의 사고가 작품의 행간으로 비집고 들어가 의미를 구성해내기가 어렵고, 글쓴이의 사고가 너무나도 긴밀해서 독자가 그것을 이해하기 어렵다는 말이다. 그러나 그의 글쓰기에서 드러나는 밀폐성과 난해함은 독자들에게 상상의 나래를 펼칠 수 있는 기회를 제공하기도 한다. 『부드러운 단추들』을 감상한 후에 다시 위에 인용된 "로즈는 한 송이 장미다는 한 송이 장미다는 한 송이 장미다"의 의미를 곱씹어 본다면, 하나의 단어, 하나의 문장이 가질 수 있는 의미의 가능성과 아름다움을 다시 한 번 느끼는 기회가 될 것이다.

시집의 제목인 "부드러운 단추들"은 그 말 자체로 세상에 존재하지 않는 어떤 것이며 상징으로 기능한다. 우리는 셔츠의 딱딱한 단추를 정해진 단추 구멍에 끼워 넣어 옷을 여민다. 하지만 부드럽고 말랑말랑한 단추들은 어떨까? 부드러운 단추들은 유연하게 크고 작은 단추 구멍에 끼워질 수 있을 것이고, 어쩌면 정해져 있는 단추 구멍에 넣으면 너무나도 쉽게 옷이 풀어질 지도 모른다. 사실 "단추"라는 말은 스타인이 래드클리프 대학(Radcliffe College) 시절 많은 영향을 받았던 윌리엄 제임스(William James)가 "별 생각 없는 습관적 행동"을 지칭하기 위해 썼던 말이다. 그리고 "부드러운"이라는 말 역시 제임스가 "마음에 작용하는 새롭고 다양한 자극의 효과"라는 의미에서 쓴 표현이다. 실제로 스타인의 글쓰기에서 제임스가 준 영향은 대단했다. 스타인은 제임스의 수업에서 한 단어를 반복적으로

있을 것이다. 대개는 스타인의 소설, 희곡, 에세이와는 구분되는 언어적 실험의 장(場)이 되는 "시"라고 정의되지만, 어떤 경우에는 "다양한 짧은 산문들이 소제목 아래 합쳐져 있는 작은 책"이라고 정의되기도 한다.

발음해보고 뜯어보며 그것에서 새롭고 낯선 의미와 이미지를 떠올리는 활동을 한 후, "나는 언어가 경험의 한 방식이 될 수 있음을 배웠다"고 말한다. 스타인과 제임스는 스승과 제자로서 서로를 존중했고 마음 깊이 이해했기 때문에 작품 제목이 제임스의 표현에서 착안되었고 이는 둘 사이의 상호존중의 결과라고 해도 무리가 없을 것이다.[3] 부드러운 단추들이 단추 구멍에 끼워지는 방식, 제임스 식으로 말하자면 새롭고 다양하게 글이 써지는 방식을 살펴보자.

『부드러운 단추들』은 물건, 음식, 방의 세 부분으로 구성되어 있으며, 각 부분은 표면적으로 각각의 범주에 해당하는 사물들을 정의하는 방식으로 되어 있다. 그러나 대상에 대한 서술은 독자에게 전혀 친숙하지 않은 방식으로 전개된다. "사물에 대한 시"라면, 우리는 대개 사물의 모양과 색깔, 혹은 사물과 관련된 하나의 사건에 집중된 서술을 기대한다. 그러나 이 텍스트는 각각의 소제목에 따라 사물들이 묘사되는 전통적인 시적 서술을 기대했던 독자들에게 당혹감을 안겨준다. 텍스트의 표면에서 사물의 모양과 용도, 혹은 그것이 독자에게 공통적으로 구상되는 이미지가 제시되지 않기 때문이다.

> 유리 속 한 종류이자 사촌, 볼만한 광경과 이상할 것 하나 없는 하나의 상처받을 색깔 그리고 꼭짓점으로 향하는 체계 속에 배열되어 있음. 닮지 않은 것들 속에 이 모든 것들 그리고 평범하지 않고 정리되지 않은 것도 아닌. 차이가 퍼져간다.

---

3) 어느 화창한 봄날, 제임스의 수업을 수강하고 있던 스타인이 기말고사를 보던 도중 "교수님께, 죄송하지만 오늘은 시험을 보고 있을 기분이 아니군요"라고만 쓰고 시험장을 떠난 일화는 너무나 유명하다. 제임스가 다음날 "나는 네가 느끼는 감정을 완전히 이해하고 있으며 나 또한 그런 기분을 느낄 때가 많단다"라는 카드와 함께 스타인에게 최고 학점을 주었다. 이는 놀랄만한 일이면서도 두 사람이 서로에 대해 깊이 이해하고 있었음을 증명하는 에피소드이다.

A kind in glass and a cousin, a spectacle and nothing strange a single hurt color and an arrangement in a system to pointing. All this and not ordinary, not unordered in not resembling. The difference is spreading.

— 「물병, 저것은 눈먼 유리」("A CARAFE, THAT IS   A BLIND GLASS") 부분

인용된 부분은 물병에 대한 시 혹은 서술이라기보다는 일종의 수수께 끼처럼 보인다. 그러나 한 페이지 위에 놓여 있는 단어들을 하나하나 곰곰이 뜯어보면 유리 물병에 대한 묘사인 듯도 하다. "눈 먼 유리"라는 제목의 이유는 여러 가지 가능성을 가진다. 첫째, 안이 들여다보이지 않는 유리로 만들어 진 물병이기 때문에, 두 번째는 병 안에 들어 있는 물질 때문에 속이 들여다보이지 않아서, 마지막으로 안경(spectacle)이 아닌 유리를 설명하기 때문이라고도 할 수 있다. 그리고 물병이 유리로 만들어 졌다면 물병이 유리의 사촌이라 말하는 것도 타당하다. 물병에 뾰족한 빛이 통과되는 모양과 그로 인해 상처 받은 색유리 물병. 물병을 통해 평범하지 않고 닮지 않은 여러 가지 색깔들이 프리즘을 통과하듯 뾰족이 반사되고 번져나가는 광경은 그야말로 볼만한 광경(spectacle)이다. 제시된 이미지의 조각들을 합쳐나가다 보면, 독자는 어느새 자신이 단어들을 통해 받은 인상과 나름의 추측과 추리를 통해 유리 물병이 등장하는 자신만의 그림을 그려나가게 된다. 그러나 어느 하나의 해석도 절대적일 수 있는 근거가 부족하고, 독자는 단정하고 일관적인 설명을 도출해내기가 어려운 것이 사실이다.

우리는 정물화를 그릴 때 일정한 곳에 물체를 두고 평면 위에 물체를 포개어 넣는다. 즉, 정물화는 하나의 정해진 시점을 통해 평면적으로 인식되는 대상을 지면에 옮긴 그림이다. 그러나 스타인이 대상을 바라보는 관점은 한 곳에 고정되어 있지 않고, 그에게 인식되어 지면으로 옮겨진 대상의 모습들은 평면적이지 않다. 스타인이 물건을 서술하는 시점은 대상의 위에 있고, 아래에 있고, 옆에 있고, 현재에 있고, 과거에 있고, 미래에 있

다. 이러한 다원시점은 공간과 시간을 자유롭게 옮겨 다니며, 글쓴이가 다양한 각도에서 사물을 바라볼 수 있게 한다. 이 과정에서 각각의 시점에서 발현되는 시인의 기억과 의식은 자유롭게 종이 위에 번져나가 하나의 사물에 대한 다면체적인 글쓰기를 구성한다. 이러한 글쓰기의 결과물은 마치 원래의 대상이 시공간 속에서 증발되어버린 듯 막연하게만 느껴지고, 작가가 염두에 두었던 대상의 이미지가 조각조각 흩뿌려져 만들어진 텍스트는 두꺼운 안개 속에서 대상이 보일 듯 말 듯 모호한 인상만을 남긴다. 따라서 작품을 대하는 독자는 자신의 상상력을 통해 글쓴이가 구상한 대상과 그것을 서술하는 문법을 재구성해야만 한다. 이러한 과정은 우리가 피카소의 그림을 이해하는 방식과도 유사하다.

〈만돌린을 든 소녀(파니 텔리어)〉 1910[4]

---

4) 분석적 입체주의에 들어선 피카소의 작품들은 대상이 파편들로 분해되고 색채는 중요한 역할을 하지 않게 된다. 이렇게 파편적 이미지나 대략적인 실루엣을 제시함으로써 대상을 구상

〈병, 포도주, 신문이 있는 탁자〉 1912[5]

　　피카소의 그림은 평면을 치밀하게 분할하여 대상을 표현하고 있으며 복잡하고 다원적인 사물의 시점을 표현한다. 스타인은 한 인터뷰에서 『부드러운 단추들』을 쓰게 된 계기를 다음과 같이 밝힌다. "나는 머릿속에 그려진 선명하고 분절된 이미지를 통해 이미지와 언어와의 관계를 재창조하려 했다." 이러한 언급에서 알 수 있듯, 스타인은 언어가 사용되는 구조와 이미지의 복잡성, 그리고 그 연관관계를 지면 위에 표현하고자 했다. 다양

해내는 방법은 그림을 일종의 은유와 제유로 만들며, 스타인이 대상을 서술하는 방식과도 유사하다.

5) 공간을 쪼개고 나누어 분석하던 피카소는 콜라쥬(collage)기법을 이용한 종합적 입체주의 작품도 탄생시켰다. 신문(journal)에서 떼어낸 "urnal"은 비슷한 철자의 변기(urinal)를 연상시킨다. "한 편의 대 히트작"(un coup de théâtre)에서 뜯어내 붙인 "한 잔의 차"(un coup de thé) 역시 신문에 실렸던 기사와 함께 그림을 감상하는 이의 상상력을 자극하여 의미를 다양하게 재생산한다.

한 관점과 사건을 입체적으로 분해하고 재조립해 표현한 입체파 화가의 그림을 감상하듯 다음 작품을 읽어보자.

이중의.
새 탁자에는 없는 장소.
하나의 이미지는 훌륭하지 않아. 더러운 것은 노란 색이지. 말하지 않는 것에 있는 더 많은 것에 대한 표시. 한 조각 커피는 가두는 것이 아니야. 노란색과 닮음은 더 더럽고 더 뚜렷하지. 깨끗이 섞인 혼합물은 더 하얗고 석탄같이 검은 색은 아니며, 다 합친 것보다 더욱 검은 색이 아니야. 어떤 이유가 있는 광경, 더 희미한 똑같은 광경, 더 간단하고 부정적인 답이 있는 광경, 똑같이 쓰라린 음악, 소원이 이루어지길 바라는 의도, 똑같은 화려함, 똑같은 가구.
메시지를 보여줄 시간은 너무 늦었을 때이고 나중엔 엉망진창이 되어 버려서 견딜 수도 없어.

More of double.
A place in no new table.
A single image is not splendor. Dirty is yellow. A sign of more in not mentioned. A piece of coffee is not a detainer. The resemblance to yellow is dirtier and distincter. The clean mixture is whiter and not coal color, never more coal color than altogether.
The sight of a reason, the same sight slighter, the sight of a simpler negative answer, the same sore sounder, the intention to wishing, the same splendor, the same furniture.
The time to show a message is when too late and later there is no hanging in a blight.

—「한 조각 커피」("A PIECE OF COFFEE") 부분

한 조각의 커피? 우리는 커피를 '조각'이라는 단위로 세지 않는다. 그러나 스타인은 과감하게도 새로운 단위를 제목에 배치하고 있다. "하나의 이

미지"(a single image)와 "더 많은 것에 대한 표시"(a sign of more)의 대조는 커피 한 잔, 혹은 커피 한 방울, 그리고 그것에 얽혀 있는 시간과 장소에 대한 글쓴이의 기억과 감정이 작품에 은밀히 드러날 것을 암시하며, 하나의 관점과 하나의 이미지가 모든 것을 나타낼 수 없음을 제시한다. "새 탁자에는 없는" 것. 그것은 커피 얼룩이 아닐까? 제시된 다양한 이미지들은 독자의 머릿속에 커피 한 잔에서 흐른 한 방울의 커피의 자국을 떠올리게 한다. "더럽다"고 생각되는 "노란" 자국, 즉 기피의 흔적이 독자의 *상상* 속에 띠오르는 순간, 말하지 않아도 독자의 머릿속에는 커피 한 잔과 한 방울의 커피가 테이블 위로 톡 떨어져 흐른 그 순간까지 자연스럽게 그려진다.

흰 색과 검은 색이 섞이는 이미지는 사건의 흐름과 순간적인 이미지를 양분하여 하나를 시 속에 담아내려는 기존의 시도를 부수어 버린다. 하얀 지면 위에 검은 글씨가 하나하나 시간을 두고 새겨지듯, 누런 커피 방울은 하얀 테이블보 위에 새겨져 새로운 혼합물(mixture)로 재탄생한다. 스타인은 평면 위에서 그려진 "하나의 이미지"만으로 커피에 대한 시를 만들어 낼 수는 없다고 생각했던 것 같다. 커피라는 대상(object)을 하나의 사건(event)으로 보는 그는 커피 한 방울이 흘러 누런 얼룩이 되기까지의 시간, 커피 한 잔을 두고 벌어졌던 대화, 감정, 음악 등 커피에 얽힌 순간의 조각들을 "한 조각 커피"라는 제목 아래 입체적으로 합쳐놓는다. 한편, 『부드러운 단추들』과 같은 해에 발표된 후안 그리스의 <찻잔>은 마치 이 글에 대한 삽화처럼 작품의 이해를 돕는다. 같은 해에 발표된 두 작품은 모두 테이블 위의 광경을 묘사한다. 이처럼 기존의 원근법과 서술의 형태를 해체하는 입체적 방식의 글쓰기와 회화 기법은 새로운 유형의 공간과 사건 구성방식을 드러낸다.

〈찻잔〉 1914

　『부드러운 단추들』의 첫 부분인 물건에 대한 시들이 여러 가지 사물을 다양하게 보고 새롭게 서술하는 방법을 제시하였다면 두 번째 음식에 관한 부분들 역시 다양한 음식에 관한 이야기를 이어나간다. 그러나 2부에는 작품을 소리 내어 읽을 때 느껴지는 신선함과 숨겨진 단어의 뜻의 연관성을 찾아보는 재미가 곳곳에 숨어 있다. 음식에 관한 서술들의 첫 부분인 「구운 쇠고기」("ROAST BEEF")에서 스타인은 쇠고기가 오븐 안에서 익어가는 시간의 추이와 익은 쇠고기를 얇고 두껍게 썰어보는 과정, 쇠고기가 올라왔던 어느 날 식탁에서 일어났던 일들에 대해서 쓴다.

　　안쪽에는 잠자는 것이 있고, 바깥쪽엔 붉어짐이 있고, 아침에는 의미가 있고, 저녁에는 느낌이 있다. 저녁에는 느낌이 있다. 느낌 속엔 무엇이든 쉬고 있으며, 무엇이든 올라가고 있으며, 느낌 속엔 체념이 있고, 느낌 속엔 인식이 있고, 느낌 속엔 되풀이됨과 완전히 실수한 것이 있으며 꼬집기가 있다. 모든 기준들은 찜통을 가지고 있고 모든 커튼들은 린넨 침대보를 가지고 있고 모든 노란색은 식별력이 있고 모든 원은 빙글빙글 돌아감을 가진다. 이것이 모래를 만든다.

　　· · ·

변화 먼지, 먼지를 변화시키지 않기는 쇠고기 스테이크가 없다는 것이고 그것을 가지지 않음은 방해 없다는 것을 의미하고, 의미를 교환하기는 너무나 쉽다, 차이를 보는 것은 너무나 쉽다. 차이는 단순한 원천은 두꺼움 속에 얽혀있지 않다는 것이고 그것은 두껍다는 것이 그렇게 잘라냄을 보여준다는 의미가 아니다, 그것은 들판은 쓸모가 있고 소는 엉뚱하다는 의미가 아니다.

In the inside there is sleeping, in the outside there is reddening, in the morning there is meaning, in the evening there is feeling. In the evening there is feeling. In feeling anything is resting, in feeling anything is mounting, in feeling there is resignation, in feeling there is recognition, in feeling there is recurrence and entirely mistaken there is pinching. All the standards have steamers and all the curtains have bed linen and all the yellow has discrimination and all the circle has circling. This makes sand.

. . .

The change the dirt, not to change dirt means that there is no beefsteak and not to have that is no obstruction, it is so easy to exchange meaning, it is so easy to see the difference. The difference is that a plain resource is not entangled with thickness and it does not mean that thickness shows such cutting, it does mean that a meadow is useful and a cow absurd.

ー「구운 쇠고기」("ROAST BEEF") 부분

인용된 부분은 해석하기 까다로운 스타인의 구문상의 특성을 잘 보여준다. 부사구와 문장이 어떤 방식으로 연결되어 의미를 생성하는지 파악하기가 힘들며 똑같은 문장 형식이 약간의 차이를 둔 채 반복적으로 제시되고 있기 때문이다. 그러나 이 복잡함 속에서 발견되는 "의미를 바꾸는 것은 쉽다"라는 문장은 독자에게 하나의 힌트가 된다. 이 부분에서 독자는 문장의 부분 부분을 합체하고 조립하여 새로운 의미를 도출하고 재미를 느낄 수 있다. 아침과 저녁, 의미와 느낌, 변화와 먼지, 스테이크와 로스트비프

등 반복적 대조는 고양된 감정과 의미를 전달하고자 하는 전통적인 시와 스타인이 제시하는 엉뚱하고 터무니없는 시를 비교하게 하며, 우리는 퍼즐과도 같은 스타인의 서술을 마주하고 단어들의 연관관계와 단서들을 찾아 문장의 의미를 재조합하게 된다.

　스타인이 의미를 뒤집고 이를 반복하는 과정을 살펴보자. 익히지 않은 쇠고기의 색깔이 붉은 색이기 때문에 구운 쇠고기의 경우 안쪽은 붉은 색, 바깥쪽은 어두운 색을 지니기 마련이지만 오븐의 열기에 닿아 지글거리는 소리를 내는 것이 오히려 살아 있는 붉은 색이 되고 안쪽은 그저 잠들어 있을 수 있다. 그래서 "의미는 바꾸기 쉽다." 오븐 속에서, 찜통 속에서 익어가는 고깃덩어리가 다 익었는지 알 수 있는 느낌의 중요성과 실수로 고기를 덜 익혔다면 다시 한 번 익히는 과정의 반복이 얼마나 중요한지, 그리고 이러한 반복과 변화가 글쓰기에서 어떤 역할을 하는지가 이 과정에 드러난다. 린넨 커튼을 잘라서 모양을 다시 만들면 침대보가 되고, 노란색의 의미도 사실 연노랑, 진한 노랑, 은행잎의 노랑, 모래의 노랑 등 다양한 색깔로 변한다. 똑같은 쇠고기가 로스트비프가 되고 스테이크가 된다. 그리고 들판의 소가 음식이 된다.

　「구운 쇠고기」에서 그는 "폭력적인 모호함의 문장은 권위이고 해야 할 일이고 넘어지는 것이고 또한 분명 감옥"(A sentence of a vagueness that is violence is authority and a mission and stumbling and also certainly also a prison)이라 쓰고 있다. 시의 모호성은 시가 가지고 있는 신비적인 힘을 가능케 하는 일종의 권위이다. 그러나 시를 쓰는 동안 시인 자신도 넘어지고 일어서는 과정을 겪을 것이며 독자는 일정한 시적 의미 속에 갇혀 버릴 수도 있다. 위협적으로 다가오는 스타인의 문장을 마주하는 독자는 그 텍스트를 감옥처럼 폭력적인 것으로 생각하기보다는 안팎을 넘나들고 향유해야 할 것이다. 그리고 이것은 스타인이 독자에게 주는 과제이다.

변화, 변화는 감자를 포함한다. 이것은 치즈를 오용하겠다는 것에 대한 권위가 전혀 아니다. 어느 언어가 어떠한 사람이라도 가르칠 수 있는가.

A change, a final change includes potatoes. This is no authority for the abuse of cheese. What language can instruct any fellow.

—「아침식사」("BREAKFAST") 부분

2부에 등장하는 「아침 식사」는 언어의 가능성에 대해 좀 더 직접적으로 전달한다. 감자와 치즈는 함께 어울리고 다양한 요리 방식을 통해 멋진 식사가 된다. 이는 언어가 상황에 따라 변화함을 멋지게 비유해낸 것에 다름 아니다. 감자에 대한 연작시가 보여주는 변화 가능성을 탐색해보자.

가운데가 잘라진 진짜 감자.

Real potatoes cut in between.

—「감자」("POTATOES") 전문

치즈를 준비하는 과정 속에, 크래커를 준비하는 과정 속에, 버터를 준비하는 과정 속에, 그 속에.

In the preparation of cheese, in the preparation of crackers, in the preparation of butter, in it.

—「감자」("POTATOES") 전문

을 위한 구운 감자.

Roast potatoes for.

—「구운 감자」("ROAST POTATOES") 전문

인용부분은 감자라는 동일한 제목 아래 감자, 혹은 의미가 변주되는 과정을 보여준다. 「아침 식사」에서 등장했던 감자와 같이, 감자의 위치와 용도 그리고 의미는 계속해서 변한다. 첫 번째 감자에 대한 서술은 오븐에 들어가기 전 고명을 넣기 위해 틈을 만들어 놓은 감자를 보여준다. 치즈도, 버터도, 크림도 올려놓지 않은 이 감자는 "진짜 감자" 그 자체이며, 이 틈 사이에 무엇이 들어가는가에 따라 오븐을 나온 후의 결과물은 완전히 다른 맛이 될 것이다. 두 번째 감자에 대한 서술은 여러 가지 고명과 함께 준비되어 가는 과정을 보여준다. 치즈와 크래커, 버터가 곁들여질 감자는 재구성되고 재조합되는 음식인 동시에 재조합 구성되는 언어를 상징적으로 드러낸다. 감자와 다른 것이 합쳐져 하나의 요리가 되는 과정 "속에" 있는 감자는 무한한 가능성을 가지게 되고, 언어 자체, 혹은 시적 언어 역시 이와 마찬가지로 무한한 가능성을 보유한다. 세 번째에 서술된 구워진 감자는 어떠한가? "~을 위한 감자"에서 목적어가 빠져 있기 때문에 구워진 감자는 어떤 음식과도 함께 어울릴 수 있는 가능성을 획득한다. "스테이크와 먹는 구운 감자"(roast potatoes for steak)가 될 수도, "프라이드치킨과 먹는 구운 감자"(roast potatoes for fried chicken)가 될 수도 있다. 한편, 전치사 for가 의미와 상징(stand for)의 뜻이 있음을 생각하면, 예컨대 "화가 나서 열이 오른 사람을 의미하는 구운 감자"(roast potatoes for angry people)라던가 "뜨거운 감자를 의미하는 구운 감자"(roast potatoes for hot potato) 등 다양한 감자를 포함한 농담을 만들어낼 수도 있다. 스타인은 전치사의 목적어 자리를 비워둠으로써 다양한 조리과정을 거친 감자의 의미의 무한한 생산과정으로 독자를 초대한다.

　스타인이 단어의 다의성을 활용하고 있다고 해서 작품을 소리 내어 읽었을 때의 재미를 간과하는 것은 아니다. 물론 많은 부분에서 반복적인 구문과 단어를 사용하여 읽는 재미를 주고 있는 것이 사실이지만, 작품에서 연작으로 등장하는 닭에 관한 서술들은 의미 재생산의 맥락에서 재미를 주는 한편 소리를 통해 리듬감과 음악성을 살려내고 있기도 하다.

꿩과 닭, 닭은 묘한 새야.

Pheasant and chicken, chicken is a peculiar bird.

- 「닭」("CHICKEN") 전문

아아 더러운 단어, 아아 더러운 세 번째 아아 더러운 세 번째, 아아 더러운 새.

Alas a dirty word, alas a dirty third alas a dirty third, alas a dirty bird.

- 「닭」("CHICKEN") 전문

아아 물냉이가 무엇인지보다 더 말하려는 할 때의 의혹. 그건 무엇인가. 의미해라. 감자, 덩어리들.

Alas a doubt in case of more go to say what is cress. What is it. Mean. Potato. Loaves.

- 「닭」("CHICKEN") 전문

찔러 찔러 그들을 불러, 찔러 찔러 찌르기, 닭을 가지고 찌르기, 특별한 연속으로 찌르기, 찔러 들어가기.

Stick stick call them, stick stick sticking, sticking with a chicken. Sticking in a extra succession, sticking in.

- 「닭」("CHICKEN") 전문

닭에 대한 서술에서 스타인은 전통적으로 시에서 사용되었던 다양한 기법들, 예컨대 비슷한 발음의 반복, 두운(alliteration)과 압운(rhyme)의 변화, 그리고 철자와 발음이 유사한 단어들을 이용한 말장난(pun) 등을 적극적으로 이용한다. 닭이 이상한 새인 까닭은 무엇일까? 닭이라는 단어 자체는 먼저 제시된 꿩(pheasant)을 "기쁜"(pleasant)이나 "농가"(peasant)와 같은 비슷한 철자의 전혀 다른 의미의 단어로 보이게 만드는 힘이 있다. 우리가 한 문장 안에 등장하는 단어들 사이에서 연관관계를 찾으려 하기 때문에 이런 일이 벌어지는 것이다. 또한 닭(chicken)이라는 단어는 새를 나타내면서도 닭고기를 의미한다. 돼지(pig)와 돼지고기(pork), 소(cow)와 쇠고기(beef)가 각각 다른 이름을 가지고 있다는 사실과 비교해볼 때 실제 새와 그것의 고기, 그리고 여자(chick/hen) 혹은 겁쟁이 등 다양한 의미를 내포한 이 단어는 특이(peculiar)하다.

두 번째 서술에서는 유사하지만 전혀 다른 음소 [d]와 [th]를 두운으로 사용하는 동시에 [-rd] 각운으로 "더러운 단어"(dirty word)가 "더러운 새"(dirty bird)로 변화하는 과정을 재미있게 표현하고 있다. 그러나 소리 내어 읽을 때 발견되는 재미와 더불어 <word→third→bird>의 변화과정을 스타인의 섹슈얼리티(sexuality)와 연관시켜 분석할 수도 있다. 성적 행위에 동반되는 음란한 말(dirty talk)과 남성/여성이 아닌 세 번째(third)의 어떤 존재로 생각되었던 동성애자, 그리고 성적 행위를 수행하는 여성(chicken)이라는 의미를 숨겨놓은 것은 아닐까? 찌르다(stick)라는 동사가 가지고 있는 성적인 의미를 포착하는 많은 비평가들이 이 부분에서 스타인의 동성애적 코드가 드러난다고 지적하기도 한다. 그렇다면 "닭으로 찌르기"(sticking with a chicken) 역시 "여자 곁에 머무르는 것"(sticking with a woman)으로 읽어도 무방할 것이다.

세 번째 부분은 닭이라는 제목 아래서 물냉이(cress)라는 시어가 그와 철자가 유사한 닭의 볏(crest)을 자연스럽게 연상시킨다. 그러나 암탉에게 볏이 없음은 누구나 알고 있는 사실이다. 이 부분을 스타인의 섹슈얼리티와 연관시켜 읽는다면 의미는 한층 더 다채로워진다. 또한 의미하다(mean), 감자(potato), 덩어리들(loaves) 역시 무의미하고 연관관계 없는 단어의 연속인 듯하지만, 이 단어들을 모두 합쳐 한 문장으로 만들어보면 "심술궂은 감자가 어슬렁거리네"(mean potato loaves)가 된다. 앞서 설명했든 의미가 변화하는 감자, 즉 다양한 의미의 가능성을 가진 단어들이 지면 위에 서성거리는 꼴이다. 이처럼 스타인은 닭에 대한 서술에서 단어의 다의성, 구두점과 소리 변화, 생각을 뒤집어 보는 시도가 작품 전체 의미의 변주로 이어질 수 있음을 집약적으로 보여준다.

스타인이 『부드러운 단추들』의 1, 2부에서 보여준 것은 소제목으로 구분된 대상들을 보는 다양한 방식과 상대적인 의미의 가능성이다. 각각의 서술은 대상이 관점에 따라 어떻게 변하는지 입체적 시선으로 탐색하며, 소리와 의미의 이중성 활용 등 다양한 시적 기법을 활용하여 새로운 글쓰기의 가능성을 제시한다.

한편 3부인 방에 대한 서술에서는 방 자체가 하나의 큰 열린 공간으로서 기능한다. 스타인은 용도에 따라 벽을 세워 나누어진 공간들의 이름과 기능이 과연 정당한 것인가에 대한 질문을 던진다. 3부가 작은 부분들, 예컨대 거실(living room)에 대한 서술, 침실(bedroom)에 대한 서술의 연작으로 이루어지지 않는 이유는 스타인 스스로가 공간을 구분하는 것 자체에 대한 깊은 고민을 했기 때문이다.

> 왜 창백한 흰색은 파란색보다 더 창백하지 않은지, 왜 스토브로 연결이 되어 있는지, 왜 언급은 되고 보이지는 않은 예가 같은 것이 아닌지, 왜 공간과 구분된 관심 사이에는 적응이 없는지. 왜 뛰어다니는 것에 선택이 있는지, 왜 필요하고 지루한 마구간이란 없는지, 왜 어떤 색깔이 한 조각이라도 있는지, 왜 그렇게나 의식적인 침묵이 있는지. 왜 혼합물 속에 저항이 있는지, 왜 포스터는 없는지, 왜 창문엔 있는지, 왜 암시하는 것은 없는지, 왜 창문이 없는지, 왜 굴 상자는 없는지. 왜 순환 감소기가 있는

지, 왜 수영하는 사람이 있는지, 왜 구두닦개가 없는지, 왜 저녁식사가 있는지, 왜 종지기가 있는지, 왜 먼지떨이가 있는지, 왜 비슷하게 닮은 것의 구획이 있는지, 왜 가위가 있는지.

Why is a pale white not paler than blue, why is a connection made by a stove, why is the example which is mentioned not shown to be the same, why is there no adjustment between the place and the separate attention. Why is there a choice in gamboling. Why is there no necessary dull stable, why is there a single piece of any color, why is there that sensible silence. Why is there the resistance in a mixture, why is there no poster, why is there that in the window, why is there no suggester, why is there no window, why is there no oyster closer. Why is there a circular diminisher, why is there a bather, why is there no scraper, why is there a dinner, why is there a bell ringer, why is there a duster, why is there a section of a similar resemblance, why is there that scissor.

― 「방」("ROOMS") 부분

　가구가 하나도 들여지지 않은 새 집으로 이사를 가게 되면, 어느 장소를 어떠한 용도로 활용할 것인지 정하는 것은 우리의 몫이다. 미리 이 장소에서는 특정한 행동을 해야 한다는 지침은 제시되지 않는다. 일상생활에서는 어떤가? 식사를 하는 곳은 식당(dining-room)이 되어야 마땅하지만 우리는 침대에서 아침 식사를 하고 안방에서 텔레비전을 보면서 밥을 먹기도 한다. 이처럼 우리 생활에서 방의 이름과 그 곳에서 하는 일의 관계의 긴밀성은 보장되어 있지 않다. 인용부분에서는 2개의 문장 구조 "왜 A인지(혹은 왜 A가 있는지)"와 "왜 B가 아닌지(혹은 왜 B가 없는지)"의 구조 속에서 A와 B자리의 대상들이 변화하고 있다. 각각 A와 B에 대응하는 사물들은 방(-room)에 있을 수 있는 물건들이지만 그것이 반드시 각 방(-room)의 용도나 이름과 일대일 대응을 할 필요는 없다. 예를 들면 "요리용 스토브"가 한

거트루드 스타인　47

구석에 있는 거실은 더 이상 거실(living-room)이 아닌 부엌(kitchen)이고 "난방용 스토브"가 놓인 공간은 침실(bed-room)이나 거실(living-room)의 일부가 될 수 있다. 이 스토브가 집 안의 방이라는 공간을 벗어나 상품을 진열하는 쇼룸(show-room)에 있을 수도 있다. 스타인은 일상의 주거 공간이나 사무 공간, 상업 공간 모두에 스토브는 존재하지만 왜 이 공간들이 같은 공간(room) 자체로 인식되지 않는지, 왜 각각의 공간에서 스토브가 차지하는 의미와 중요성이 달라야만 하는지 묻는다. "뛰어다니는 것(gamboling)"과 "포스터," "창문," "수영"은 왜 공간 선택적으로 이루어져야 하는지도 같은 맥락에서 나온 질문이다. 따라서 "가위"로 재단하듯 공간을 구분하고 의미를 구분 짓는 행위는 스타인에게 억압적이기만 하다.

스타인은 1부에 수록된 「한 조각 커피」에서 커피 한 방울이 흰 테이블보와 합쳐져 새로운 혼합물(mixture)이 탄생하는 것을 보여주었다. 그리고 그는 3부에 이르러 공간이 각각의 용도에 따라 구분되는 상황을 "혼합물 속의 저항"이라 말하며 이것의 정당성은 어디에서 오는지 다시 질문한다. 한 공간에 있지만 용해되지 않고 서로 밀어내기만 하는 언어의 사용보다는 삶 속에 자연스럽게 섞여 들어가는 혼합물과 같은 시를 쓰는 것이 『부드러운 단추들』의 지향점일 것이다. 고정된 공간에 대해 의문을 가지고 그것을 다양한 각도로 다시 재고하는 스타인의 이러한 시도는 사실 앞뒤가 맞지 않는 난삽한 글쓰기가 아니라 치밀하게 계산되어 있는 예술품에 다름 아니다. 『부드러운 단추들』은 "부드러운 단추들"이 이곳저곳으로 끼워져 새로운 모양의 옷을 만들 듯, 시적 언어와 시적 대상이 다채롭게 변화하는 양상을 보여준다. 따라서 이 작품은 대상에 대한 다각적 분석에서 출발하여 열린 공간으로서의 방과 같은 글쓰기와 언어 사용을 제시함으로써 독자로 하여금 언어와 시의 본질에 대해 재고하도록 한다.

스타인은 모더니즘 운동의 일부를 대표하는 여성작가로서 평가받지만 그의 작품 자체는 깊이 없는 난해함만을 위해 쓴 말장난 같은 텍스트로 생각되어 당대에는 평가절하 되었다. 현대에는 언어적 실험의 측면에서 주목을 받고 있고 많은 후배 시인들이 그의 스타일에 영향을 받았다고 말하고 있지만, 그의 작품이 본격 모더니즘의 남성작가들에 비해서는 여전히 덜 연구되고 있고, 혹은 분석이 불가능하거나 무의미한 텍스트로 치부되기도 있음은 부정할 수 없는 사실이다. 그러나 고정된 의미가 해체되고 어려운 텍스트라고 해서 독자가 전혀 맥락을 찾을 수 없는 것은 아니다. 살펴본 바와 같이 그의 작품은 여성작가라는 범주로 설명하기 어려울 정도로 다양하고 유연한 시적 시선을 내재하고 있다. 『부드러운 단추들』 전체의 구성과 서술 방식에서 우리는 분명 그의 지향점을 포착할 수 있고, 이를 실마리로 그가 추구했던 시적 언어의 사용방식과 새로운 미학적 지평을 탐색할 수도 있다.

언어는 언제나 변화해 왔으며, 실제 대상의 본질은 고정된 기호 하나만 가지고는 설명이 불가능하다. 스타인은 시에서 사용되는 언어와 그 서술방식에 있어서 고정되고 완결된 것을 제시하지 않는다. 대신 그는 시인과 독자가 어떻게 그들을 재구성하고 재조합할 수 있는지의 가능성을 제시한다. 따라서 스타인의 『부드러운 단추들』은 더 이상 해석 불가능한 난해한 텍스트가 아니다. 스타인의 작품은 독자가 자신의 삶과 상상력, 그들의 언어 구성 능력에 의해 그것에 새로운 의미를 부여할 때 더욱 그 가치가 빛나기 때문이다.

■ 참고문헌

Haas, R. B. Afterword. *What Are Masterpieces*. By Gertrude Stein. New York: Pitman, 1970. 97-104.

Perloff, Marjorie. "Poetry as Word-System: The Art of Gertrude Stein." *The Poetics of Indeterminacy: Rimbaud to Cage*. Princeton: Princeton UP, 1981. 67-108.

Retallack, Joan, ed. *Gertrude Stein Selections*. Berkeley: U of California P, 2008.

Stein, Gertrude. *Selected Writings of Gertrude Stein*. Ed. Carl Van Vechten. New York: Vintage, 1990.

Watson, Dana Cairns. "Modifying the Mind: William James and *Tender Buttons.*" *Gertrude Stein and the Essence of What Happens*. Nashville: Vanderbilt UP, 2005. 36-56.

힐다 둘리틀 ^{Hilda Doolittle, 1886-1961}

그리스를 사랑한 여성 이미지스트

| 신원철

힐다 둘리틀은 1886년 펜실베이니아에서 태어나 필라델피아 근교에서 유소년기를 보냈다. 펜실베이니아 대학 교정에서 에즈라 파운드(Ezra Pound), 매리언 무어(Marienne Moore), 윌리엄 칼로스 윌리엄즈(William Carlos Williams) 등과 교류했으며 자연스럽게 모더니즘에 관심을 갖게 되었다. 그녀가 가장 관심을 가졌던 것은 이미지즘 운동이었다. 특히 에즈라 파운드는 그녀의 시와 인생에 많은 영향을 끼치게 되는데 그들은 두 번씩이나 약혼을 했다고 한다. 1911년 그녀는 처음으로 해리엇 먼로(Harriet Monroe)가 편집하는 시 잡지에 투고했는데 그때의 필명이 "H. D. Imagiste"였다고 한다. 그녀는 1913년에 영국 시인 리처드 알딩턴(Richard Aldington)과 결혼했

다. 또 1차 세계대전, 전쟁기간 동안 그녀는 런던에 머무르면서 D. H. 로렌스(Lawrence)를 만나 많은 영향을 받게 된다. 그는 힐다에게 카리스마를 가진 존재였으며 작품과 삶에서 역시 많은 영향을 끼치게 된다. 남편과의 사이에서 임신된 아이를 사산하고 새로운 애인, 화가 세실 그레이(Cecil Grey)를 만났을 때는 그와의 만남을 로렌스가 대놓고 반대할 정도였다. 그러나 힐다의 유일한 혈육은 1919년 세실과의 사이에서 태어난 아이다.

힐다는 세간으로부터 그 성격이 고집 세고 깐깐하고 남녀 양성의 기질을 다 가진 것으로 인식되고 있었다고 한다. 그것은 그녀의 삶이 결코 평범하지 않았음을 말해주는 것이기도 하다. 그녀의 시를 이해하는 데 있어 가장 먼저 고려해야 할 것은 이미지스트로서의 성격이고 두 번째는 남자에게 호락호락 굽히지 않은 강한 주장의 여성이었다는 점이다. 런던에 머물면서부터 그녀는 스스로를 그리스의 전쟁의 여신 아르테미스가 환생한 것이라는 생각을 했는데, 이 그리스적인 인물이 그녀가 열망하던 기질, 즉 고고함, 내적 강인함, 정신적 우수함, 육체적 남성성, 용기, 자유, 야성을 대변하는 것이기 때문이었다. 그리고 그것은 그녀가 영원히 기억하고 감탄하던 뉴잉글랜드의 해안과도 유사한 정신적 풍경이었다고 한다. 또한 이미지즘 운동이 20세기 초기 영미문학에 끼친 쇼크는 대단했던 것 같다. 원래 영시는 서사시적인 장려한 흐름이 특색이었다. 강물처럼 유장하게 흐르는 이야기체의 시가 영시의 원래 본질이었던 것이다. 그런데 그들이 20세기 들어서 본격화된 동양시와의 만남에서 한시와 하이쿠의 영향을 받게 된 것이다. 그들의 눈에 비친 동양시는 독특했다. 짧은 시행에 순간적인 인상을 담는 동양 시, 특히 한 행으로 승부를 거는 하이쿠는 그들에게 너무나 새로웠고 곧 그들의 시에 이것을 적용하기 시작했다. 그것이 하나의 시운동으로 번져나갔던 것이다. 그 성향이 드러나 보이는 시 한편을 먼저 읽어 보자.

장미, 손상된 험한 장미
인색한 꽃잎을 가진,
작은 꽃송이, 가늘고
성긴 잎사귀,

줄기 위에 홀로 핀
촉촉한 장미보다는
더 값진—
너는 떠다니다가 손에 잡혔지.

작은 잎사귀로 곡예를 부리다가
모래위에 날아 앉았지,
너는 파삭파삭한
모래 위에 놓여져
바람을 따라 옮겨 다녔지.

사향장미인들
잎사귀에 단단해진 그런
매운 향기를 떨굴 수 있나?

Rose, harsh rose
marred and with stint of petals,
meagre flower, thin,
sparse of leaf,

more precious
than a wet rose
single on a stem—
you are caught in the drift.

Stunted, with small leaf,
you are flung on the sand,
you are lifted
in the crisp sand
that drives in the wind.

Can the spice-rose
drip such acrid fragrance
hardened in a leaf?

— 「바다장미」("Sea Rose") 전문

　　꽃은 이미지스트들에게는 좋은 시적 소재이다. 왜냐하면 간결한 묘사로서 꽃이 환기해주는 바가 선명히 드러나기 때문이다. 여기서 바다장미는 일반 장미와 다르다. 보통의 가정에서 사람들의 보호 아래 피어나는 장미는 그 붉은 색과 향기로 아름다운 모습이지만 이 시에서의 꽃은 바닷바람에 시달려 찢겨진 잎사귀와 왜소한 줄기를 하고 있다. 그러나 시인은 이 바다장미가 보통의 장미보다 훨씬 더 소중하다고 말한다. 비록 모래밭에 잎사귀를 떨구고 파삭파삭한 모래밭에서 겨우 생명을 이어가고 있지만 이것이 시인에게는 더 아름답고 소중하다는 것이다. 바다장미는 척박한 환경에서 자라는 강인한 식물이며 원래 헤르메스 신에게 바쳐지는 꽃이라고 한다. 재주부리다가 모래밭에 날아 앉는 잎사귀는 바로 힐다 스스로를 말하는 것이다. 이것은 자신을 말살시키려는 힘에 맞서서 땅을 움켜쥐려는, 조각과 같은 이미지스트의 용어로 복잡한 심상을 전달해준다. 시에서의 "너"는 바로 나, 힐다이다. 젖은 장미에 비해 바다장미는 복잡한 감정, 새롭고 더 정치하게 새로워진 존재, 감성의 축적과는 상관없는, 정신의 단단한 이교도적 재생을 암시하는 복잡한 감정을 전달한다고 비평가들은 말한다.
　　시인이 하필이면 이런 장미를 시적 소재로 택한 이유는 무엇인가. 꽃은 전통적으로 여자를 상징하는 것이다. 정원에서 정원사의 손길을 받으며 키워진 장미란 남자들의 보호를 받으며 예쁘게 가꾸어진 여자들이다. 바다모래밭에서 소금바람을 맞으며 살고 있는 장미가 무엇을 말하고 있는지는 자명하다. 그녀의 시에서 정원은 사랑의 장소이지만 여기서의 사랑은 소금물에 씻기고 있다. 바다는 거센 파괴적 힘이며 거기에 저항하여 사람들은 자신을 열고 변신하거나 죽어야 하는 것이다. 이 시에는 이미지스트적인 간명한 표현과 여성주의자의 저항의 목소리가 함께 담겨 있다. 그들에게는 남성들의 보호를 받으며 예쁘게 자라는 장미보다는 찢어지고 꺾이는 들장미가 선호된다. 이것은 그녀의 또 다른 시에서도 드러난다.

> 호박빛 껍질
> 금빛으로 길게 홈을 판,
> 풍성한 알곡으로 표시된
> 모래 위의 금빛 과일,
>
> 둥근 바위들 위를 표백하도록
> 왜송근처에 흘려놓은
> 보석들:
>
> 너의 줄기는 조약돌 사이에
> 뿌리를 내리고
> 바다에 떠밀려 다니다가
> 부비는 껍질
> 쪼개지는 조개껍질에
>
> 아름다운, 널리 펼친,
> 잎사귀 위의 불길,
> 어느 풀밭이

너의 밝은 잎사귀보다
향기로운 잎을 내밀까?

Amber husk
fluted with gold,
fruit on the sand
marked with a rich grain,

treasure
spilled near the shrub-pines
to bleach on the boulders:

your stalk has caught root
among wet pebbles
and drift flung by the sea
and grated shells
and split conch-shells.

Beautiful, wide-spread,
fire upon leaf,
what meadow yields
so fragrant a leaf
as your bright leaf?

  ―「바다양귀비」("Sea Poppies") 전문

  우선 이 식물의 모습은 무척 고귀하다. 열매의 껍질은 호박 빛이고 알
맹이는 금빛이다. 심지어 그 아름다움은 소나무 근처에 흘려놓은 보석이라
고까지 묘사되고 있다. 그런데 이 꽃의 사는 모습이 앞의 바다장미에 못지
않게 신산스럽다. 이 바다양귀비도 자갈밭에 뿌리를 뻗으며 바닷물에 떠밀

려 다니기도 하고 조개껍질에 찢기기도 한다. 뿌리를 박지도 못하고 둥둥 떠다니는 신세는 마치 집시 여인과 같다는 인상마저 주고 있다. 그러나 그렇게 살면서도 이 꽃은 아름다운 불꽃을 피우고 있다. 그리고 이것이 뿜는 향기는 어느 식물보다도 강하다. 이것은 그 야성에서 얻게 되는 강한 생명력을 상징하는 것이다.

이상 두 편의 시는 꽃의 모습을 이미지스트의 스타일로 묘사하면서 강하게 암시하는 바가 있다. 바로 여성으로서의 독립성이다. 힐다 둘리틀은 한편으로 이미지스트 운동에 열성적으로 참여했지만 떠 다른 한 편으로 여권주의자였다. 그녀가 살던 때만 하더라도 아직 여권운동이 세차게 일어나던 때는 아니었다. 위의 시 두 편에서 읽을 수 있는 것은 그녀의 선배였던 에밀리 디킨슨(Emily Dickinson)을 연상시키는 독립된 영혼과 강인한 정신이며 남성의 보호를 벗어던지고자 하는 욕망이다. 다른 시를 한편 더 읽어보자.

> 왜 당신은 고개를 돌렸지,
> 지옥이 나를 다시 받아들여
> 그리하여
> 무로 끌어들이도록?
>
> 왜 당신 고개를 돌렸죠?
> 왜 돌아보았죠?
>
> 그래서 당신이 나를 쓸어 보냈잖아요—
> 살아있는 사람들과 땅 위에서 걸어 다닐 수
> 있었을 나를
> 마침내 살아 있는 꽃들 사이에서 잠들 수
> 있었을 나를.

그래서 당신의 오만 때문에
당신의 무정함 때문에
나는 쓸려왔어요
죽은 이끼만 떨어지고
재의 이끼 사이로 죽은 재만 쌓여있는 이곳에.

당신 쪽에서 뿜어 나온 빛으로
당신의 눈길로
내 얼굴을 스쳤던 것은 무엇이죠?

내 얼굴에서 당신이 본 것은 무엇이었나요─
당신 자신의 얼굴에서 나오는 빛,
당신 스스로의 존재의 불길이었나요?

Why did you turn back,
that hell should be reinhabited
of myself thus
swept into nothingness?

Why did you turn?
why did you glance back?

So you have swept me back─
I who could have walked with the live souls
above the earth.
I who could have slept among the live flowers
at last.

so for your arrogance
and your ruthlessness

I am swept back
where dead lichens drip
dead cinders among moss of ash.

What was it that crossed my face
with the light from yours
and your glance?

What was it you saw in my face —
the light of your own face,
the fire of your own presence?

— 「유리디스」("Eurydice") 전문

　이 시는 그리스 신화의 오르페우스 이야기에서 소재를 따온 것이다. 알려져 있다시피 유리디스는 오르페우스의 손에 이끌려 명계를 거의 벗어났다가 남편이 뒤를 돌아보는 통에 다시 명계로 끌려들어간 여인이다. 유리디스의 입장에서 보자면 남편의 부주의함이 원망스럽지 않을 수 없었을 것이다. 여기서 오르페우스는 오만하고 독선적인 남자로 묘사되고 있다. 당신의 오만한 부주의가 뒤 돌아보지 않았던들 내가 왜 이 캄캄한 명계로 다시 떨어졌겠는가? 물론 신화 상으로 오르페우스는 대단히 자상하고 사랑에 가득한 남편이다. 유리디스는 그 모든 것을 다 생략하고 자신을 암흑 속으로 다시 쳐 넣은 남편의 부주의함을 원망하고 있다. 당신이 그러지만 않았던들 지금 나는 산 사람들과 대화하고 살아있는 꽃들 사이를 거닐고 있을 것이다. 한 번 햇빛의 맛을 보았으니 그녀가 느끼는 명계의 암흑은 더 고통스러운 것이다.

　이 시는 힐다의 가장 명백한 자전적인 시, 즉 믿을 수 없는 남편, 한때 그녀의 멘토였으나 그녀에게 등을 돌리고 사랑을 저버림으로써 그녀를 불행의 나락으로 떨어트린 리차드 알딩턴에 대한 분노와 절망의 외침이다. 시의 마지막에서 유리디스의 항변은 재미있다. 당신이 나의 얼굴에서 본 것이 내 얼굴에 비친 당신의 얼굴이었던가, 당신 존재의 불길이었던가? 말 하자면 유리디스가 본 오르페우스는 아내를 진정으로 위해서 명계의 여행 을 한 것이 아니라 자기도취에 빠져서 그 일을 했다는 것이다. 아내의 얼굴 을 보는 것이 아니라 거기 비친 자신의 모습을 본다는 것은 그의 자기중심 적 이중성을 말하고 있는 것이다. 그녀가 잃어버린 것은 그가 아니라 살아 있는 땅, 꽃과 색상으로 이미지화된 것들이다. 비평가들은 힐다의 시적화자 들이 우리에게 친숙한 신화를 비틀어서 여자들의 이야기를 말해주고 있다 고 한다. 신화에서 오르페우스는 뛰어난 예술가이지만 유리디스의 비난에 의해 자기만 생각하는, 무개념의 바보로 전락하고 있다. 여기서 보통의 독 자들은 유리디스가 남편의 뛰어난 예술적 재능에 대해서는 한 마디도 언급 하지 않고 있다는 것을 놓치기 쉬운데, 사실은 이 시를 쓸 당시 힐다는 로 렌스와의 관계도 실망스럽게 끝나고 있었고 알딩턴의 다른 여자와의 관계 는 점점 깊어지고 있었다고 한다. 오르페우스는 바로 자신을 버린 시인 남 편이었으니 그 오만한 재능이 언급될 리가 없는 것이다.

그러나 사실 그리스 신화의 주신 제우스가 여성의 입장에서 볼 때 가장 못된 남자이다. 무서운 마누라 헤라의 눈을 피해 수많은 여성들을 임신시 켰던 이 못된 남자는 사실 남성 주도 사회의 대표적 상징이다. 그 여자들 중 하나인 레다는 W. B. 예이츠(Yeats)에 의해서 한 문명의 종말을 잉태하 게 된 여자로 시화된 바 있다(「레다와 백조」("Leda and the Swan")). 그러나 그렇게 거창한 의미부여가 여성의 입장에서 보았을 때는 어떠할까? 예이츠 의 시에서는 비틀거리는 레다와 강력한 힘의 흉악한 백조가 선명하게 대비 되어 있어서, 도저히 만날 수 없는 신적인 세계와 인간적인 세계의 차이를 드러내고 있다. 그러나 힐다는 그리 거창한 것이 아니라 훨씬 섬세한 백조를 그리고 있다.

느릿한 강이 바다를
만나는 곳,
붉은 백조가 붉은 날개와
검은 부리를 쳐들고,
그의 부드러운 가슴 아래
자주 빛 아래로
그의 산호 빛 발을 편다.

태양과 안개의
스러져가는 열기의
짙은 자주 빛을 뚫고
태양빛의 수평한 광선이
검은 가슴을 가진 하얀 백합을
쓰다듬었고,
금빛 투구를
더 짙은 금빛으로 얼룩지게 했다.

거기서 조수의 느릿한
철썩임이,
강 안쪽으로 떠올라와
갈대사이로
천천히 떠돌며,
그리고 노란 깃발을 쳐든다,
그 조수와 강이
만나는 곳에 그가 떠다닌다.

아 제왕의 키스—
더 이상 후회마라

이 황홀을 깨뜨릴
옛날의 깊은 기억도 하지 말라;
낮은 사초가 빽빽한 곳에,
붉은 백조의 날개가
부드럽게 퍼덕이는 아래
금빛 백합이
펼치고 휴식을 취한다.

Where the slow river
meets the tide,
a red swan lifts red wings
and darker beak,
and underneath the purple down
of his soft breast
uncurls his coral feet.

Through the deep purple
of the dying heat
of sun and mist,
the level ray of sun-beam
has caressed
the lily with dark breast,
and flecked with richer gold
its golden crest.

Where the slow lifting
of the tide,
floats into the river
and slowly drifts
among the reeds,

and lifts the yellow flags,
he floats
where tide and river meet.

Ah kingly kiss —
no more regret
nor old deep memories
to mar the bliss;
where the low sedge is thick,
the gold day-lily
outspreads and rests
beneath soft fluttering
of red swan wings.

— 「레다」("Leda") 전문

    우선 백조는 흰색이 아니라 붉은 색이다. 물론 붉은 색의 백조란 있을 수 없지만 다른 누구도 아닌 제우스의 화신이니 붉은 것이다. 원래 붉은 색은 권위와 정열의 상징이어서 그 붉은 깃털이 주는 인상은 강렬하다. 그 붉은 깃털과 대조되는 것이 검은 부리이며 산호 빛 물갈퀴다. 예이츠는 그의 시에서 이 물갈퀴를 검은 색으로 묘사함으로써 백조의 흉악함을 은근히 암시했지만 이 시에서는 신의 발답게 산호 빛으로 묘사했다. 그리고 날개의 붉은 빛이 가슴으로 내려갈수록 자주 빛으로 바뀌는 것을 말하고 있다. 2연에서 드디어 레다를 상징하는 백합이 등장한다. 자주 빛 저녁햇살이 비스듬히 비치는 아래 하얀 백합이 위태롭게 흔들리고 있는데 그것을 햇살이 애무를 하기 시작한다는 것이다. 여기서는 햇살이 마치 제우스의 모습을 하고 있는 것처럼 보인다. 그리고 4연에서는 본격적으로 붉은 백조 제우스와 흰 백합 레다가 정교를 나누는 장면이 시화되고 있다.

    이 시는 예이츠의 시에 비하여 그 상징성이나 담고 있는 철학에서는 빈

약하지만 여성의 심리가 잘 드러나 있다. 즉 여자의 입장에서 신과의 사랑이냐 인간과의 사랑이냐는 중요하지 않다. 백합으로 비유된 레다는 제우스의 사랑을 마음껏 음미하고 있는 것처럼 보인다. 특히 시의 마지막 3행은 여자의 황홀한 반응을 시화한 것이다. 사실 예이츠의 시에서는 레다의 반응이 세밀하게 나타나 있지 않다. 그냥 "허리짬의 떨림" 정도와 일을 끝낸 후 "무심해진 부리" 정도로 처리되고 있는데 여류 힐다의 시에서는 확실히 섬세한 묘사가 보인다. 붉은 제왕 제우스와 히얀 백합으로 상징화된 레다의 결합은 아름다워 보인다. 당당한 붉은 색과 순결하고 연약한 하얀색이 대조되어 음양을 잘 상징화하고 있다. 그런데 그 결합의 결과로 태어난 헬렌에 대한 시는 매우 의미심장하다.

> 모든 그리스가 미워한다
> 하얀 얼굴 속의 고요한 두 눈을,
> 그녀가 서 있는
> 올리브나무의 윤택을,
> 그리고 흰 손을.
>
> 전 그리스가 욕한다
> 그녀가 웃을 때의 창백한 얼굴을,
> 점점 창백해지고 회어 질수록
> 그것을 더욱 더 미워하며,
> 옛날의 매혹과 옛날의 해악을
> 기억하면서.
>
> 그리스는 별 감동 없이 본다,
> 사랑에 의해 태어난, 신의 딸,
> 서늘한 발과 가녀린 무릎의
> 미녀를,

단지 그녀가 무덤가 삼나무 사이에서
하얀 주검으로 누웠을 때
그녀를 사랑할 수 있을 것이다.

All Greece hates
the still eyes in the white face,
the lustre of the olives
where she stands,
and the white hands.

All Greece reviles
the wan face when she smiles,
hating it deeper still
when it grows wan and white,
remembering past enchantments
and past ills.

Greece sees unmoved,
God's daughter, born of love,
the beauty of cool feet
and slenderest knees,
could love indeed the maid,
only if she were laid,
white ash amid funeral cypresses.
　　　　　　－「헬렌」("Helen") 전문

　시는 그리스 전체가 그녀를 증오하고 있다는 말로 시작된다. 그것은 물
론 그리스의 용사들을 말하는 것은 아니고 일반 백성들일 것이다. 그리스
를 대표하는 용사들이 모두 그녀의 구혼자였으며 그녀에게 무슨 일이 생기
면 만사를 젖혀놓고 달려가기로 맹세까지 했다니 다른 여인네들에겐 그것

이 통한의 상황이었을 것이다. 그리하여 헬렌의 여성적인 매력, 즉 잔잔한 눈길, 하얀 얼굴, 그녀가 손을 짚고 선 올리브 나무 잎사귀의 윤택, 하얀 손까지 모두 증오의 대상인 것이다. 2연에서는 그것이 더 구체적으로 제시되고 있다. 웃을 때 그녀의 창백하고 하얀 얼굴이 더 창백해질수록 매력적이 되며 여인네들은 그만큼 더 그녀를 미워한다는 것이다. 그러나 헬렌의 미소는 그리 간단한 것이 아니다. 그것을 파고 들어가 보면 전쟁의 원인이 된 그녀에 대한 점점 더 깊어져가는 비난에 어떻게든 대처하려는 절망적 시도일 수도 있다. 3연이 재미있다. 온 그리스가 이 여자를 사랑할 수 있었던 유일한 때는 그녀가 죽어 삼나무 아래 재로 화해 눕게 되었을 때라는 것이다. 그러면서 그녀의 여성적인 매력을 서늘한 발이나 날씬한 무릎으로 표현하고 있다. 여기서 "하얀"이라는 것은 그리스의 끄떡 않는 증오의 최종적 결과가 마침내 죽음의 색이 되었음을 말하는 것이다. 여기서 암시되고 있는 것은 아름다운 여성이란 늘 그녀의 아름다움을 숭배하는 척하는 문화로부터 증오를 받게 되어 있는데 그러므로 유일하게 선한 아름다움은 죽은 자의 아름다움이라는 것이다.

이 시는 전통적인 헬렌의 이미지를 공격하면서 그러한 전통적 시각이 헬렌의 목소리를 내지 못하게 하였음을 암시한다. 또한 그녀의 헬렌은 남자 시인들의 숭배하는 눈길 아래 벗겨지는 것이 아니라 그 육체적 아름다움을 그대로 내버려두지 않는 증오에 찬 눈길을 견디고 있다는 것이다. 즉 문화적 전통의 무게 전체가 헬렌을 비난하고 있는 것이다. 이 시의 진짜 주제는 남자들이 지배하는 전통 속에서의 여자의 위치이다.

힐다 둘리틀은 이미지스트이자 강열한 개성의 여성시인이었다. 그러나 그녀의 의식은 요즘 독자들의 눈으로 보기엔 좀 약하게 보일 수도 있다. 왜냐하면 그녀가 활동했을 때만 하더라도 아직 여성시인들의 자각이 그리 강하지는 않았기 때문이다. 그보다 시간이 흘러 1960년대의 실비아 플라스

(Sylvia Plath)나 앤 섹스턴(Anne Sexton) 등의 여성들이 등장하여 저항의 목소리를 높일 때와는 아무래도 다르다. 그러나 그녀는 나름대로 여성의 독자성을 강하게 표현하고 있다. 「바다 양귀비」나 「장미」는 더 이상 남성들의 보호하의 여성이기를 거부하고 있다. 입센의 「인형의 집」과 상통하는 주장을 이 두 편의 시에서 보여주고 있는 것이다. 「유리디스」와 「레다」는 둘 다 여성의 입장에서 본 피동의 모습이다. 유리디스는 남편의 한 순간 부주의에 의해 다시 암흑의 명계로 떨어졌다. 레다는 제우스에 의해 겁탈을 당했고 그 결과 헬렌과 클리템네스트라 두 자매를 낳았다. 물론 유리디스의 남편은 아내에 대한 사랑에 가득한 남성이고 레다의 남자는 한번 만족한 후에 다시는 돌아보지 않는 이기적인 폭력남이다. 그래서 유리디스의 항변은 설득력을 얻기 힘들 수도 있지만 이것이 그녀의 자전적 사실과 연결되어 있다고 생각하면 달라진다. 남편에 대한 불만을 신화에 연결 지어 표현하려는 시도는 당시로서는 신선한 발상이다. 그래서 오르페우스의 그 뛰어난 음악적 재능에 대해서는 한마디도 언급하지 않고 생각 없고 독선적인 모습으로만 그려지고 있다. 제우스에 대해서는 말할 필요도 없다. 그 제왕적 폭력은 붉은 색으로 표현되고 피폭력체인 레다는 하얀 백합으로 표현되고 있다. 마지막으로 읽은 「헬렌」은 사실 가장 여권주의자로서의 목소리가 강한 시이다. 우선 그녀는 모든 여성들의 공적이어서 전혀 동정을 받지 못한다. 그녀의 외적 아름다움은 여성들의 증오만 일으킬 뿐이며 아무런 무기가 되지 못한다. 시 전체에서 그녀에 대한 비난만 묘사되고 있다. 그녀의 아름다운 얼굴, 흰 피부는 아름답기보다는 힘들고 처절한 저항의 시도를 느끼게 한다. 온 나라 전체의 비난을 한 몸에 받는 여성 헬렌은 비극적 히로인의 모습을 하고 있는 것이다. 그리고 그녀가 그리스의 이야기를 많이 차용하고 있음도 주목할 만하다. 그것은 그녀의 고전적 취향과 그 시대의 자유분방함을 깊이 사랑하고 있었음을 말해주는 것이다.

■ 참고문헌

Bell, Robert E., Brunel, Pierre. "Eurydice in Classical Myth." http://www.english.illinois.edu/maps/poets/g_l/hd/myth.htm

Boughn, Michael, Burnett, Gary Gregory, Eileen. "On Sea Rose." http://www.english.illinois.edu/maps/poets/g_l/hdsearose.htm

Friedman, *Susan. Stanford Psyche Reborn: The Emergence of H. D.* Bloomington: Indiana UP, 1987.

Friedman, Susan Stanford, Ostriker, Alicia Suskin, Copeland, Donna, Swan, Thomas Burnett. "On Helen." http://www.english.illinois.edu/maps/poets/g_l/hd/helen.htm

Guest, Barbara. *Herself Defined: The Poet H. D. and Her World.* New York: Doubleday Publishers, 1984.

Scott, Bonnie Kime. "About H. D's Life and Career." http://www.english.illinois.edu/maps/poets/g_l/hd/life.htm

Sword, Helen, Dodd, Elizabeth. "On 'Eurydice.'" http://www.english.illinois.edu/maps/poets/g_l/hd/eurydice.htm

Walker, Cheryl. "On H. D.'s Imagist Poems and Ancient Greece." http://www.english.illinois.edu/maps/poets/g_l/hd/greece.htm

이디스 시트웰Edith Sitwell, 1887–1964
성장과 구원을 모색했던 시인

| 염정인

시인이자 여성으로서 이디스 시트웰이 살아온 삶의 이력은 흥미롭다. 또한 범상하지 않은 생애가 작품에 적지 않은 심리적 영향을 끼쳤을 것으로 짐작된다. 일단 독특한 외모와 의상으로 표현되는 생전 모습을 그린 그의 초상화가 이목을 끈다. 눈길을 끄는 화장술과 치장에 대한 시선뿐만 아니라 그의 작품 및 성향에 대한 비난의 목소리가 높았을 때, 시트웰이 세상에 던진 다음과 같은 목소리는 그의 화려한 치장만큼 도발적이다.

> "겸손함이란 여성시인에서는 죽음과도 같은 것이다"
> "나는 배울 게 많다. 특히 꼭 배워야 할 것은 소심해지지 않는 법이다"
> ─1946년 스펜더(Stephen Spender)와의 인터뷰에서

위의 발언들 중에는 스펜더와의 인터뷰도 있지만, 시트웰 자신도 잡지 『수레바퀴』(Wheels)의 편집장으로 일하면서 많은 명사들과 대담을 나누었다. 그는 당대의 거장 W. B. 예이츠(Yeats), 조이스(James Joyce), T. S. 엘리엇(Eliot), 워튼(Edith Warton), 울프(Virginia Woolf) 등과 두루 교류했다. 그가 출생한 해도 눈길을 끈다. 1887년은 미국의 세인트 루이스(St. Louis)에서 또 다른 여성시인 무어(Marianne Moore)를 탄생시킨 해였으며, 다음해인 1888년에는 엘리엇이 탄생했다. 이처럼 시트웰과 동시대를 함께 한 명사들에게 공통의 유산은 무엇보다도 두 차례 큰 전쟁의 경험이었다. 세계대전의 소용돌이를 경험하며 작가들은 떨쳐내기 어려운 상흔과의 사투를 견디고 살아내는 각자의 방식을 보여준다. 자존심이 강하고 단호했던 시트웰에게 충격적인 전쟁의 기억은 큰 전환점이 되었으며, 시트웰의 작품세계의 한 축을 이룬다.

범상하지 않은 용모만큼이나 남다른 그의 출생의 이력과 심리적 영향은 시트웰의 작품세계에 또 다른 중심축이다. 그는 명문가의 장녀로 태어났다. 아버지인 조지 시트웰 경(Sir George Sitwell)은 여왕으로부터 남작의 지위를 하사받았으며 어머니 이다 부인(Lady Ida) 또한 명문가의 여인이었다. 그러나 시트웰의 가족사는 결코 그가 내세울 화려한 이력이 아니었다. 그의 어머니는 명문가의 여인이었으나 낭비벽이 심했던 탓으로 미처 상환하지 못한 채무 때문에 법정에 서기도 했다. 게다가 화려한 외모의 소유자였던 어머니는 애초에 키가 너무 커서 구부정하고 매부리코였던 딸을 기묘하게 생겼다는 이유로 방치했다고 전해진다. 아버지는 오로지 가문의 족보에 관심이 있었으며, 여성의 대학 교육에 대단히 부정적이었다고 한다. 이러한 시트웰 부부는 나중에 공식적으로 딸의 양육을 거부했고, 결국 시트웰은 부모를 떠나 가정부와 함께 시 외곽으로 나와 살았다. 아버지가 요크셔(Yorkshire)의 저택에서 화려한 생활을 하는 동안에 그는 아버지가 넉넉하지 않게 주는 돈으로 월세를 내며 궁핍하게 살았다고 한다. 시트웰이 성장하여 남동생들과 함께 문단활동을 할 당시 그들 남매를 만났던 로렌스(D. H. Lawrence)도 "내 생에 그처럼 지독하고 이상한 가족 콤플렉스(family complex)를 가진 이들을 본 적이 없다"고 했다고 하니, 그의 남동생들도 누이와 크게 다르지 않은 성향을 가졌던 듯하다. 그러므로 그의 가족사가 작품 성향에 미쳤을 적지 않은 영향을 짐작해볼 수 있다.

1915년 시집 『어머니 외 시편들』(*The Mother and Other Poems*)을 발표하며 작품 활동을 시작한 시트웰은 남동생들과 『20세기 익살극 외 시편들』(*Twentieth Harlequinade and Other Poems*) 등을 공저했고, 시 전문지 『수레바퀴』를 발행했다. 시집 『정면』(*Façade*)은 1922년에 출판되었지만 그의 후기 시집 『장미의 아가(雅歌)』(*The Canticle of the Rose*)와 『버림받은 이들』(*Outcasts*)은 2차 대전 이후의 시집으로 전쟁을 경험하고 난 시인의 변화된 시선과 시관을 보여준다.

시트웰은 특히 조지 왕조풍의 시들을 배격했지만, 새로운 경향의 시를 받아들이는 면에 있어서는 선구자적인 역할을 자청했다고 한다. 그는 귀족 계급에 속하면서도 조지 왕조풍의 시들이 보여주는 허식이나 위선에 반감을 가졌던 것 같다. 이른바 반계급적인 의식을 가질 만한 시트웰의 심리적인 배경은 앞서 가족사를 통해 짚어본 바가 있다. 오히려 시트웰은 가난하고 소박한 시골 사람들의 감수성을 즐겨 다루는 시들을 초반에 선보이는데, 특히 자의식이 약하고 순박한 시골 처녀를 내심 질책하며 그의 성장을 안타깝게 지켜보는 시선을 담는 시들을 내놓는다. 그러므로 시트웰의 이력 중 주로 전기(前期)에 해당하는 시에서는 의식, 특히 여성의 의식의 성장과 이에 대한 독려라는 동인(動因)을 찾고 이를 살펴보기로 한다.

이처럼 의식, 특히 소박한 여성의 의식의 성장 문제에 관심을 갖던 시트웰에게 결정적인 계기가 된 것은 앞서 언급한 대로 두 차례의 전쟁이었다. 전쟁의 잊기 힘든 기억을 기록하며 시트웰은 동시대 명사들과 마찬가지로 가치관의 전환점을 맞이하게 된다. 이 시기 시트웰은 소박한 여성의 의식의 성장을 독려하는 선도적 입장은 다소 내려놓는 것으로 보인다. 그는 전쟁이라는 파격적인 전환점을 경험하며 성장할 대상보다는 성장이라는 화두에 집중하고, 성장의 가능성도 새롭게 탐색한다. 그 탐색의 방향키를 조종하는 시트웰의 감수성은 무엇인가. 남성시인 중에서 돈독한 가족 관계와 따뜻한 유년기를 자산으로 갖고 있는 작가들은 환향(還鄕)이나 모성으로의 회귀 등의 동인을 갖고 있는 경우가 있다. 그러나 여성시인이라도 독특한 가족사를 배경으로 성장한 시트웰에게서 포용력이나 모성 등 여성 특유의 감수성을 기대하기는 어렵다. 시트웰은 이와 달리 전쟁을 경험한 이후에 해당하는 후기 시에서 기독교 신앙에 대단히 귀의하는 종교적 감수성을 보여준다. 결코 낙관할 수 없는 현실에서 시트웰은 성장이라는 점진적인 강도를 넘어설 수 있는 비약적인 것을 기대했다. 그러므로 기독교의 구원이 갖는 속도감이 시트웰에게 호소력이 있었다고 본다. 그러므로 성장을 화두로 삼는 시트웰의 작품세계를 움직이는 동인을 가족사와 전쟁의 두 축에서 찾아, 이를 반영한 전기 시와 전쟁 이후의 후기 시를 각 한 편씩 살펴보겠다.

I. 삐걱거리는 성장에 대한 연가

「아침의 연가」("Aubade")는 본래 연인이 새벽을 맞아 헤어지는 슬픔을 노래하는 연정을 담은 시이다. 그러나 이 시에서 연가의 당사자인 제인(Jane)을 애타게 부르는 화자는 그의 연인인 남성이 아닌 듯하다. 화자는 끝까지 익명으로 퇴장하지만, 아무래도 남성의 목소리라고 생각되지 않는다. 또한 제인은 밤새 사랑을 나눈 낭만적인 여인이라기보다는, 그저 살아내야 하는 피곤한 하루를 또 맞이한 부엌데기이며, 구부정한 모습으로 계단을 삐걱삐걱 소리 내며 내려오는 촌부(村婦)일 뿐이다. 그리고 화자는 촌부인 제인의 일상에 더욱 공감하는 듯한, 그에게 동료의식을 가진 여성의 목소리를 낸다. 이로부터 낭만적이어야 할 아침 연가는 '삐걱'거리기 시작한다. 시의 전문(全文)을 보기로 한다.

제인, 제인,
학처럼 키가 큰 제인,
아침볕이 또 삐걱삐걱 내려오는구나.

수탉 볏처럼 헝클어진 머리를 빗고,
제인, 제인, 계단으로 내려오려무나.

방울방울 무디고 뭉툭하고 뻣뻣한 종유석 같은
빗방울도 삐걱댄다, 볕이 단단하게 굳혔구나,

어느 미지의 외딴 세상
배음(背音) 같은 소리를 낸다.

속이 텅 빈 볕이 삐걱댄다고
굳어서 눈에 보일 수는 없는 법이다.

둔탁한 비 소리처럼 은근한 곡조로
네 머릿속을 뚫을 수는 없는 법이다.

(혹시라도 굳을 수 있다면) 볕이 보여줄 수도 있는 것은
영원무궁한 부엌의 텃밭,

아무도 뜯어가지 않을 맨드라미꽃과,
꼬꼬대기 시작한 뻣뻣한 꽃들.

찬 새벽 볕이 낑낑대며 내려앉는
그곳 부엌에서 너는 지펴야할 테지

당근처럼 순무처럼 빛이 나지만,
또 벌겋게 허옇게 이글거리는 불꽃을.

찬바람에 맨드라미 꽃 잔털이
흐느적거리며, 우유부단한 마음을 돌려도 보지만...

제인, 제인,
학처럼 키가 큰 제인,
아침볕이 또 삐걱삐걱 내려오는구나!

Jane, Jane,
Tall as a crane,
The morning light creaks down again;

Comb your cockscomb-ragged hair,
Jane, Jane, come down the stair.

Each dull blunt wooden stalactite
Of rain creaks, hardened by the light,

Sounding like an overtone
From some lonely world unknown.

But the creaking empty light

Will never harden into sight,

Will never penetrate your brain
With overtones like the blunt rain.

The light would show (if it could harden)
Eternities of kitchen garden,

Cockscomb flowers that none will pluck,
And wooden flowers that 'gin to cluck.

In the kitchen you must light
Flames as staring, red and white,

As carrots or as turnips, shining
Where the cold dawn light lies whining.

Cockscomb hair on the cold wind
Hangs limp, turns the milk's weak mind....
Jane, Jane,
Tall as a crane,
The morning light creaks down again!

—「아침의 연가」("Aubade") 전문

"제인, 제인,"하는 목소리는 흡사 우리 시에서 '순아, 순아,'를 부르는 듯 평범한 대상을 정답게 부른다. 제인은 집안 허드렛일을 하는 소박한 여인 정도로 보인다. '학처럼 키가 큰' 제인은 그래서 더욱 안쓰러워 보인다. 이 대목에서 시트웰은 너무 키가 크고 구부정하다 하여 어머니에게서도 사랑 받지 못했던 자신을 투영했던 것 같다. 그러나 그런 이유가 있었기에 오히려 자의식이 강한 소녀로 성장했던 자신에 비하여 소박한 제인은 너무 다르다. 제인에게는 헝클어진 머리를 잘 풀어낼 생각을 할 여유가 없다. 서둘러 단잠에서 깨어나 불을 지피고 아침 식사를 준비해야 할 일터에서 벗어날 수 없는 처지 때문이다. 그러므로 화자는 이제부터 눈먼 그가 성장하는 것을 독려해야 한다. 이제 조력자로서 화자의 태도가 주목된다. 이는 그를 훈계하는 것이 아니라 수탉 볏처럼 헝클어졌으나 한편 맨드라미꽃이기도 한1) 그가 헝클어진 머리를 인식하고 마침내 꽃이 되어가는, 아직 미완인 그 과정을 비판적으로 바라봐주는 것이다.

화자의 시선은 제인의 동선을 따라 이동한다. 출발점은 밤새 내리고 다음 날 날이 개어 몇 방울 맺힌 빗방울에 있다. 비는 제인의 자의식처럼 "무디고 뭉툭하고 뻣뻣"하다. 바닥에 툭 떨어지면 곧 소멸되고 말 운명이다. 그러나 화산 활동의 기억을 갖고 있는 어떤 물방울은 어떤 빛에 반응하여 물기가 마르면 종유석으로 굳는 기적을 보여줄 수도 있다. 화자는 이에서 희망을 본다. 그러므로 기꺼이 제인에게 '어떤 볕'이 되어 줄 것이다. 그리하여 볕이 굳어서 눈에 보이고, 둔탁한 비 소리처럼 은근한 곡조로 설득하여 "무디고 뭉툭하고 뻣뻣"한 제인의 머릿속을 뚫는 기적을 보여주고자 한다. "결코 . . . 할 수 없을 것이다"(will never . . .)의 강한 부정은 오히려 그리하고자 하는 강한 의지를 역설하는 어조이기 때문이다. 그렇기 때문에 "결코 그럴 수 없다"는 강한 부정의 어조 뒤에 이어서 "혹시라도 굳을 수 있다면"의 가능성을 비출 수 있는 것이다.

그러나 첫 새벽 볕이 보여준 장면은 굳건한 부엌의 현실이다. 화자의 시선은 이제 제인의 일터이자 그가 극복해야 할 현실인 부엌으로 이동한다. 화자는 주체적인 인식 없이 부엌을 무조건 신뢰하고 수용하는 제인의 태도

---

1) cockcomb: 수탉의 볏. 여러 겹의 꽃이 겹친 모습이 닮았다 하여 맨드라미꽃을 의미하기도 한다. 여기에서는 시인이 곁말(pun)을 사용하고 있다.

에 대해 부정적이다. 그러므로 "영원무궁한 부엌의 텃밭"이라고 부를 때 그 어조에는 사뭇 비아냥거림이 있다. 그곳에는 소박한 맨드라미꽃이 있다. '꺾어가다' 보다 폭력성이 짙은 '뜯어가다'는 동사는 수동적인 입장인 맨드라미꽃의 비극성을 짙게 한다. 그러나 이 상황에서 스스로를 '뜯어낼' 수 있는 결단이 필요하다는 화자의 설득을 보여주는 은근한 "배움"이기도 하다.

이처럼 화자의 설득력은 매우 은근하며, 반어적이다. 또한 매우 우회적인데, 그 방법은 제인에게 매우 익숙한 일상의 물상들을 동요하게 함으로써 결국 그를 설득하고자 하는 것이다. 무심하고 뻣뻣하게 피어있던 꽃들은 암탉처럼 소란스럽게 "꾸꾸"대는 불만을 토로하기 시작한다. 찬 새벽 볕도 마찬가지이다. 그는 밤이 지나가면 늘 그렇듯 돌아와 내려앉아 제인을 밝혀주던 부엌 바닥에서 새롭게 낑낑대고 있다. 대낮의 환한 빛과는 다른 색감을 갖고 있는 새벽 볕은 늘 친숙한 당근이나 순무를 새로운 색감으로 조명하여 그 붉고 흰 화사한 빛깔도 사실은 도전적으로 노려보는 색깔일 수 있음을 보여준다. 이 부엌의 동요를 의식하지 못하는 이는 오직 바람에 흐느적거리는 맨드라미 꽃 잔털 같은 제인, 그의 유약한 마음뿐이다. 이제 화자는 제인에게 돌아서서 집중해야할 그 순간을 말 줄임으로 처리하고 다시 원점으로 돌아간다.

그동안 펼쳐졌던 아침 부엌의 모든 상념을 접는 순간 제인은 아무 일도 없었다는 듯 변함없는 일상을 이어갈 것이다. 그렇다면 처음에 이 모든 시선이 시작되었던 빗방울의 행방은 어떤 것일까? 빗방울은 결국 바닥에 툭 떨어지고 만 것일까, 아니면 볕의 작용에 정말 굳어서 어떤 결정을 남긴 것일까? 화자는 독자와 제인을 한 편으로 어리둥절하게 만들어버리고 이만 물러난다. 그리고 그가 남긴 표징은 처음과 똑같이 반복되는 듯한 후렴구의 마지막의 느낌표이다. 새벽녘에 이루어졌던 환영과 같은 상념은 모두 사라졌고, 실제로 빗방울도 이미 바닥에 떨어졌을 것이다. 그러나 동요 아닌 동요, 사건 아닌 사건의 표지인 느낌표를 조용히 꽂고 간 것일까? 그러므로 어느 소박한 여인의 일상을 조용히 교란시키고 돌아간 이 '아침의 연가'는 한편의 불편한 경고, 한 "헝클어진" 여인의 성장을 부추기는 한편의 "삐걱거림"이며, 느낌표는 그 소란 아닌 소란이 있었음을 증명하려는 표징이다. 다시 반복되는 후렴구가 보여주듯 여느 때와 다음 없는 분주한 아침은 늘 그렇듯 시작되고 제인은 또 삐걱삐걱 계단을 내려올 것이다. 그러나 느낌표를 기억한다면 그는 달라질 것인가? 여인의 성장은 이제 그의 몫이다.

　시트웰의 또 다른 전기 작품 「시골 춤」("Country Dance")에 등장하는 시골 처녀들은 제인보다 더 낭만적으로 묘사되어 있다. 그들은 목양신(Pan)[2]의 제단에 바칠 신선한 잎사귀 식물과 차가운 과실을 모으러 몰려다닐 정도로 생기도 있다. 그러나 다른 세력이 조금만 훼방을 놓아도 작은 도깨비에게 "제발, 나를 괴롭히지 마세요!"(don't, I prithee, come bothering me!)라고 사정하거나, 망아지처럼 장난기가 많은 바람에게도 "저를 치지 마세요, 나리, 저를 치지 마세요, 제 말은, 당신이 제 딸기들을 건초 위에 쏟을 것 같아요."(Don't touch me, sir, don't touch me, I say, / You'll tumble my strawberries into the hay.)라고 스스로를 하대하고 대단히 조심스럽다. "여기 목양신 판만큼 태양에 붉게 익은 딸기가 있다!"(Here be berries as sunburnt as Pan!)하고 외치다가도 목양신 판의 아버지인 실레노스(Silenus)가 자신들을 목격했다는 것을 알자마자 달아나 버린다. 신화에 등장하는 실레노스가 숲의 요정으로 말의 다리를 가졌다고는 하지만 한편 술의 신 바커스(Bacchus)의 양부(養父)로 술에 취한 뚱뚱한 노인의 모습을 했다고 하니, 그토록 지레 겁에 질려 달아나는 것은 우스운 일이다. 보다 낭만적인

---

2) 그리스 신화의 산야(山野), 목양의 신. 다리는 염소를 닮고, 머리에 뿔이 있으며, 염소의 귀를 가졌다.

필치로 묘사했으나 시트웰이 소박한 여성의 의식이나 감수성에 관심을 두었던 것이 확실해 보인다.

II. 비약적인 성장, 구원을 설파하는 장미의 외침

아가(canticle)는 남녀의 연애를 찬양한 연가의 일종이지만, 장미가 찬양하는 것은 잿더미 속에서도 화사한 생명을 일으켜 세우는 기적의 힘이다. 전쟁을 치른 후 더 이상 성장 같은 것은 불가능해 보이는 잿더미뿐인 현실이 모두의 앞에 놓여 있다. 그러나 장미는 기적이 여기 있으니 와서 보라고 안간힘을 쓰며 외친다. 그러므로 자신의 존재도 붉은 장미가 아니라 외치는 존재, '불의 목소리'이다. 시트웰은 1947년 경 한 편지에서 이 시를 2차 세계대전 당시 원자폭탄이 투하되었던 일본의 히로시마에서 식물이 자라나기 시작한다는 기사를 읽고 난 뒤 썼다고 했다. 그만큼 이 시는 기적 같은 소식을 접한 시트웰의 극적인 감수성을 보여줄 것이다. 또한 시인으로서 단비 같은 소식에 대해 어느 정도 화답이 될 만한 비전을 제시할 것임이 예견된다는 생각으로 읽어볼 만하다.

시에는 여러 목소리가 등장한다. 자기 존재에 대해 긍정적이고 빛이자 그리스도를 예찬하는 장미의 마냥 순진한 목소리, 이에 대조적으로 참담한 전후의 현실을 알려주고 빛의 실체를 고발하는 엄혹한 목소리, 전쟁을 현실로 지켜보았고 그 속에서 죽어간 익명의 여인의 가련한 목소리, 그 속에서 거래를 시도하는 노점상의 비정한 목소리 등이다. 주목할 점은 시의 결론을 맺는 것이 다른 목소리들과 성질을 분명히 달리하는 순진한 장미의 목소리이며 이것이 비슷한 어조로 시의 서두와 말미에서 한 차례씩 반복된다는 점인데, 이를 짚어볼 필요가 있다.

담벼락 위에 장미
외칩니다 – '나는 불의 목소리예요.
내 속에서 커지는 것은
석류 빛 나는 죽음의 광채지요 진 붉은
루비 빛깔 석류 빛깔
이슬이지요 그리스도의 상처가 내 속에서 빛이 난답니다!'
....

그 담벼락 아래, 굶주린 거리에
남겨진 것은 오직 잡아먹는 심장과

인간의 그림자...사고 파는 자가 외친다
 '빛의 이름을 들먹이지 말라
빛의 이름은 이제 광기...빛의 키스로
우리는 시꺼멓게 되었지만
빛이 곧 태양이듯, 또한 그의 이름은 밤이기도 하다
빛은 우리를 저주했고, 그래서 인간은 반드시 죽을 것이라고 선언했다!'

흐르는 강물의 리듬에 맞춰
긴 머리채를 빗던 여인이 있었다...
여인은 노래했다, '모든 것은 끝이 날 것이다
내 핏줄 속에서 시간의 소리 같은 것이 자라나니,
난장이 등에 혹도, 평지 위에 불룩한 산도,
장미만의 것이라는 붉은색도, 무지개의 붉은색도,
심장의 불길도, 방랑하는 생성의 고뇌도—
다 잃고도, 또 다 얻는 법이니—
그래도 세상은 그대로겠지!'

노래는 광선속에서 사라졌다...여인은 어디에 있는가?
녹아서 사라졌으니—
기억도 안 나는 돌에 여인의 붉은 그림자만이 얼룩져 있다.

그리고 굶주림의 거리에서 파는 자는 소리치겠지,
'뭘 사겠수?

신부 드레스?
(하지만 온갖 연령대의 인간 형상이 다 죽었다
광선 아래서)'
                                        '아니면 수의?'
(닳고 닳아...죽은 자들은 가릴 것도 남아 있지 않았구나)

'그러면,' 지옥에서 솟아오른 분노,
넝마 조각 같은 운명이 말했다—
  '성냥 한 갑이나 사슈!
그 가슴 밑에 따스한 기운을 만들어내던
기계도 이제 없으니...불이 필요할 거요
그 뼈 위에 발라진 것이라도 덥히려면...
당신 형제들의 재를 다 합쳐도
저 기계를 다시 지필 수는 없을 것이외다—
세상의 탄약을 다 합치더라도 말이지!
누가 살 거요— 누가 살 거요—?
와서 내게 눈꺼풀 없어 부릅뜬 두 눈 위에 놓을 페니를 좀 다오!'

그러나 담벼락 높이
그리스도의 상처가 붉은 그곳에 핀 장미가
빛에 대고 외칩니다—
  '와서 보세요, 화사한 정수의
말로 다 못할 화사한 존재로, 내가 줄기 위에 어떻게 솟았는지.. 보잘것없
    는 수명으로도
나는 그리스도를 외쳐요, 영원한 불인 분
인간의 심장 속에 든 차가운 냉기를 불로써 없앨 분.
봄이 왔다가, 봄이 가요...

"내 안색은 빛 속에 장미보다 붉었노라..
이 향기가 외친다, 예리코에 피었던 장미의 이름으로.'"

The Rose upon the wall
Cries — 'I am the voice of Fire:
And in me grows
The pomegranate splendor of Death, the ruby garnet almandine
Dews: Christ's Wounds in me shine!
....
Below the wall, in Famine Street,
There is nothing left but the heart to eat

And the Shade of Man...Buyers and sellers cry:
  'Speak not the name of Light
Her name is Madness now...Though we are black
beneath her kiss,
As if she were the Sun, her name is Night:'

There was a woman combing her long hair
To the rhythm of the river flowing...
She sang, 'All things will end —
Like the sound of Time in my veins growing:
The hump on the dwarf, the mountain on the plain,
The fixed red of the rose and the rainbow's red,
The fires of the heart, the wandering planet's pain —
All loss, all gain —
Yet will the world remain!'

The song died in the Ray...Where is she now?
Dissolved and gone —

And only her red shadow stains the unremembering stone.

And in Famine Street the sellers cry,
  'What will you buy?

A dress for Bride?'
(But all the molds of generation died
Beneath that Ray.)

                        'Or a winding-sheet?'
(Outworn...The Dead have nothing left to hide.)

  'Then buy,' said the Fury arisen from Hell —
That Fate of rags and patches —
  'A bow of matches!
For the machine that generated warmth
Beneath your breast is dead...You need a fire
To warm what lies upon your bone...
Not all the ashes of your brother Men
Will kindle that again —
Not all the world's incendiaries!
Who buys — who buys — ?
Come, give me pence to lay upon my staring lidless eyes!'

But high upon the wall
The Rose where the Wounds of Christ are red
Cries to the Light-
  'See how I rise upon my stem, ineffable bright
Effiuence of bright essence...From my little span

I cry of Christ, Who is the ultimate Fire

Who will burn away the cold in the heart of Man.

Springs come, springs go...

  "I was reddere on Rode than the Rose in the rayne...

This smell is Crist, clepid the plantynge of the Rose in Jerico.'"

─「장미의 아가(雅歌)」("The Canticle of the Rose") 전문

비참한 전후 현실 속에서 오로지 자기 존재와 빛의 순연함을 말하는 장미의 목소리는 한낱 순진한 어린 아이의 목소리인가? 그러나 장미는 단단한 담벼락 위라는 현실에도 불구하고 꿋꿋이 피어날 때, 현실에 대한 희망을 보여주는 존재로서 의미를 갖는다. 그러므로 장미의 목소리는 '그러므로'의 존재가 아니라 '그럼에도 불구하고'의 존재로서 끝까지 자리매김한다. 장미가 이 시의 끝까지 "진 붉은 루비 빛깔 석류 빛깔"의 자리를 지킬수록 현실의 어둠은 짙어간다. 장미의 화사한 빛깔과 현실의 어두운 색채는 서로에게 어떤 의미를 부여하며 존재하는가? 시인은 어느 쪽 색채에 무게를 두고 있는가? 이를 알아내기 위해서는 진행되는 빛과 어둠의 추이를 계속 추적해 볼 필요가 있다.

빛은 사실 어둠의 다른 이름이었다. 빛은 성령의 불(Fire), 그리스도의 상처(Wound) 등으로 연상되어 왔지만, 어느 하늘 아래서는 가공할 원자폭탄의 광선(Ray)이었다. "빛의 키스로 우리는 시꺼멓게 되었다"는 비극을 경험한 사람들에게 이제 빛은 광기(Madness)의 또 다른 이름이고 기근(Famine)의 원흉일 뿐이었다. 여인의 노래처럼 화사한 붉은 색은 장미나 무지개의 것이라고만 알고 있었지만, 기실 생명을 집어삼키는 광선의 빛깔이기도 했다. 제 핏줄 속에서 시간이 자라나는 소리를 들을 만큼 이제 무명의 여인의 의식은 성장했다. 그러나 성장한 그는 신부의 드레스를 입는 발돋움의 과정도, 죽은 자를 대접하는 수의를 입는 마무리의 절차도 모두 생략한 채 바위

에 붉은 그림자만 남긴 채 사라져버렸으니, 이 무슨 허무한 성장의 결과란 말인가. 시인 시트웰은 이를 바라고 소박한 여인들의 의식이 성장하기를 기다려 온 것인가.

어쨌든 분노하는 자가 계속 분노하기 위해서는 살아남아야 하고, 그러기 위해서는 "뼈에 발라진 것이라도" 덥힐 성냥 한 갑을 구해야 한다. 그 대가를 지불하고 성냥을 사면 노점상은 그 동전 몇 닢을 "눈꺼풀 없어 부릅뜬 두 눈" 대신 두 눈의 자리에 올려 두겠다는 가공할 소리를 하는 것이 현실이다.

암담한 현실에서 시는 다시 장미에게로 돌아온다. 담벼락의 장미, 말로는 다 못할 화사한 존재의 정수라는 장미의 외침은 과연 현실과 동떨어진 공허한 메아리인가. 막연히 세상에 대고 자기 존재를 알리던 장미의 방향은 이제 빛을 향하고 있다. 그는 '빛에 대고' 외친다. 빛은 그가 "영원한 불인 분 / 인간의 심장 속에 든 차가운 냉기를 불로써 없앨 분"이라고 외치던 그리스도의 또 다른 호칭이다. 엄혹한 현실의 목소리가 쏟아내는 지탄을 등지고 "보잘 것 없는 수명"을 내걸고 장미가 줄기차게 변호하는 그리스도, 빛에게 기대하는 것은 무엇인가.

시의 열쇠를 '봄'이 왔다가 간다는 사실과 '예리코'라는 지명에서 찾아보고자 한다. 비록 봄은 왔다가 또 가겠지만, 시인은 찰나의 봄이 품은 기적, 희망을 본다. 그래서 희망은 또 목마름을 부를 것이다. 그렇다면 현실의 상황이 '그럼에도 불구하고' 장미는 비록 찰나이지만 봄이 매년 베푸는 기적을 스스로 증거하며 "나는 불의 목소리에요"를 순진하게 외칠 명분을 얻을 것이다. 캄캄한 현실은 차분한 성장보다 기적 같은 구원, 그로 인한 비약적인 성장을 염원한다. 그것은 예리코에 피었던 장미와 같은 기적이다.

시트웰은 위클리프(John Wyclif)[3]의 『선문』(選文)(*Selected Writings*)에서

---

3) John Wyclif(1320-1384). 사제이자 종교 개혁가. 최초로 성경을 영어로 번역하였다. 이 구절은

이 대목을 참고했다고 알려져 있다. 예리코의 장미란 본래 사막의 버려진 땅에서도 물기만 있으면 살아서 꽃잎을 열 수 있는, 신성한 장미의 상징이라고 한다. 한편 예리코의 장미, 특히 예리코라는 지명이 연상시키는 바는 한 가지가 더 있으니, 이는 그리스도로부터 구원을 받은 것으로 기록되는 예리코의 소경, 바르티매오가 바로 그이다. 신약에 소개되는 예리코의 소경의 일화는 다음과 같다.

> 그들은 예리코에 들어갔다. 예수님께서 제자들과 많은 군중과 더불어 예리코를 떠나실 때에, 티매오의 아들 바르티매오라는 눈먼 거지가 길가에 앉아 있다가, 나자렛 사람 예수님이라는 소리를 듣고, "다윗의 자손 예수님, 저에게 자비를 베풀어 주십시오." 하고 외치기 시작하였다. 그래서 많은 이가 그에게 잠자코 있으라고 꾸짖었지만, 그는 더욱 큰 소리로 "다윗의 자손이시여, 저에게 자비를 베풀어 주십시오." 하고 외쳤다. 예수님께서 걸음을 멈추시고, "그를 불러오너라." 하셨다. 사람들이 그를 부르며, "용기를 내어 일어나게. 예수님께서 당신을 부르시네." 하고 말하였다. 그는 겉옷을 벗어던지고 벌떡 일어나 예수님께 갔다. 예수님께서 "내가 너에게 무엇을 해 주기를 바라느냐?" 하고 물으시자, 그 눈먼 이가 "스승님, 제가 다시 볼 수 있게 해 주십시오." 하였다. 예수님께서 그에게 "가거라. 네 믿음이 너를 구원하였다."라고 이르시니, 그가 곧 다시 보게 되었다. 그리고 그는 예수님을 따라 길을 나섰다. (마르코 10:52)

신약성서에는 예수로부터 눈을 뜨는 기적을 입은 소경들이 예리코의 소경 이외에도 여럿 존재한다. 그러나 예리코의 소경은 남다르다. 그는 매우 적극적이다. 그는 군중 속에서 제지를 당하면서도 큰 소리로 자기 존재

원래 집회서를 참고한 위클리프의 "신성한 지혜란 예리코에 피는 장미에 비유할 수 있다" 설교에서 유래한 것으로 본다. 실제로 집회서 24장 14절에는 지혜를 "나는 엔 게디의 야자나무처럼 예리코의 장미처럼 평원의 싱싱한 올리브 나무처럼 플라타너스처럼 자랐다"고 비유한 구절이 있다.

를 알려 일단 예수의 주목을 받게 된다. 드디어 부름을 받자 그는 제일 먼저 겉옷을 벗어던짐으로써 스스로 일차적인 존재에서 벗어날 만큼 능동적이다. 무엇을 바라느냐는 첫 물음에 그는 "다시" 볼 수 있게 되기를 청한다. 그가 타고난 소경이었는가 그렇지 않은가는 문제로 삼을 바가 아니다. 그는 타고난 혜안을 가진 스스로의 존재를 이미 신뢰했으므로 그 시력을 다시 회복하기를 갈구했던 것이다. 스스로 겉옷을 벗어던질 정도로 능동적인 준비를 갖춘 자는 이미 그의 믿음이 그를 구원한 것이나 마찬가지였다. 그러므로 예수의 화답도 "너는 이제 다시 볼 수 있다"가 아니라 "가거라. 네 믿음이 너를 구원하였다"가 된다. 예수의 기적을 체험하자마자 그는 티매오의 아들 바르티매오, 그 이름 자리를 벗어던지고 바로 길을 따라나선다.

믿음은 여러 순간의 축적과 깨달음, 확신의 과정 등으로 이루어지는 종합적인 산물이다. 그러나 겉옷을 벗어던지는 행위는 한 순간의 계기이다. 한 순간의 비약적인 계기로 그는 비약적으로 성장한다. 아니 구원을 받는다. 전후(戰後) 성장에 대한 시트웰의 생각은 조급해졌다. 전후 현실에 대해 전에 없던 격정을 품게 되면서 그는 성장보다 비약적인 발전, 이끌어 올림, 즉 구원을 생각하게 되었다. 어떻게 "인간의 심장 속에 든 차가운 냉기를 불로써 없앨" 기적을 만들어낼 것인가. "그의 믿음은 그를 구원하였다." 장미의 아가로 전하고 싶었던 하나의 메시지였을 것이다. 한 가지 지명에 중첩되는 여러 가지 연상들이 파동을 일으키고 울림이 증폭되므로 이 시의 결말은 풍요롭다.

앞서 가족사적 배경과 함께 고려해본 바, 인간에 대한 시트웰의 시각은 대체로 낙관적이지 않다. 그러나 비관적인 시각을 유지하면서도 서로 다른 인간 부류에 대한 입장에 다소 차이가 있다. 우선 상류층 및 권위자들에 대한 그의 시각은 냉소적이다. 시트웰은 시집 외에 영미문단의 유명인사들의 괴팍한 취향과 성벽을 다룬 『영국의 괴짜들』(*The English Eccentrics*)을 1933

년 첫 출판했다. 칼라일(Thomas Carlyle), 워즈워드(William Wordsworth), 에머슨(Ralph Waldo Emerson) 등 유명문인들의 작가로서의 면모 이외에 인간적인 모습이나 취향 등은 세간에 잘 알려지지 않았으나, 시트웰은 이 책에서 그들의 소심한 면모나 괴팍한 습관, 독선적인 태도 등을 재치 있게 묘사하고 있다. 일례로, 칼라일에 대해 소개한 대목이 눈에 띈다. 칼라일은 『19세기의 여성』(*Woman in the Nineteenth Century*)의 저자로 당시 주목받던 여류소설가 풀러(Margaret Fuller)와 대화를 나눌 기회가 있었다고 한다. 시트웰은 그 일화를 '그는 결코 풀러가 말하도록 놔두지 않았고 풀러 또한 남들 얘기에 끼어드는 것은 잘하지만 자신의 얘기 도중에 방해받는 것에는 익숙하지 않았으니 ... 1846년 당시 문단에서 '끼어들 수 없음'은 정말 큰 문제였다'고 기술하고 있으니, 이는 그의 재치를 느낄 수 있는 대목이다. 『영국의 괴짜들』에서 전하는 일화 한 편에서 역시 시트웰의 냉소적인 시선을 느낄 수 있다. 평소 칼라일은 다른 사람이 자신의 말을 듣지 않으면 호통을 치며 호탕한 목소리로 제압하기로 유명했다고 한다. 그런 그가 또 다른 문호 워즈워드와의 대담을 앞둔 여성에게 '그(워즈워드)는 모든 얘기를 혼자 계속 하지만, 정작 얘기를 나누었던 상대방의 이름은 결코 알지 못 한다'니 이를 염두에 두라는 냉소적인 조언을 해주었다는 대목에서는 실소를 금할 수가 없다. 칼라일과 워즈워드 모두를 냉소적으로 바라보는 시트웰의 시선을 짐작할 수 있는 대목이다.

한편 그가 1925년에 발표한 시집으로 『가련한 젊은이들』(*Poor Young People*)이 있다. 가난하고 소박한 사람들을 안타까운 시선으로 바라보며, 그들에 대해 남다른 사명감을 갖고 있음을 입증하는 시집이다. 그러므로 '가련한 젊은이들'은 그의 시편에서 「아침 연가」, 「시골 춤」의 소박한 시골 처녀, 「시인은 다가오는 노년을 슬퍼한다」("The Poet Laments the Coming of Old Age")에서 아직 배움이 짧은 어린 아이 등으로 등장하며 그 의식의 성장을 독려 받는다.

그들 모두는 전쟁이라는 충격적인 경험을 했고, 한 걸음을 나아갈 수 없는 공황 상태에 빠졌다. 어떤 비판이나 냉소, 조언이나 독려가 의미 있을 것인가. 시트웰의 고민은 깊어진 듯하다. 뿐만 아니라 아직 해결하지 못한 자신의 문제도 다시 성찰했을 것이다. 앞서『영국의 괴짜들』중 소위「배운 여성들의 자화상」이라는 장에서 시트웰은 당시 여성 지식인들이 여성의 권리를 주장하면서도 실상 위선과 가식에서 아직 벗어나지 못했던 점을 비웃는다. 당대의 상류층이며 여성 지식인이었던 시트웰 자신도 이 부류에 들어간다는 점은 역설적이다. 시트웰이 그 지점을 간과했을 리 없다. 그 장을 기술하고 있는 자신도 비판의 대상이라는 자의식을 부채처럼 떠안고 갈등했을 것이다. 부모의 부모답지 못한 양육 방식으로 상처 받았던 성장기를 거친 시트웰은 문단에 나온 이후에 눈길을 끄는 치장이나 범상하지 않은 발언 등으로 늘 관심의 대상이었다. 그런 세상에 대한 그의 태도는 단호하고 도전적이었지만, 내면의 고충은 깊었던 것으로 알려진다. 그는 외부에 알려진 바와 달리 자신의 문제를 극복해 보려고 개인적으로는 무척 노력했다. 차후에 가톨릭으로 개종하는 등 종교적 고민도 그 노력의 일환이었을 것이다. 종교적 고민이 깊었으니, 그의 후기 시에 종교적인 색채가 강해지는 원인도 이와 같은 맥락에서 읽어볼 수 있다.

> "나는 그 누구보다 치열하게 살았다. 나는 넙치들이 득실거리는 연못의 한 마리 전기뱀장어다."

평범하지 않은 발언으로 늘 이목을 집중시켰고 때로는 비판을 받았지만, 시트웰은 그 누구보다도 본인을 포함한 여성의 의식이 성장하는 문제에, 또한 그 성장의 가능성에 관심을 두었던 시인이었다.

■ 참고문헌

김양수. 『영국 시문학사』. 서울: Brain House, 2003.

Ellmann, Richard, and Robert O'Clair, eds. *The Norton Anthology of Modern Poetry*. New York: W. W. Norton, 1973.

Greene, Richard. *Edith Sitwell: Avant Garde Poet, English Genius*. London: Virago P, 2011.

http://guardian.co.uk/books/2011/feb/27/edith-sitwell-english-genius-richard-greene-review

Sitwell, Edith. *The English Eccentrics*. London: Pallas Athene, 2006.

매리언 무어^{Marianne Craig Moore, 1887-1972}

진정성과 윤리, 사회적 덕목을 강조한 여성시인

| 정옥희

매리언 무어는 미주리 주의 컬크우드(Kirkwood)에서 그녀의 외할아버지가
시무하고 있던 한 장로교회의 목사관에서 태어났다. 그녀가 태어나기 이전
에, 건설기술자였던 부친이 자신이 발명한 제품이 실패하자 그 후유증으로
정신병원에 가게 되면서 아버지에 대한 기억이 거의 없어도, 그녀는 어머
니와 오빠와 함께 외갓집에서 행복한 어린 시절을 보냈다고 한다. 브린모
어 대학(Bryn Mawr College) 시절 그녀가 쓴 첫 작품들은 『티핀 드밥』
(*Tipyn d'Bob*)이라는 교내 잡지에 실리기도 하는데 생물실험실에서 시작되었
다는 「해파리」("A Jelly-Fish")라든지 훗날 「천산갑」("The Pangolin")이란 시
에 재인용되기도 한 습작시인 「권태감」("Ennui") 등은 그녀의 시에 대한 재

능과 성향을 보여준다. 대학졸업 후에는 한 실업학교에서 영어교사로 재직하면서 본격적으로 시를 발표하기 시작한다. 개성 있는 독신여성시인으로서 과거의 디킨슨(Emily Dickinson)이나 로제티(Christina Rossetti)와 같은 여류시인들과 비교되기도 하지만, 모더니스트이며 사회적 책임감이나 덕목에 대한 강한 인식이라든지 야구를 좋아하고 당대문인들과의 활발한 교류 등 시대적 흐름에 민감한 점에서는 그들과 구별되기도 한다.

본격적으로 시를 발표하면서부터 중요한 모더니스트시인들인 엘리엇(T. S. Eliot), 윌리엄즈(William Carlos Williams), 힐다 둘리틀(Hilda Doolittle), 파운드(Ezra Pound) 등의 찬사를 받았으며, 1925년에는 그 당시 미국의 가장 권위 있는 문예지인 『다이얼』(*The Dial*) 지의 편집장이 되어 모더니즘 시에 대한 결정권을 가지고 그 시대 시인들이 추구할만한 중요한 상을 모두 받게 된다. 훗날 그녀의 트레이드마크가 된 삼각모자(the tricorne hat)를 쓴 유명시인으로 그녀의 시는 이태리어, 불어, 스페인어, 독일어, 네덜란드어, 폴란드어, 아랍어로까지 번역되어 널리 소개된다.

무어는 전대미문의 자신만의 시의 영역을 개척한 시인이며 쉽게 납득되지 않는 단단한 껍질에 쌓인 것 같은 시어의 사용으로 유명하다. 한편으로는 윌리엄즈 등 당대의 객관주의 계열의 시인들과 밀접한 교분을 갖고 그들과 같은 계열의 작가로 평가 받는다. 하지만 그녀의 객관주의는 사물 자체에 집착한다는 점에서는 같으나, 절제(restraint)라는 외장(armoring)을 통해 전통적으로 인정되는 감정(conventional feeling)을 배제하며 독자가 틀에 박힌 선입견을 갖고 자신의 시에 접근하는 것을 매우 힘들게 하기 때문에 기인이라는 평을 듣기도 한다. 그녀의 시의 소재는 평범하지 않은데 자주 희귀한 생물 혹은 이국적인 동물들(exotic animals)을 과학적인 정확성에 상상력을 가미하여 묘사한다. 그녀가 이러한 생소한 이국적 동식물상(flora and fauna)들을 시의 소재로 사용하는 것은 그것들이 현대인들이 부식시킨

도덕적 가치를 보여준다는 믿음뿐만 아니라, 익숙한 사물들이 제공하는 틀에 박힌 전통적 의미를 전적으로 배제하고 새롭고 참신한 의미를 부각시키려는 의도라고 볼 수 있다. 그런 의미에서 그녀의 시는 혁신적이라고 말할 수 있다.

무어는 자신의 삶만큼 자신의 작품을 통해 자주성, 용기, 의연함과 인내심 등을 강조하며, 절제와 사회의 일원으로서의 윤리, 즉 남을 배려하는 마음을 실제로 강조한다. 특히 진정성(genuineness)을 개인의 덕목으로 주장하는데 이러한 소중한 덕목들은 그녀의 시에서 쉽게 드러나지 않으면서도 객관적이며 감정을 잘 드러내지 않는(hard-boiled) 시어들을 통해 전해지는 것들이다.

객관주의 시인으로서의 무어의 입장은 과학적이며 현상의 세계에 집중하는 면에서 다른 시인들과 공통되지만, 그녀는 현상의 이면에 존재하는 영적인 세계 혹은 정신적인 가치에 대한 믿음으로 그들과 구별되기도 한다. 외형적인 사물의 세계 이면에 보다 높은 차원의 토대가 있다는 믿음이 그녀가 객관적인 사물에 집중하는 의미를 제공하는 것이다.

*

외관으로 나타난 세계의 하부구조에 자리 잡은 영적인 혹은 정신적인 세계에 대한 믿음이 사물을 표현하는 자신의 헌신에 정당성을 부여한다는 그녀의 주장처럼 "보이는 것의 힘은 / 보이지 않는 것에 존재 한다"(the power of the visible / is the invisible)라는 믿음을 표현한 시가 바로 「그는 단단한 철을 소화해낸다」("He 'Digesteth Hards Yron'")라는 시이다. 이 시에서 무어는 정확한 관찰과 세밀한 묘사로 "현상론자들이 간과하기 쉬운 의미를 찾아서 각색한다(dramatize a / meaning always missed / by the

externalist)." 무어에게 새로이 인식된 사물은 정확하게 인식된 외형을 제시
하게 되면서, 독자들이 불합리하고 그릇된 인식들을 떨어뜨리어내고 참신
하게 느끼게 됨으로써 의미의 파장은 고리를 만들며 생동감 있고 역동적으
로 되는 것이다.

> 비록 마다가스카르에 살았던
> 에피오르니스1)나 붕새2), 그리고
> 모아3)는 멸종되었지만,
> 크기로 그들과 연결되는
> 낙타참새 — 개울가를 걷고 있는 걸 크세노폰4)이 보았다고
> 하는 그 큰 참새는 — 과거에도 현재도
> 정의의 상징이다.

> 이 새는 자신의 새끼 새를
> 어미 새의 집중으로 돌본다 — 그리고 그는
> 6주 동안 밤이면 알을
> 돌보았다 — 그의 두 다리가
> 그들을 방어하는 유일한 무기가 되어.
> 그는 말보다 빠르고; 한쪽 발은 발굽같이
> 단단하며; 표범도

> 그보다 더 수상쩍어하지 않는다. 어떻게
> 깃털과 알 그리고 젊음으로 소중하게 여겨진,
> 심지어 승마용 짐승으로 사용된 그가,
> 타조 껍질을 쓰고 배우처럼 자신을 숨기면서,

---

1) 에피오르니스는 타조류의 큰 새로서 마다가스카르(아프리카 남동의 섬·공화국)에 살았다고
 함.
2) 대괴조(大怪鳥)라고도 하며 아라비아의 전설 속의 새.
3) 뉴질랜드에서 발견된 날지 못하는 새. 지금은 멸종됨.
4) 크세노폰(434?-355? B.C.): 그리스의 철학자·역사가·장군

오른손은 새의 목을 마치 살아있는 것처럼 움직이며
왼손으로는 가방으로부터 곡식을 흩뿌리는 인간들을
　　존중할 수 있겠는가, 그 타조들은
　　미끼에 걸려들어 죽임을 당하리라! 맞아, 이 새가
그의 깃털이 고대로부터 정의의 깃털로
여겨졌던 그야; 그가 망을 설 때면
　　그의 우스꽝스런 오리새끼 머리가
그의 거대한 목 위에 나침판 바늘 같은
떨림으로 돌아가던,

　　S자 모양으로 먹이사냥 나갈 때는
　　납빛의 등피부의 깃털을 멋 내며 쓰다듬는다.
카스토르와 폴룩스가 부화시킨
레다의 것처럼 경건하게
　　모셔진 알은 단지
타조의 알이었다. 그 새가 풀을 뜯었던
중국의 잔디에,

　　이상한 새를 좋아하는 황제에게 바칠 선물로서,
　　먼지 속에서 진흙으로 만든 둥지를
트고, 머리만 보일 때까지 호수나
바다 속을 걸을 수 있는 이것보다 더
　　적합한 게 무엇이 있겠는가.
　　　　·　　·　　·　　·　　·　　·　　·

　　육백 개의 타조머리가 한 연회석에서
　　베풀어지고, 타조의 깃털로 장식한 텐트와
사막의 투창, 보석같이 아름답고
추악한 알껍데기로 된
　　잔들, 고삐에 묶인 여덟 쌍의 타조들은,

현상론 자들이 간과하기 쉬운 의미를
언제나 극화한다.

　　보이는 것의 힘은
　　보이지 않는 것에 있기에; 마치
자유의 나무가 자라지 않는 곳조차도,
흔히 만용이 아는 것처럼.
　　영웅주의는 고단한 것이지만, 그래도
그것은 악의 없는 딱새나 위엄을 갖춘
큰 바다오리에게

　　분별력을 갖고 관대하지 못하는 탐욕과는 반대되며;
　　기민하고 거대한 작은 날개의
당당하게 빨리 달리는 새 외에는
　　다 잡아먹은 무배려.
이 유일한 잔존하는 반역자가
바로 참새낙타이다.

　　Although the aepyornis
　　or roc that lived in Madagascar, and
the moa are extinct,
the camel-sparrow, linked
　　with them in size — the large sparrow
Xenophon saw walking by a stream — was and is
a symbol of justice.

　　This bird watches his chicks with
　　a maternal concentration — and he's
been mothering the eggs
at night six weeks — his legs

their only weapon of defense.
He is swifter than a horse; he has a foot hard
as a hoof; the leopard

is not more suspicious. How
could he, prized for plumes and eggs and young,
used even as a riding-beast, respect men
hiding actor-like in ostrich skins, with the right hand
making the neck move as if alive
and from a bag the left hand

strewing grain, that ostriches
might be decoyed and killed! Yes, this is he
whose plume was anciently
the plume of justice; he
whose comic duckling head on its
great neck revolves with compass-needle nervousness
when he stands guard,

in S-like foragings as he is
preening the down on his leaden-skinned back.
The egg piously shown
as Leda's very own
from which Castor and Pollux hatched,
was an ostrich-egg. And what could have been more fit
for the Chinese lawn it

grazed on as a gift to an
emperor who admired strange birds, than this
one, who builds his mud-made

nest in dust yet will wade
in lake or sea till only the head shows.

. . . . . .

Six hundred ostrich-brains served
at one banquet, the ostrich-plume-tipped tent
and desert spear, jewel-
gorgeous ugly egg-shell
goblets, eight pairs of ostriches
in harness, dramatize a meaning
always missed by the externalist.

The power of the visible
is the invisible; as even where
no tree of freedom grows,
so-called brute courage knows.
Heroism is exhausting, yet
it contradicts a greed that did not wisely spare
the harmless solitaire

or great auk in its grandeur;
unsolicitude having swallowed up
all giant birds but an alert gargantuan
little-winged, magnificently speedy running-bird.
This one remaining rebel
is the sparrow-camel

― 「그는 단단한 철을 소화해낸다」("He 'Digesteth Hards Yron") 전문

무어의 시는 개성(individuality)을 중시 여기며 또한 강렬한 집중력
(intensity)과 도덕성을 내세운다. 그녀는 작가에게는 진실함이 반드시 필요

하다는 생각을 갖고 있고 이는 평소 도덕성에 대한 그녀의 신조와 아주 무관하지 않으며, 솔직함과 진실함이 호소력 있는 시를 쓰는데 필요함을 입증해주기도 한다. 이 시의 주제라 할 수 있는 용기의 결과와 혜택을 강조하기 위해 자신의 종족과 비슷한 종류가 다 죽임을 당해도 홀로 살아남은, 잔혹함을 뛰어넘은 영웅으로서의 낙타참새라는 타조가 등장한다. 이 새는 새끼에 대한 헌신과 화려한 깃털로 인해 찬사를 받지만, 이 새의 깃털로 장식하고 몰래 다가가서 자신을 죽이려 했던 인간을 존경하기를 기대하기는 어렵다고 화자는 말한다. 동물의 자연스러움과 인간의 교묘한 인위성이 대조되고 있다.

6연에서는 타조의 움직임과 전설적인 존재로서의 그의 역할의 적절성이 경탄의 대상이다. 7연은 인간의 과도한 낭비의 예가 묘사된다. 사치스럽고 혐오스러운 타조의 뇌로 차린 향연과 추한 포도주잔이 묘사되는데 역으로 그들은 그 새가 대표했던 정의감이나 진정성을 인간이 인식하게 되는 점을 가리키기도 한다. 그들은 오로지 현상으로 나타난 오용(misuse)에만 관심 있는 "현상주의자"(externalist)에 의해서 "간과되었던"(always missed) "의미를 극화"(dramatize a meaning)시킨다고 시는 말한다. 다시 말하면 인간이 그 새를 선택하게 만든 무의식의 존경심을 보지 못한다는 것을 지적한다.

타조의 힘은 그의 보이지 않는 정신에 있다고 한다. 자유(freedom)가 없는 상태에서도 그의 "소위 잔인한"(so-called brute) 용기는 이를 증명한다. 타조가 생존하기 위해 실천한 용기는 새들이 통상적으로 찬사 받는 우아함 혹은 장엄함 보다는 용기로 대변되는 운명으로 바꿔놓기도 했다고 한다. 그의 정신, 보이지 않는 용기가 존경과 경애심을 일으키는 존재로 그를 바꿔놓은 것이다. 그는 정의의 상징이 되었고 그의 생전의 용기로 영속을 얻었으며, 그의 영혼은 "그를 낙담시키는 단단한 쇠"(hard iron of his discouragements)로 인해 고양되는 것이다.

위의 시에서처럼 무어의 객관주의 시에는 언제나 진정한 정신적인 요소를 담고 있는데 이들이 절제된 시의 표현과 어우러져서 그녀만의 독특한 예술적 아름다움을 창조하고 있다고 한다. 이 시에서도 객관적인 묘사를 주로 하는 무어의 역설적인 표현을 들쳐보면 언제나 도덕성이나 사회적 책임감, 용기 같은 진지한 요소에 대한 예찬이 그 바탕에 있음을 알 수 있다. 그녀가 역설을 즐겨 쓰는 이유는 "명백한 모순과 불일치로 가득한 세상에서 저변에 깔려 있는 질서에 대한 확신이 있기에 다양한 소재를 탐구하며 다양성 속에 존재하는 통일성을 찾으려는 노력을 하고 있기 때문"이라고 한다(Engel 24). 무어는 상투적인 연상(stock association)을 피하고 개성 있는 시를 창출하기 위하여 잘 알려지지 않은 생물을 등장시키는데 그녀의 시에 나오는 동물들은 희귀하면서 가치 있는 품성들을 지닌 것으로 나타난다.

무어는 추상적인 언어를 자연세계에 대한 면밀한 관찰과 적절히 조합하는 능력을 가진 시인이다. 그녀는 이국적이고, 작거나 외진 생명체들, 몽구스(mongoose; 사향고양잇과의 포유동물), 천산갑(pangolin), 날쥐(jerboa: 아프리카·중동·아시아 사막지역에 사는, 뒷다리가 아주 긴 쥐) 등의 특성을 도덕적인 경구와 연결시키는데 이러한 과정에서의 전환이 긴밀하게 효율적으로 이루어지는 걸로 알려져 있다. 예를 들면 몸의 위쪽이 딱딱한 비늘로 덮여 있고 긴 혀로 곤충을 핥아먹는 작은 동물인 천산갑을 묘사한 시에서는 개미를 잡아먹는 천산갑을 한동안 면밀히 묘사하고 난 후 그녀의 사적인 예술적인 신조로 보이는, "우아함을 설명하기 위해서는 호기심 있는 손길이 필요하다"(To explain grace requires / a curious hand,)라는 경구로 결론을 내린다.

무어는 정신적인 힘을 물리적인 것보다 앞세우며 지상보다는 천국의 세계에 가치를 둔 시인인데 그녀의 이런 점은 지상의 동식물, 돌이나 바다와 폭풍우에 찬사를 보냄으로써 더욱 뚜렷해진다. 또한 그녀의 시는 시인 자신에 대해 드러내지 않는 것으로도 유명하다. 그녀의 시를 수년을 공부해도 그녀의 가족이나 직업에 관한 생각들, 그녀의 좌절된 소망이나 사적인 상실감 등을 유추해낼 수 없다고 한다. 그렇지만 「그럼에도 불구하고」("Nevertheless")와 같은 신중한 시에서 우리는 그녀의 본질적이고 사적인 진실을 엿볼 수 있는데, 아마도 그녀는 이 세상을 열심히, 포용하며 도취되어 사랑했지만, 다른 세상에 대해서 사랑을 더한 것으로 나타난다.

**

1923년에 처음 발표된 「결혼」("Marriage")이란 장시는 무어의 가장 어려운 시 중의 하나로 여겨진다. 이 시의 어려움의 주요 원인은 연결사(connectives)가 부재하며 생각이나 이미지의 전환이 설명 없이 이루어지기 때문이다. 6음절에서 8음절의 280행의 시행으로 이루어져있는데 곳곳에 의미가 잘 통하지 않은 부분들이 있어서 비평가들도 어려움을 호소하는 시이다. 한편으로 결혼을 해보지 않은 무어에게는 모험 같으면서도 진실한 자신의 견해를 유감없이 객관적으로 표현할 수 있었던 시이기도 하다. 엘리엇이 무어가 영어의 표현에 새로운 기여를 했다고 찬사를 보냈듯이, 혁신적인 시어에서 그녀의 새로운 시각이 느껴지는 작품이다.

이 시에서는 결혼제도에 대한 무어의 견해가 냉소적인 동시에 희극적이 되기도 하여, 쉽게 납득이 되지 않는다. 시 전체가 대화와 추측의 혼합으로 이루어져 있으며, 재치와 역설이 병행하다가 때로는 진지하다가 때로는 가볍게 이 의견에서 저 의견으로 뛰어넘기도 한다. 한 생각에서 다른 생각으로 빠르고 서로 이어지지 않은 말로 전이되기 때문에, 윌리엄즈는 이 시를 "이행의 시선집"(an anthology of transit)이라 불렀다. 어느 것에도 초점이 오래 주어지지 않기 때문에 마치 그림의 한곳을 보다가 다시 새로운 시각으로 다른 면을 보게 되는 것같이 느껴진다. 그런데도 생각의 이행의 속도와 언어의 연결이 잘 안 되는 것은 오히려 독자의 상상력을 더욱 사로잡아서 매번의 새로운 몇 줄에 대한 이해가 놀라운 정도로 강화되기도 한다고 한다. 또 다른 윌리엄즈의 표현을 빌자면, 훌륭한 모던시의 예로서 "여러 번 비행(flights)을 통해 기이한 각(angle)을 교차하게 되면서 깨우치게 되는 충격의 증폭"이란 표현에 잘 어울리는 시이다.

이 시에서 화지는 만물을 꿰뚫어보는(all-seeing) 인물로 고통과 혼란을 열거(catalogue) 하는 인물이다. 이들을 쉼 없는 평온함과 정확함으로 나열하지만 재치 있고 역설적이며 때로는 진지하다가 하나의 관점에서 다른 관점으로 쉽게 도약한다. 결혼이라는 제도에 대해서 "아마도 기업이라고 해야 할지"라는 냉담하면서 아이러니한 표현으로 시작하며 결혼 제도가 본질적으로 사적인 성격과 또한 전적으로 공적인 표현이라는 점을 부각시킨다.

이 제도,
아마도 개인이 자신이
믿었던 한 가지에 대해
마음을 바꿀 필요가 없다는 점을
존중해서 기업이라고 말해야만 할,
사적인 의무를 다하기 위해
개인의 의도를 공표해야하는:
나는 의아해한다 아담과 이브가
이때쯤 그것을 어찌 생각할지,
금빛으로 살아있는 이 불타는
금박의 철을;
얼마나 밝게 보여주는가―

"순회하는 전통과 사기행위를,

많은 이권을 범하며,"
피하려면
개인이 지닌 온갖 범죄자의 기발함을 요구하는!
모든 것을 설명해주는 심리학은
아무것도 설명해주지 않고
우리는 아직도 의혹 가운데 있다.
이브: 아름다운 여인—
난 멋진 순간의 그녀를
본적이 있어
날 깜짝 놀라게 했지,
동시에 세 언어로 글을 쓸 수 있는—
영어, 독일어, 불어로 그리고
동시에 말도 할 수 있었지;
소란을 요구하는 데 있어서 또
잠잠함을 명시하는데도
동등하게 확신을 갖고 있는:
"난 혼자 있고 싶어;"에
방문객이 대답하기를,
"나도 혼자 있고 싶어;
왜 같이 홀로 있음 안 될까?"

This institution,
perhaps one should say enterprise
out of respect for which
one says one need not change one's mind
about a thing one has believed in,
requiring public promises
of one's intention
to fulfill a private obligation:
I wonder what Adam and Eve

think of it by this time,

this fire-gilt steel

alive with goldenness;

how bright it shows —

"of circular traditions and impostures,

committing many spoils,"

requiring all one's criminal ingenuity

to avoid!

Psychology which explains everything

explains nothing,

and we are still in doubt.

Eve: beautiful woman —

I have seen her

when she was so handsome

she gave me a start,

able to write simultaneously

in three languages —

English, German, and French —

and talk in the meantime;

equally positive in demanding a commotion

and in stipulating quiet:

"I should like to be alone";

to which the visitor replies,

"I should like to be alone;

why not be alone together?"

— 「결혼」("Marriage") 부분

위 인용의 끝부분에서처럼 무어는 충격적인 일화를 쌓으면서 결혼제도
에 대한 공격을 계속한다. 결혼은 너무 불합리하며 고통스럽다. 무어는 대
화를 향한 진실 되지 않은 시도를 조롱한다. 잘못된 접근은 거의 싸움으로

이끈다. 의견이 모아지기보다는 그 대화의 상대자들은 기계적이고 불합리한 추론을 교환할 뿐이다.

하지만 이러한 대화이면에 서정적인 아름다움에 대한 인식이 표현되고 표면 아래로 흐르는 격정의 소용돌이가 있는 가운데 이 인식은 곧 왜곡되고 재앙이 되고 만다. 무어는 자신의 생각을 구체적인 사물의 재현을 통해 표현하는데 아담의 이미지를 묘사하는데 사용되는 동물들은 그림같이 시각적으로 묘사되어있다. 그녀는 평생 개작을 하기로 유명했으며, 전시관이나 박물관 여행 중 혹은 유럽 여행 중에도 그림이나 사진들에서 영감을 얻으면 훗날 시의 재료로 간직했다가 사용하곤 했는데, 상상력이 가미된 사물들 특히 생물들의 면밀한 묘사는 그녀의 시에 생동감을 주며, 그녀의 생각을 진부하지 않게 느끼게 해주는 역할을 한다.

> 아래에는 눈부시게 밝은 별들이
> 아래에는 눈부시게 밝은 과일이,
> 아름다움의 기이한 경험;
> 그것의 존재는 과도해;
> 그것은 개인을 조각내며
> 매번 새로운 의식의 파도는
> 독이 된다.
> "그녀를 봐, 이 평범한 세상에서의 그녀를 봐,"
> 그 수정같이 순수한 첫 번째 실험에서
> 주된 결점은,
> 하나의 흥미로운 불가능성 이상이 결코 될 수 없는
> 이 융합이야,
> 그것을 마치
> "육이나, 돌멩이나,
> 금이나, 혹은 위엄 있는 건물들과는 다른,
> 저 이상한 낙원이며,

내 삶의 특상의 부분으로:
이 평화의 땅에서 심장은
마치 수면의 상승과 함께
배가 떠오르듯이"라고
묘사하면서;
다시는 돌아오지 못하도록—
공손함의 역사 속에서 뱀 껍질을
떨어뜨린—
아담을 면죄한 그 귀중한 사건의
뱀에 대해 말하기를 어려워한다.
그리고 그도 또한 아름답다;
그 사실은 괴롭다— 오 그대
그대에게, 그대로부터,
그대 없이는 아무것도 아닌— 아담;
"고양이 같고,
뱀 같은 무엇인"— 얼마나 진실한가!
에메랄드 광산의 페르시안 미세화속의
웅크린 신화적 괴물,
생사— 유백색의, 새하얀,
회백색과, 그리고 다른 여섯 가지 색채들의—
표범과 기린들로 가득한 그 작은 방목지—
청색의 작은 마름모 뼈들이 흩어진
긴 담황색의 몸들.

Below the incandescent stars
below the incandescent fruit,
the strange experience of beauty;
its existence is too much;
it tears one to pieces
and each fresh wave of consciousness

is poison.
"See her, see her in this common world,"
the central flaw
in that first crystal-fine experiment,
this amalgamation which can never be more
than an interesting impossibility,
describing it
as "that strange paradise
unlike flesh, stones,
gold or stately buildings,
the choicest piece of my life:
the heart rising
in its estate of peace
as a boat rises
with the rising of the water";
constrained in speaking of the serpent —
shed snakeskin in the history of politeness
not to be returned to again —
that invaluable accident
exonerating Adam.
And he has beauty also;
it's distressing — the O thou
"something feline,
something colubrine" — how true!
a crouching mythological monster
in that Persian miniature of emerald mines,
raw silk — ivory white, snow white,
oyster white and six others —
that paddock full of leopards and giraffes —
long lemon-yellow bodies

sown with trapezoids of blue.

─「결혼」 부분

　무어는 현대의 결혼제도가 아담과 이브에게 어떻게 여겨질지 궁금해한다. 아름답고, 재주 있고 요구가 많은 현대판 이브의 모습을 상정한다. 마치 이브가 에덴이라는 "수정같이 순수한 첫 번째 실험에서" 주된 결함이었듯이, 현대여성도 그녀의 독립심으로 인해 평범한 결혼에서의 주된 결점으로 여겨지기도 한다. 에덴처럼, 결혼도, 인간의 독립성과 호기심이 존재하는 한 "하나의 흥미로운 불가능이상이 결코 될 수 없는 / 이 융합"(this amalgamation which can never be more / than an interesting impossibility)이라고 묘사하고 있다. 이 제도가 속박을 포함하는 한, 어떤 기질의 소유자에겐 결코 성공할 수 없는 제도라는 것이다. 이브가 그 "아담을 면죄한 귀중한 사건"(that invaluable accident exonerating Adam)인 사과를 먹은 것에 대한 비난을 면치 못한 것처럼, 현대여성도 주체성에 대한 욕구로 비난을 감내하게 되는 것이다.

　아담 또한 아름답고 현자이며 예언자로 나온다. 그는 자신을 좀 너무 진지하게 받아들인다. "그는 자신이 우상이 되었다는 것을 알게 됨으로써 / 근엄한 기쁨을 경험한다"(he experiences a solemn joy / in seeing that he has become an idol.). 그리고 그는 여성에게도 자립적인 마음이 있어서 결혼생활에서 "그의 거만 떨며 말하는 걸 위험하게 만드는 요소가 있다는 걸 잊어버린다"(forgetting that there is in woman / a quality of mind / which as an instinctive manifestation / is unsafe). 이러한 좌절감 속에서 아담은 "결혼이라는 돌에 채이고 휘청이며 / '진짜 사소한 물건이야'"(he stumbles over marriage, / "a very trivial object indeed")라고 하지만 그 모든 사소한 대상들이 엄청난 도전을 가져온다는 걸 간과한다고 시인은 말한다. 하지만 마찰은 피할 수 없는 것이며 재난은 아니라고, "어떤 진실도 / 논쟁의 치아를 겪지 않고는 / 완전히 알 수 없다"(no truth can be fully known / until it has been tried / by the tooth of disputation.)고 시는 말한다.

> 그를 악당이라 칭하거나
> 마찰을 재앙이라 칭해서는 안 된다—
> 다정해지기 위한 싸움:
> "어떤 진실도
> 논쟁의 치아를 겪지 않고는
> 온전히 알 수 없다."
>
> One must not call him ruffian
> nor friction a calamity—
> the fight to be affectionate:
> "no truth can be fully known
> until it has been tried
> by the tooth of disputation."
>
> ─「결혼」 부분

화자는 계속 결혼으로 인한 고통과 혼란을 아담과 이브 사이에 주고받는 평온하며 정확한 대화를 통해 끊임없이 묘사하는데 그들이 서로에게 호의적이지 않은 것으로 나타난다. 결혼이란 결합 속에서 독립성을 유지하는 결혼이 드물지만 바람직하다고 무어는 얘기한다.

> "결혼한 사람들은 자주 그런 식으로 바라보지"—
> "드물게 그리고 냉담하게, 위 아래로,
> 좋은날이나 궂은날이나
> 엇갈리고 말라리아에 걸린 것처럼."

우리 서양인들은 좀처럼 감정을 드러내지 않지,
자제력을 잃은, "아하수에르식의
대화의 만찬"에 보존된
모순을 간직하고

"Married people often look that way"—
"seldom and cold, up and down,
mixed and malarial
with a good day and a bad."
We Occidentals are so unemotional,
self lost, the irony preserved
in "the Ahasuerus[5] *tête-à-tête* banquet"

－「결혼」부분

언쟁 같은 말의 주고받음이 계속되면서 무어의 결혼관이 드러나는데, 결혼에 대해 결코 호의적이지 않지만, 남성과 여성 어느 편에 서지 않으면서도 자신만의 냉담한 견해를 개성 있는 비유를 들면서 피력하고 있음을 알 수 있다.

그는 말한다, "어떤 군주가
면도솔 같은 머리카락을 지닌
부인을 부끄러워하지 않겠는가?"
여자라는 자체가
"플루트의 소리가 아니라
독약 그 자체야."
그녀는 말하기를, "남자들은

---

5) 아하수에로: 고대 페르시아의 왕으로 그리스 사람들은 크세르크세스(Xerxes)라고 불렀다; 성서의 『에스더』(*Esther*) 편에 나옴. 왕 앞에 나오라는 자신의 명령을 왕비가 듣지 않자 격노하여 신하들의 말을 듣고 왕후를 폐위하고 에스더를 다음 왕후로 맞이함.

다른 사람의 행복의
수호자가 되기에는 부적합한
'별들과, 양말대님들과, 단추들과
그 외 반짝이는 싸구려 보석들'의 독점자들이야."

He says, "What monarch would not blush
to have a wife
with hair like a shaving brush?"
The fact of woman
is "not the sound of the flute
but very poison."
She says, "Men are monopolists
of 'stars, garters, buttons
and other shining baubles' —
unfit to be the guardians
of another person's happiness."

— 「결혼」 부분

　　결론 부분에서 무어는 결혼이 "통합을 위한 것이 아닌, 서로에게 반대하
는, / 상대방에 대한 **빼어난 파악**"(that striking grasp of opposites / opposed
each to the other, not to unity)이며, "무시무시한 무관심의 / 너그러운 유라
굴로라"(that charitive Euroclydon[6] / of frightening disinterestedness)라는 역
설로 표현한다. 무어는 미국의 정치가였던 다니엘 웹스터(Daniel Webster)가
국가에 대해 한 말을 인용하면서 결론짓는다.

　　'자유와 연합
　　이제와 영원히';

---

6) (지중해에 발생되는) 강한 북동풍(gregale). 사도행전(27:14)에 나오는 광풍

책상에는 책을
가슴주머니에는 손을.

'Liberty and union
now and forever';

the Book on the writing-table;
the hand in the breast pocket."
—「결혼」 부분

위의 묘사에서처럼 낡은 광택사진의 결혼사진의 모습을 떠올리는 "필기용 테이블위의 책"과 "가슴주머니에 손을 놓은" 모습은 인위적으로 조종된 결혼서약을 덮은 책과 공허한 제스처를 비관적으로 동일시한다. 결국 시작부터 잘못된 결혼제도, "한 흥미로운 불가능 / 이상이 결코 될 수 없는 이 융합"(this amalgamation which can never be more / than an interesting impossibility)은 실패로 끝나게 되어 있다는 것이다. 무어의 비판은 두 상대방이 같은 결함을 지니고 있다는 점에서 공정하게 분배된 것이다. 그녀의 공격은 가차 없이 냉정함을 잃지 않고 공평하게 이루어지기 때문에 더욱 성공적으로 된다. 이 시는 결혼제도에 대해 치명타를 입히지도 대안을 제시하지도 않으면서 절반의 성공이라는 우울한 견해를 제공한다. 이 투쟁에는 일시적인 휴식도 없다는 무어의 논쟁은 시 전체에서 강화되며 그녀가 이미 답을 아는 마지막 질문을 던질 때까지 계속된다. 이 장시의 마지막 부분의 인용구절인 "자유와 연합"이라는 단어의 조합도 우습게 들리지만, 책상위에 놓여 있는 책의 알파벳 대문자로 시작된 책(Book)은 성경을 의미한다고도 볼 수 있는데, 책상위에 수동적으로 놓여 있는 이미지가 포켓 안에 놓여서 악수도 할 수 없는 손의 이미지와 마찬가지로 분명하게 막히고 방어적인 뜻을 내포한다.

「결혼」은 무어의 시들 중 다른 어느 시보다 개인적이며 특이하다. 결혼에 수반되는 열정, 혼란, 착각 등이 부정적으로 다루어지고 있다. 시의 처음 부분과 마찬가지로 끝부분의 묘사가 자유와 결합이라는 모순된 존재의 상태를 추구하는 것으로 결코 희망적이지 않다. 서로의 의지가 엇갈리는 남녀사이에 적대감이 존재한다. 하지만 "밝은 별들"(the incandescent stars)이나 "빛나는 과일"(the incandescent fruit)의 묘사에서처럼 신비로운 열정적인 순간이 마술처럼 지나가면서 남녀 사이의 불가피한 주기가 반복됨을 나타내기도 한다. 이 시 역시 무어의 쉽지 않은 시이면서 그녀의 화석의 창고에서 빼낸 수많은 기억으로부터 나온 복합적인 인식을 이해하려는 의지만 있다면 흥미로운 시이다.

무어의 시에서 어느 구절이 어렵게 느껴질 때 이는 무어가 독창적인 말을 해서라기보다는 그녀가 특정한 이미지를 선택했고 그것들을 그녀만의 방식에 끼워 맞춤으로써 용이하지 않게 느껴진다는 것이다. 윌리엄즈가 시사했듯이 무어는 독자의 마음에 다음(polyphonic)의 대화가 설정되도록 아이디어와 이미지들을 교차하고 살아나게 하는 방법으로 독창적인 시를 만든다. 이러한 엇갈리는 교차가 웃음을 제공하기도 하지만, 심각한 슬픔에 이르게도 하며, 의미의 증식, 빠른 움직임, 파헤침 혹은 강한 폭발음 같은 충격 등을 통해 시가 생산되는 것이다. 새로운 빛과 같은 통찰이 이루어지는 시가 탄생하는 것이다. 무어는 자신감도 있었지만 겸손한 시인이며 같은 내용을 다룬다 해도 자신을 내세우거나 하지 않고 새롭고 탁월한 방식으로 표현하는 기법을 개발한 시인이다.

■ 참고문헌

정옥희. 「매리언 무어의 시학에 관한 시들－"진정한" 어떤 것」. 『현대영미시연구』
    18.1 (2012): 79-100.

Engel, Bernard F. *Marianne Moore*. New Haven: College and UP, 1964.

Hall, Donald. *Marianne Moore: The Cage and the Animal*. New York: Pegasus, Western
    Publishing Company, 1970.

Moore, Marianne. *The Complete Poems of Marianne Moore*. New York: Macmillan, 1967.

Willis, Patricia C. *Marianne Moore: Vision into Verse*. Philadelphia: The Rosenbach
    Museum & Library, 1987.

빈센트 밀레이 Edna Vincent Millay, 1892–1950
자유연애를 추구하던 여성시인

| 홍성숙

1923년 퓰리처상을 수상한 밀레이는 가장 존경받는 미국 여류시인 중 하나이다. 그녀는 『재생』(*Renascence*), 『엉겅퀴 속의 무화과』(*A Few Figs From Thistles*), 『두 번째 맞는 사월』(*Second April*), 『하프 잣는 이와 기타 시』(*The Harp-Weaver and Other Poems*)뿐 아니라 「다카포 아리아」(“Aria da capo”), 「램프와 벨」(“The lamp and the Bell”)같은 극작품 및 「왕의 심복」(“The King’s Henchman”) 같은 오페라 대본을 쓰기도 했다. 그리고 그녀와 동시대 작가인 로버트 프로스트(Robert Frost)처럼 미국 시만의 독특한 색깔과 형태의 시를 쓴 작가이기도 하다. 매력적인 그녀 옆에는 항상 남성들이 있었으며 부유한 남편의 든든한 후원도 있었다. 어머니 덕분에 그녀는 자유

롭게 자신의 능력을 발휘할 수 있었고 자유로운 신여성으로, 보헤미안적인 삶의 분위기가 짙은 뉴욕의 그리니치 마을에서 예술가로 그녀의 삶을 구가할 수 있었다. 비평가 캐롤 크라이스트(Carol Christ)는 "그녀는 새로운 사회에서 새로운 양식의 여성을 창조했고 자신을 시적 화자로 고용했다"라고 하면서 그녀를 영적이나 사회적으로 깨어 있는 여성으로 칭했다.

빈센트 밀레이가 8세 되던 해, 간호사인 강인한 어머니는 경박스러운 그녀의 아버지 헨리 밀레이(Henry Millay)와 이혼하고 세 딸을 혼자 힘으로 키웠다. 그녀의 어머니 코라 밀레이(Cora Millay)는 가난했지만 다방면의 독서와 음악레슨을 시켜 아이들의 문화적 발전을 도왔다. 빈센트 밀레이는 자서전적 특징을 지닌 그녀의 편지 『에드나 세인트 빈센트 밀레이의 편지』 (*Letters of Edna St. Vincent Millay*)에서 "나의 어머니는 내가 하는 일 모두에 관심을 보이셨다"고 적고 있다. 밀레이는 원래 피아니스트 협주자가 되려 했지만 피아노 선생은 그녀의 손이 작다는 이유로 그녀로 하여금 글 쓰는 일에 에너지를 바치게 했다. 1906년에서 1910년 사이 그녀의 시는 유명한 어린이 잡지 『세인트 니콜라스』(*St. Nicholas*) 지에 발표되었고, 『현재의 견해』(*Current Opinion*)란 잡지의 1907년 판에도 그녀의 시가 발표되었다. 밀레이는 프로스트처럼 뉴잉글랜드의 자궁, 전통의식, 교육에 대한 존경심 속에서 자라났다. 그리고 페노스코트 항(Penobscot Bay)의 환경, 그리고 어머니의 강인함이 그녀를 시인으로 만들었다. 캐럴라인 도우(Caroline B. Dow)라는 학교장은 밀레이의 재능을 인정해 대학을 가도록 격려했고 바사(Vassar) 대학에 입학하게 된 그녀는 마침내 거기서 시인으로 훈련받게 된다. 1917년 뉴욕으로 간 밀레이는 시낭송회에서 부유한 여인 케넬리(Kennerley)를 만났고 그녀는 밀레이의 첫 번째 시집인 『재생과 기타 시들』(*Renascence and Other Poems*)을 출판해준다. 그해 12월 그녀는 사회주의자 플로이드 델(Floyd Dell)의 연극 『천사 침입하다』(*The Angel Intrudes*)에서 역을 맡게 되며 이 극을 공연하면서 델과 연인관계를 맺고 1928년까지 이어졌다. 그 후 몇몇 남자와 관계를 맺으면서 델과의 관계는 정리된다. 예를 들어 1918년에는 시인이며 델의 친구인 아더 데이비슨 피케(Arthur Davison Ficke)를 뉴욕에서 만났다. 그때 그는 미국 육군 소령이었는데 둘은 만나자마자 사랑에 빠졌다. 짧지만 강렬한 사랑은 그녀의 소네트에 큰 영향을 끼쳤다. 이때의 소네트는 『리디의 거울』(Reedy's Mirror) 1920년판에 실렸다가 1921년 『두 번째 맞는 사월』(Second April)이란 시집에 다시 모아졌다. 그녀는 사랑이 계속될 것을 믿지 않았고 그 고통을 소네트로써 승화시켰다. 1922년에 그녀는 이미 훌륭한 서정 시인으로 평가받고 있었다. 1923년 7월 독일계 신문가의 아들 유진 잔 보이스베인(Eugen Jan Boissevain)과 결혼했다. 잘생기고 건강한 그에게는 두 번째 결혼이었다. 그는 그녀가 가정생활보다는 그녀의 재능을 발전시키도록 격려했다. 또한 그는 결혼한 그날 뉴욕으로 데려가 수술을 하게 할 정도로 의료적인 배려에도 정성을 쏟는 남편이었다. 그녀의 남편은 뉴욕에서의 사업도 포기한 채 두통과 약한 시력으로 고생하던 그녀를 위해 아우스털리츠(Austerlitz) 근처에 700에이커나 되는 농장을 사들여 전원으로 이사했다. 그녀는 10세기 영국이 배경이 된 무운 오페라대본 『왕의 심복』(The King's Henchman)을 완성하고 흥행에 성공함으로써 성공의 절정에 이르렀다. 1949년 남편이 죽자 모르핀과 알코올에 빠져 1950년 만취한 상태에서 계단에서 굴러 생을 마감한다.

밀레이는 그녀의 활동이 멈춘 1950년대 이후 페미니스트나 비평가들에게 잊힌 인물이었지만, 최근 우리 여성시대가 찾고 있는 자유와 힘을 추구한 작가로 조명 받고 있다. 그녀의 시에서 필자는 다음과 같은 특징을 발견했다. 그 첫 번째는 그녀가 월트 휘트먼(Walt Whitman)에게서 찾아볼 수 있는 미국대륙의 개척자로서의 생존에 대한 강인한 확장의지를 가지고 있으며 에밀리 디킨슨(Emily Dickinson)에게서 볼 수 있는 강한 방어 의지를 갖고 있는 생존력이 강한 미국적인 여성이라는 점이다. 그리고 필자가 그녀로부터 발견한 또 다른 이미지는 고전과 르네상스 시대의 남성성 위주의 사랑의 시를 현대적인 여성 확장의 사랑의 시로 바꾸어 써낸 작가라는 것이다. 그리고 많은 비평가들이 인정하는 것처럼 밀레이의 시적 화자들은 미와 자유를 추구하는 낭만적인 인물이며, 그 주제와 형식을 고전에서 찾았다. 그리고 자의식이 단순하게 표출됨도 그녀 시의 또 다른 특징이라 생각된다. 1920년대의 두 번째 시집 『엉겅퀴 속 무화과』(*A Few Figs from Thistles*)는 첫 번째 시집 『재생』과 달리 여성의 성(sexuality)을 다뤘다. 이로써 그녀는 신여성의 표상으로 인정받게 된다. 이 시집에 대해 해롤드 루이스 쿡(Harold Lewis Cook)은 그녀를 구속하는 관습으로부터 남자만큼 자유로워지려고 한 작가로 평가했다. 밀레이는 결혼한 뒤에도 남편의 성을 쓰지 않았고 자유롭게 연애했고 자유롭게 여행을 다닌 신여성이었다. 게다가 그녀는 남성의 소유물이 될 수 없음을 시와 개인의 삶에서 보여 준 자유 여성이었다. 무엇보다 그녀는 여성이 남자와의 성관계로 희생물이 되는 것에 반대했다. 그녀는 사랑의 감정을 지적으로 통제할 수 있는 화자를 그녀 시에서 창출했다.

> 그런데 도대체 당신이 무엇이길래, 당신을 원하면서
> 　　낮만큼 많은 밤들을
> 자지 않고 계속 깨어서
> 　　당신 때문에 울어야 합니까?
>
> 그런데 도대체 당신이 무엇이건데, 당신을 그리면서
> 　　기어가는 많은 낮들을
> 벽을 쳐다보면서
> 　　바람 소리만 들어야 하나요?

난 당신보다 좀 더 용감한 한 남자와
　　친절한 스무 명의 남자를 알고 있어요,
그런데 도대체 당신이 무엇이기에, 당신이
　　내 맘속에 유일한 한 남자가 되어야 하지요?

그래도 여자들의 방식은 어리석은 것이라
　　현자들은 말하겠지요—
그러나 내가 무엇이기에, 그렇게 지혜롭고 훌륭하게
　　사랑해야 합니까?

And what are you that, wanting you,
　　I should be kept awake
As many nights as there are days
　　With weeping for your sake?

And what are you that, missing you,
　　As many days as crawl
I should be listening to the wind
　　And looking at the wall?

I know a man that's a   braver man
　　And twenty men as kind,
And what are you, that you should be
　　The one man in my mind?

Yet woman's ways are witless ways,
　　As any sage will tell, —
And what am I, that I should love
　　So wisely and so well?

　　　　　　　　　—「철학자」("Philosopher") 전문

이 시는 존 단(John Donne) 식의 수사 의문문을 사용하고 있어서 두 가지 해석을 가능하게 한다. 그 하나는 여기 등장한 화자는 여성에게 정절을 강요하는 과거의 도덕이나 남성 연인의 주장에 의문을 제기하는 낭만적 반항아일 수 있고, 또 다른 하나는 여자의 사랑을 받아주지 않는 남자에 대한 사랑의 호소로 볼 수도 있다는 것이다. 이 시의 화자는 여인을 구속한 과거의 관습으로부터 자유로워지려는 여인이고, 여자도 남자만큼이나 사랑에서 자유롭고 표현의 욕망이 있는 존재임을 말하고 있다. 여기서 여성 회자는 남녀의 불평등에 대해서 강한 어조로 반박하고 있다. 왜 오로지 여자는 남자를 기다리기만 해야 하는가. 남자는 자유롭게 바깥으로 떠도는데 왜 여자만 남자를 목매어 기다려야 하는가. 여기서 말하고 있는 것은 여자도 남자와 똑 같이 자유로울 수 있다는 주장이다. 당신보다 용감하고 친절한 남자를 스무 명은 더 알고 있다는 말은 마음만 먹으면 얼마든지 새로운 남자를 만들 수 있다는 것이다. 실제 밀레이는 매력적인 여성이었으며 여러 남자를 섭렵했었다. 이것은 그 당시만 하더라도 흔한 일은 아니었다.

밀턴(John Milton)이 어릴 때부터 아버지의 지도와 리드로 성장한 아버지의 작품이었다면 밀레이는 자유와 여성적 힘의 상징인 어머니의 작품이라 할 수 있을 것이다. 영미 시로는 드물게 밀레이 시에서는 효녀로서의 화자를 발견할 수 있다. 헌신적이며 강인한 가장 어머니의 밑에서 성장한 밀레이는 그러한 환경 때문에 자연히 강한 여인상을 갖추고 있었다.

> 높은 언덕 꼭대기 아래서
> 선술집을 운영할 것이다.
> 회색 눈을 가진 모든
> 사람들이 앉아서 쉬도록,
>
> 먹을 것과 마실 것이

충분해 언덕을 찾는
모든 이의 추위를
녹여 주도록.

여행의 끝을 꿈꾸면서
나그네는 잠을 곤히 잘 것이고
그러나 난 한밤중에 일어나
사그러지는 불을 손 볼 것이다.

이런 상상은
그리고 내가 아는 쓸모있는 생각은 모두
그 회색 눈으로부터
전수 받은 것이다.

I'll keep a little tavern
Below the high hill's crest,
Wherein all grey-eyed people
May set them down and rest.

There shall be plates a-plenty,
And mugs to melt the chill
Of all the grey-eyed people
Who happen up the hill.

There sound will sleep the traveller,
And dream his journey's end,
But I will rouse at midnight
The falling fire to tend.

Aye, 'tis curious fancy —

But all the good I know

Was taught me out of two grey eyes

A long time ago.

─ 「선술집」("Tavern") 전문

　선술집 운영은 그녀 어머니가 꿈꾸어 온 것으로(실제 운영하지는 못했다) 이 시의 화자는 어머니의 꿈을 이으려는 강한 의지를 나타낸다. 이 시에서 주목을 끄는 것은 "회색빛 눈을 가신" 사람들이다. 그 회색눈동자의 사람들을 위해서 이 술집을 운영하고 또 술집을 연 사람도 회색 눈이다. 아마 밀레이의 어머니의 눈이 회색빛이었을지도 모르겠다. 술집이나 여관을 운영한다는 것은 여성으로서는 역시 좋은 시선을 받기는 힘들다. 그런데 밀레이는 그것을 하겠다고 말한다. 그것도 어머니의 영향을 받아서 말이다. 그리고 그것을 하려는 이유는 지친 여행객들이 앉아 쉬도록 하기 위한 것이며, 먹을 것과 마실 것을 충분히 준비하여 사람들의 추위를 녹여주기 위함이다. 그들은 이 술집에 들어와서 안온하게 휴식을 취할 것이며 곤히 잠이 들고 한 밤중에 일어나 불씨를 뒤적이기도 할 것이다. 그리고 그것을 보면서 시적 화자는 즐거워하고 보람 있어 하는 것이다. 여기서는 앞의 시와 반대로 모성의 푸근함이 보인다. 세상의 지친 자들을 따뜻하게 보살피고 그들의 아픔을 보듬어 주려는 여성성 말이다. 시의 끝에서 이 모든 훌륭한 생각을 어머니에게서 물려받았음을 말하고 있는 것이다. 여기서 선술집은 세상 모든 사람들에게 베풀기를 좋아하던 어머니의 따뜻한 인간애를 대변하는 것일 수도 있다.

　무엇보다 밀레이의 정신적 배경에는 그녀를 위해 모든 수고와 고통을 감수했던 헌신적인 어머니에 대한 그녀의 존경심이 존재한다. 그것이 가장 잘 드러나고 있는 『하프 짜는 여자와 기타 시』(*The Harp-weaver and Other Poems*)는 민요조와 동요조로 쓰인 시집이며, 헌신적인 그녀의 어머니에게 바쳐졌다. 1923년 발간된 이 시집이 바로 그녀에게 퓰리처상을 안겨주었다. 시집 중 대표 시로 읽히는 「하프 짜는 여자의 노래」("The Ballad of the Harp-Weaver")는 크리스마스 때 아들에게 입힐 옷 때문에 죽음에 이르도록 옷감을 짜는 어머니의 모습이 보인다. 이 어머니가 바로 밀레이의 어머니일 터이다. 이 시는 길지만 쉽게 읽히는 시이다. 단지 옷감을 짜내는 어머니의 노동을 여성의 머리를 장식으로 꾸민 하프를 연주하는 것으로 환치시키고 있어서 신비감을 준다. 이 시에 묘사된 어머니의 집은 지극히 가난하다. 땔감이 없어 의자를 쪼개 불을 때고 남은 것이라고 빵 한 조각과 부술 수 없어 남아 있는 의자 하나와 어머니의 하프뿐이다.

크리스마스 전날 밤
　　나는 추워서 울었지,
나는 두 살배기처럼
　　울다가 잠이 들었어.

그리고 깊은 밤 나는
　　엄마가 일어나서
눈에 사랑을 가득 담고
　　나를 내려다보는 것을 느꼈지.

나는 유일한 성한 의자에
　　내 엄마가 앉는 것을 보았네,
어딘지 알 수 없는 곳에서
　　빛 한 줄기가 그녀에게 떨어지고,

단 하루도 더 늙지 않은
　　19살의 모습을 하고,
여자의 머리를 한 하프를

어깨에 비스듬히 기대고.

그녀의 가녀린 손가락이
　가늘고 긴 현에서 움직이자
놀라운 것이
　짜여 짜여 짜여져 나오고 있었네.

수많은 밝은 색 실들이,
　내 눈에 보이지 않는 곳에서
하프의 현 사이로 쏟아져 나오고 있었네
　빠른 속도로

The night before Christmas
　I cried with the cold,
I cried myself to sleep
　Like a two-year-old.

And in the deep night
　I felt my mother rise,
And stare down upon me
　With love in her eyes.

I saw my mother sitting
　On the one good chair,
A light falling on her
　From I couldn't tell where,

Looking nineteen,
　And not a day older,
And the harp with a woman's head

Leaned against her shoulder.

Her thin fingers, moving
  In the thin, tall strings,
Were weav-weav-weaving
  Wonderful things.

Many bright threads,
  From where I couldn't see,
Were running through the harp-strings
  Rapidly

─「하프 짜는 여자의 노래」부분

시의 화자는 어린 사내아이다. 성탄 전야 그 추운 날 밤 이 집에는 먹을 것도 없고 입을 것도 없다. 철없는 아이는 추워서 울고 배고픔에 울다가 잠이 든다. 그때 한밤중에 어머니가 자리에서 가만히 일어나는데 아이를 내려다보는 그 눈에 사랑이 가득하다. 그리고 그녀는 유일하게 남아있는 의자에 앉는데 그녀의 머리 위로 빛줄기가 하나 쏟아지는 것이다. 이 환상적인 모습으로 그녀는 열아홉에서 단 하루도 더 늙지 않은 모습을 하게 된다. 물론 아이의 눈에 비친 어머니의 아름다운 모습입니다. 그녀는 여자의 머리를 단 하프를 어깨에 걸고 연주를 시작하는데 그녀의 가느다란 손가락이 현에서 움직일 때마다 놀라운 것이 짜여 나온다는 것이다. 화사한 빛의 실들이 하프의 현에서 빠른 속도로 짜여 나온다는 것이다.

이 시는 환상적이고 동화적이다. 마치 오스카 와일드(Oscar Wilde)의 작품에서 보이는 것처럼 환상적인 어머니는 궁핍한 모습이라곤 없다. 단지 아이에 대한 사랑이 있을 뿐이다. 여기서 시인이 일종의 은유로 사용하고 있는 하프는 아마 작은 직조기일 것이다. 이것을 이용하여 어머니는 실을 잣고 옷감을 짜내는 일을 하는 것 같다. 그런데 마치 하프에서 아름다운 선율이 흘러나오듯 예쁜 실이 자아져 나온다는 것이다. 어머니는 피곤함과 허기를 참으며 아들을 위해 옷감을 짜고 있는 것이고 거기에 빛이 마치 아우라처럼 비쳐 내리는 것이다. 그런데 이 거룩한 어머니가 시의 끝에서는 죽은 모습으로 묘사되고 있다.

거기 내 어머니가 앉아 있었다.
어깨에 하프를 기대 놓은 채,
하루도 더 넘지 않은
꼭 열아홉 살의 모습으로.

그녀의 입술 가에는 미소가,
그녀의 머리 주위에는 빛이,
그리고 그녀의 두 손은 하프
현들 사이에 얼어 죽은 채로.

그리고 그녀 곁에는 왕의 아들이
입는 옷들이 쓰러질 듯
하늘 높이까지 쌓여 있었다.
꼭 내 몸에 맞는 크기의 옷들이.

There sat my mother
With the harp against her shoulder
Looking nineteen
And not a day older,

A smile about her lips,
And a light about her head,
And her hands in the harp-strings

Frozen dead.

And piled up beside her
And toppling to the skies,
Were the clothes of a king's son,
Just my size.

—「하프 짜는 여자의 노래」 부분

열아홉의 모습으로 옷감을 짜다가 죽은 어머니는 바로 노동의 권화이다. 그녀는 자식을 먹이고 입히기 위하여 힘든 노동을 하고 있다. 추운 방에서 일을 하다가 마침내 탈진하여 죽은 것으로 보이는데 그녀의 입에서 미소가 어리고 머리에는 아우라처럼 빛이 비친다. 그녀의 죽음은 거룩하게 승화되고 있다. 그녀는 마치 죽음으로써 영원히 살게 되는 것처럼 보인다. 여기서 만약 그녀가 죽지 않는 것으로 끝맺어진다면 시의 극적 효과는 현저히 떨어질 것이다. 자식을 위하여 죽음을 마다하지 않는 어머니, 그 거룩한 사랑이 밀레이가 어머니에게서 느꼈던 모성일 것이다. 죽은 어머니는 그녀가 가장 아름다웠을 19세의 모습을 하고 있으며 입에 미소를 띠고 머리에는 성자의 특징인 아우라가 씌워져 있다. 그녀가 그렇게 죽은 곁에는 (여러 해석이 가능한) 왕의 아이가 입을 옷들이 잔뜩 쌓여 있다. 그녀가 자식들을 먹이고 입히기 위해 하는 노동은 거의 성스럽게 묘사되고 있다. 밀레이의 여성성은 이 헌신하는 어머니의 모습에서 절정을 이룬다. 이 시는 앞의 두 시와는 또 다른 여성성을 보여준다. 즉 어머니로서의 여성이다.

그리고 같은 시집에 별로 사랑하지 않지만 병든 남편을 돌보기 위해 겨울에 고향으로 돌아가는 뉴잉글랜드 농장의 여인을 그린 17개의 소네트「접붙여지지 않은 나무로부터 온 소네트」("Sonnets from an Ungrafted Tree")가 있다. 이 시들에 대해 심리적, 육체적 리얼리즘이 뛰어나고 시골생활이 정교한 언어와 이미지로 표현된다고 비평가들은 평가했다. 그녀의 전기를 검토해 보면 20세 때 그녀는 그녀의 죽어가는 아버지를 간호한 경험이 있는데 이 소네트들은 딸을 아내로 변형해 그린 시로 생각된다. 이 17개의 시들은 자유를 위해 가출했다 남편이 죽기 직전 집으로 돌아 가 죽을 때까지 남편을 돌보고 결국에는 그 남편으로부터 자유로워지는 한 여인의 이야기다. 그리고 밀레이는 새롭게 성(sexuality)을 표현하려 했는데 그녀는 여성과 남성 모두를 사랑할 수 있는 양성애자였다. 그녀의 1931년 작품 『운명적인 만남』(*Fatal Interview*)이란 사랑의 소네트집은 시낭송여행(reading tour)에서 만난 조지 딜런(George Dillon)을 사랑한 경험에서 창작된 것이다. 이 시집에서 그녀는 여성이 자신의 성의 결정권자로서 "성애"를 어떻게 사용해야 하는지를 언급하고 있다. 그리고 이 『운명적 만남』은 여성의 관점으로 표현된 셰익스피어식 소네트라고 생각된다. 이 소네트에 대한 『런던 모닝 포스트』(*London Morning Post*) 지의 한 비평가는 "형식은 전통방식을 답습했지만 새 시대의 사상이 그려졌다"라고 평했다. 그리고 미국 비평가 앨런 테이트(Allen Tate)는 『뉴리퍼블릭』(*New Republic*) 지에서 "밀레이는 20세기 감정을 실어 나르기 위해 19세기 어휘를 사용했다"라고 평하면서 그녀가 "처음부터 두 세대를 거슬러 올라가 성공한 우리 시대의 시인"이라고 평했고 패트리샤 클레맨즈(Patricia A. Klemans)는 『콜비 라이브러리 쿼털리』(*Colby Library Quarterly*) 지에서 "그녀는 여성의 경험과 고전 신화, 전통적인 연애 문학과 자연을 자아서 그녀의 보편성을 완성했다"라고 평했다.

「어느 입술이 내 입술에 키스했는지」("What lips my lips have kissed")는 같은 시집에 실린 시인데, 여기서도 그녀는 "사랑은 여름 한철의 노래일 뿐"이라고 말하면서, 자신을 사랑의 영원함을 믿지 않는 겨울철의 외로운 나무에 비유한다. 이 시에는 그 당시의 시대가 강조한 여성의 정절과는 완전히 다른 주체적인 여성이 그려져 있다.

어느 입술이 내 입술에 키스했는지
어느 곳에서 왜 그랬는지 잊고 있었다.
그리고 어느 팔이 아침이 될 때까지 내 머리를 받쳐주었는지도.
그러나 오늘 밤 비는 유령으로 가득했다, 잔디 위에서
탁탁치고 한숨지며 대답에 귀 기울인다,
내 맘속엔 한 밤중 울면서
기억하지 못한 다시는 내게로 돌아오지 않을 남자들 때문에
고통이 조용하게 휘 몰아친다.
이렇게 겨울의 외로운 한 그루 나무 서 있네
나무는 그들이 어디로 갔는지 알지 못한 채
자신의 가지들이 조용해졌음만을 감지할 뿐이다.
난 어떤 연인들이 왔다 가 버렸는지 알지 못했고
내가 지금 알게 된 것은 내 마음 속의 한동안의 여름이
더 이상 노래하지 않음을 깨달을 뿐이다.

What lips my lips have kissed, and where, and why
I have forgotten, and what arms have lain
Under my head till morning; but the rain
Is full of ghosts tonight, that tap and sigh
Upon the glass and listen for reply,
And in my heart there stirs a quiet pain
For unremembered lads that not again
Will turn to me at midnight with a cry.
Thus in the winter stands the lonely tree,
Nor knows what birds have vanished one by one,
Yet knows its boughs more silent than before:
I cannot say what loves have come and gone,
I only know that summer sang in me
A little while, that in me sings no more.
　　　　－「어느 입술이 내 입술에 키스했는지」("What lips my lips have kissed") 전문

이 시는 17세기 존 단이 여성의 정절을 냉소하면서 "난 사랑할 수 있어, / 그 어느 여자라도, 그녀가 진실하지 않기만 하다면"(I can love............, / I can love any, so she be not true)이라고 말한 것에서 남성 화자가 여성 화자로 바뀌었다고 말할 수 있다. 그리고 이것은 밀레이의 여러 남성 편력을 떠올리게 하지만 시에 진하게 깔려 있는 것은 허무의 정서다. "어느 입술이 내게 키스했었는지 어디서 왜 그렇게 했는지도 잊고 있었다."라는 말에서 느끼게 되는 것은 아쉬움이라기보다 히탈함이다. 이느 팔이 아침까지 내 머리를 받혀주었는지도 모르겠는데 지금 비가 오고 있다. 기억도 나지 않고 다시는 돌아오지 않을 남자들 때문에 이렇게 애상에 젖는 것은 억울하지만 어쩔 수 없다. 그는 지금 고통스럽다. 그녀는 지금 자신을 나무에 비유하고 있다. 나무는 움직이지 못한다. 오로지 오고가는 사람들을 맞고 배웅할 뿐이다. 그녀는 여러 남자들을 만나고 사랑을 나누었지만 역시 그들을 맞아들이고 보낼 뿐이다. 의도적으로 그들에게 집착하지 않으려 한다. 한편으로는 허무하지만 강한 자의식을 느끼게 하는 시이다.

밀레이는 주제나 형식면에서 셰익스피어나 존 단의 소네트를 많이 모방하고 있다. 육체는 썩어 없어질지라도 자신의 시는 영원 할 것이라는 "시는 불멸하다"라는 주제는 르네상스 시대 시인들의 중요한 주제인데 셰익스피어의 "너(시여!) 인간을 먹고 사는 죽음을 먹고 살지어라"(Shalt Thou feed on death that feeds on man!)란 시구를 떠오르게 한다. 다음의 시는 그녀가 르네상스 시대 시인처럼 불멸에 대한 애착과 삶의 확장의지를 갖고 있음을 보여준다.

내려가라, 너 잡종, 죽음이여!
너의 동굴 속으로 돌아가라!
나는 숨을 훔쳤노라

한 줄기의 회향풀에서!
나 네가 많은 밤들을
긁고 흐느끼게 만들 것이다.
너 죽음이 내 향기나는 뼈를
파묻기 전에 많은 뼈들을 걱정하게 만들 것이다.

....

나그네여, 멈추어 보아라;
먼지 쌓인 수 세기로부터
이 작은 책을 꺼내다오,
누더기 진 페이지를 넘겨다오,
내가 죽지 않도록 날 읽어다오!
희미한 글자를 뒤져, 발견하라
깨어 진 장정속의 변하지 않는 것을
과거의 내 모습 전부를!

Down, you mongrel, Death!
Back into your kennel!
I have stolen breath
In a stalk of fennel!
You shall scratch and you shall whine
Many a night, and you shall worry
Many a bone, before you bury
One sweet bone of mine!

....

Stranger, pause and look;
From the dust of ages
 Lift this little book,
Turn the tattered pages,

Read me, do not let me die!

Search the fading letters, finding

Steadfast in the broken binding

All that onc

　　　―「시인과 그의 책」("The Poet and His Book") 부분

　이 시는 카르페디엠을 느끼게 한다. 죽음은 늘 곁에 있는 것이니 이 순간을 향유하라. 내일을 누가 보장하겠는가. 그러나 이 시에서는 강하게 죽음을 거부하고 있다. 죽음이여 너의 동굴로 들어가 버려라. 그러나 그것은 역설적으로 그녀가 늘 죽음을 인식하고 있음을 말하는 것이다. 이제 내가 이러다가 죽으면 내 시도 죽을지 모른다. 하지만 또 누가 우연히 먼지 덮인 책에서 내 시를 찾아내어 읽을 수도 있다. 혹시라도 읽게 될 고마운 사람아 지금의 내 모습을 그대로 읽어 달라. 이것은 그녀가 시에 그녀의 모든 것을 솔직하게 쏟아 넣었음을 말하는 것이다. 앞에서 읽었듯이 그녀는 시에서 거창한 것을 말하지 않는다. 은유를 위하여 지나치게 시를 비틀지도 않는다. 있는 그대로의 그녀를 솔직하게 털어 넣는 것이다. 그러면서 그녀는 그녀의 사후 독자들까지 염두에 두고 있다. 어쩌면 그것은 여성 독자들을 말하는 것인지도 모른다.

　그녀를 페미니스트 작가로 평가하는 것은 그녀가 자유로운 영혼의 소유자라는 말이다. 즉 그녀는 남성과 여성 모두와 연애를 즐겼던 자유로움과 미를 추구한 신여성이었으며 다른 한 편 사회적 자유를 성취하려는 행동력을 보여 준 시인이었다. 그리고 그녀는 여성의 힘을 믿음으로써 나아가 여성의 자유와 독립을 쟁취했던 여성이다. 특히 성을 대하는 태도가 양성적 사랑을 구가 할 정도로 자유로웠으며 남자가 정조를 지키지 않는 한 여성도 그만큼 더 자유로울 수 있다고 말할 정도로 남녀 관계에서 희생을 용납하지 않았다. 캐럴린 헤일브런(Carolyn Heilbrun)은 "빈센트 밀레이가

여성적인 것을 재발견했고 가부장적인 세계로부터 여성이 원하는 것을 가져왔고 여성의 권리를 확인했다"고 말했고 수잔 주하즈(Suzanne Juhasz)는 "시인이면서 여성이라는 두 개의 구속에서 밀레이는 자유로왔다"고 평했다. 그리고 에이드리언 리치(Adrienne Rich)는 "여성들에게 그들의 성(sexuality)을 통제할 것을 요청했는데 밀레이는 이를 훌륭히 이행할 수 있었다"라고 평했고 "전통적인 출산과 남성에 대한 복종 등도 밀레이에겐 거북한 것이 아니었다."라고 애니스 프라트(Annis Pratt)는 주장했다. 한편 "그녀는 그녀 개인의 삶과 사회적 삶을 훌륭히 이행했다"고 캐롤 크라이스트(Carol Christ)는 평가했다.

무엇보다 그녀가 강건함과 자유를 주장한 것은 어머니의 영향이 컸다고 생각된다. 이것은 마치 존 밀튼이 청교도인 아버지의 영향을 받은 것과 같다. 그녀는 자유와 미를 사랑하고 주장했을 뿐 아니라 다른 여인들의 절망적 삶에 대한 연민과 동정심을 표현했고, 나아가 불평등한 사회적 몰매에 대해 그들의 인권과 시민권을 주장한 20세 초반의 깨어 있는 여성 멘토였다. 밀레이에게 "당신은 페미니스트입니까?"라고 물으면 분명 부인하겠지만, 그녀의 정치적 사건에 대한 강한 주장을 보여준다. 1927년 8월 밀레이는 니콜라 사코(Nicola Sacco)라는 이탈리아 무정부주의자의 사형집행에 항의했다는 이유로 다른 많은 데모자와 함께 체포된 적이 있었다. 그녀는 이 사건을 진정한 민주주의가 아니라고 회고했고 1927년 11월 9일『전망』(*Outlook*)의「공포」("Fear")라는 글에서 '인간의 추악, 잔인, 탐욕과 거짓을 인식'했다고 말하며, 사회가 한 인간의 자유를 짓밟는 억압에 대해 강하게 반발했다. 밀레이는 여성의 사회 참여를 원했고 여성의 시민으로의 평등도 주장했다. 그리고 연민, 분노, 두려움의 감정으로 인류의 자유와 정의를 협박하는 모든 것을 비난했다. 전쟁을 벌이려는 인간에 대한 환멸을 표현하고 있는 시「인간에게 고함」("Apostrophe to Man")은 그녀가 개인뿐 아니라 인류전반에 관심을 가진 저항적 양심임을 입증해준다.

혐오스런 종족이여, 계속 스스로를 멸종시켜, 전멸하라.

....

희망을 가진 젊은이를 부패시켜
파리의 밥을 만들라
권유, 기도, 침울한 얼굴로 꾸미고
진지한 체하며 사진 찍고
　협상과 제문을 꾸며라.......
박테리아로 인간신체를 해롭게 하고
번식하고 모여서 멸종하라

Detestable race, continue to expunge yourself, die out.

....

Convert again into putrescent matter drawing flies
The hopeful bodies of the young; exhort,
Pray, pull long faces, be earnest, be all but overcome, be photo
　　graphed;
Confer, perfect your formulae, commercialize
Bacteria harmful to human tissue,
Put death on the market;
Breed, crowd, encroach, expand, expunge yourself, die out,
Homo called sapiens.

─「인간에게 고함」("Apostrophe to Man") 부분

■ 참고문헌

Brittin, A. Norman. *Edna St. Vincent Millay*. New York: Twayne Publishers, 1967.

Millay, Edna St. Vincent. *Edna St. Vincent Millay: Selected Poems*. New York: Gramercy Books, 2006.

Millay, Norma, ed. *Collected Poems Edna St. Vincent Millay*. New York: Harper & Brothers Publishers, 1949.

Taylor, Betty Lee. "Spiritual and Social quest in the life and poetry of Edna St. Vincent Millay." Eugene, OR: U of Oregon, 1986.

엘리자베스 비숍 Elizabeth Bishop, 1911-1979
여성시인의 범주를 넘어서 "하나의 예술"을 향하여

| 김양순

엘리자베스 비숍은 1911년 2월 8일 매사추세츠 주의 우스터(Worcester)에서 출생하였다. 비숍은 건축 사업을 하던 부유한 집안의 장남, 윌리엄 토머스 비숍(William Thomas Bishop)과 캐나다 노바스코사(Nova Scotia) 출신인 거트루드 메이 불머(Gertrude May Bulmer) 사이에서 태어난 외동딸이다.[1] 비숍의 부모님의 결혼생활은 3년 반 정도 지속되었다. 비숍이 8개월 될 무렵 아버지는 신장병으로 돌아가시고, 그 후 어머니는 신경쇠약으로 매사추

---

[1] 엘리자베스 비숍의 친할아버지, 존 윌리엄 비숍(John William Bishop)은 캐나다에서 미국으로 이민을 와서 자수성가한 사업가로 매사추세츠가 고향인 사라 포스터(Sarah Foster)와 결혼하여 뉴잉글랜드의 신흥부자의 대열에 오르게 된다. 부사장직을 맡고 있던 비숍의 아버지는 신장염(Bright's disease)을 치료하기 위해 병원에 갔다가, 간호사 실습을 위해 보스턴에 와 있던 거트루드를 만나 결혼에 이르게 된다.

세츠 병원에서, 1915년 캐나다 노바스코샤 집으로, 1916년 다트머스 (Dartmouth)의 정신요양원으로 옮겨졌고 그곳에서 1934년에 사망하였다. 비숍은 그녀의 어머니가 정신요양원에 입원한 이후 어머니를 만나보지 못하였다.

비숍은 노바스코샤 외가댁에서 어린 시절을 보내고,[2] 우스터 교외의 친조부모의 집에서 지내다가 1918년 봄부터 결혼한 이모와 함께 생활하게 된다.[3] 부모님이 부재하는 이와 같은 상황뿐 아니라, 그녀의 천식을 비롯한 호흡기 계통의 질환이 어린 비숍의 불행의 원인으로 작용한 듯하다. 병약했던 비숍은 16세가 되기까지 학교를 규칙적으로 다닐 수 없었지만, 대신 많은 시간 동안 독서에 심취할 수 있었고 1927년 고등학교에 진학할 무렵 이미 휘트먼(Walt Whitman), 홉킨스(Gerard Manley Hopkins)를 비롯한 여러 시인의 작품에 친숙해 있었다. 1930년에서 1934년까지 바사대학(Vassar College)에서 친구들과 문예활동을 하였고, 1933년에 창간한 급진적인 경향의 잡지, 『활기차게』(Con Spirito)를 통해[4] 자신의 시와 단편을 출판하였다. 바사대학 사서의 소개로 1934년 3월 뉴욕 공공도서관에서 매리언 무어 (Marianne Moore)와 만난 이후, 비숍과 무어의 긴밀한 관계는 1972년 무어가 사망할 때까지 거의 40년 간 지속되었다. 바사대학을 졸업한 후 1938년 플로리다의 키웨스트(Key West)에 정착하기 이전에 비숍은 영국, 프랑스,

---

2) 비숍이 여섯 살 때, 1917년 9월 친조부모님이 어린 비숍의 의사는 무시한 채(a railroad "kidnapping") 그녀를 우스터로 데려가는데, 이때의 당혹스런 경험은 그녀의 자전적인 이야기, 「시골 생쥐」("The Country Mouse")에 생생하게 묘사되어 있다.

3) 친할아버지의 경제적 지원으로, 이모 모드 셰펄드슨(Maud Shepherdson) 집에서 생활하면서, 비숍의 건강도 호전된다. 한편 비숍이 아버지로부터 상속받은 재산을 관리할 권한은 삼촌 존 (John Warren Bishop)에게 있었고, 시작품 「대기실에서」("In the Waiting Room")에 등장하는 콘수엘로는 고모 플로렌스(Florence)를 염두에 둔 인물이다.

4) Con Spirito는 음악용어로 '활기차게'라는 뜻을 갖고 있으며, 동시에 'conspiracy'(공모, 음모)를 연상하게 한다. 이 잡지의 '공모자'들은 비숍과 매카시(Mary McCarthy), 클락(Eleanor Clark), 블라우(Frani Blough), 밀러(Margaret Miller) 등이다.

북아프리카, 스페인, 이탈리아 등 여러 나라를 여행하게 되는데, 이러한 여행은 그녀의 삶과 작품의 중요한 요소로 작용한다.

1930년대, 40년대 초반에 비숍은 『당파 평론』(*Partisan Review*), 『시』(*Poetry*), 『뉴요커』(*The New Yorker*) 등 저명한 잡지에 자신의 시를 발표하였고, 1946년에 첫 시집 『북과 남』(*North & South*)을 출간하였다. 이 시집으로 비숍은 호튼 미플린 시 경연(the Houghton Mifflin poetry competition)의 수상자로 선정되었다. 그리고 『북과 남』의 섬세한 묘사, 절제된 감정, 친밀한 주제 등에 대한 호평은 비숍에게 구겐하임 상(Guggenheim grant)과 국회도서관 시 분야의 자문위원직을 안겨다 주었다. 국회도서관 자문위원[5]으로서의 역할에 대해 비숍은 그다지 만족스럽게 여기지 않았으며, 1950년에 에이큰(Conrad Aiken)이 그 직책을 맡게 된다. 1947년 1월 재럴(Randall Jarrell)의 주선으로 비숍은 로월(Robert Lowell)과 만났고, 그 후 이 둘의 친분은 1977년 로월이 사망할 때까지 지속되었다.

1951년 11월에 남아메리카를 여행하다가, 병을 앓게 되어[6] 중도에 여행을 포기하지만, 오히려 그 후 15년 간 타지인 브라질에 정착하여 동반자 로타(Lota de Macedo Soares)와 함께 살게 된다. 비숍의 완벽주의적인 기질과 엄격함, 공들이는 작품의 수정작업으로 인해 두 번째 시집, 『차가운 봄』(*A Cold Spring*)은 1955년이 되어서야 출판된다. 1956에는 『북과 남』, 『차가운 봄』의 합본인 『시편들』(*Poems*)로 비숍은 퓰리처상(Pulitzer Prize)을 받고, 『당파 평론』의 특별연구비(fellowship)를 획득하게 된다. 비숍은 세 번째 시집, 『여행의 질문들』(*Questions of Travel*)을 1965년에 출판하고, 1967년 로타가 자살로 생을 마감한 이후, 뉴욕, 샌프란시스코, 매사추세츠 주에서 시간

---

5) 미국국회의 1985년 결정에 따라 1986년부터 그 공식명칭이 계관시인(the Poet Laureate Consultant in Poetry)으로 변경되었다.
6) 그해 크리스마스 무렵 브라질 캐슈 나무 열매의 알레르기 반응으로 앓게 됨.

을 보낸다. 그리고 1970년부터 하버드에서 가르치기 시작하고,[7] 같은 해에 『시 전집』(*The Complete Poems*)으로 전국도서상(National Book Award)을 수상하며, 1976년 출판한 『지리 III』(*Geography III*)으로는 도서비평가 협회상 (Book Critics' Circle Award)을 받게 된다. 1979년 10월 6일 사망할 때까지의 비숍의 거의 대부분의 작품은 『시 전집: 1927-1979』(*The Complete Poems: 1927-1979*), 『산문 전집』(*The Collected Prose*)에 실려 있다. 비숍의 약 50년간의 서한문은 『하나의 기술』(*One Art*)이라는 제목으로 1994년에 출판되었다. 비숍의 빌라넬(villanelle) 시작품과 동일한 제목을 갖는 서한집 『하나의 기술』은 비숍이 자신의 삶을 바쳐 이룬 것이 다름 아닌 시라는 예술임을 말해준다. '하나의 기술(예술)'은 비숍이 일생 동안 지향한 완벽에 가까운 시의 예술성을 의미하는 것이다. 한편 2006년에 앨리스 퀸(Alice Quinn)은 과작의 시인인 비숍이 생전에 출판하지 않았던 작품들까지 포함하여 『에드가 앨런 포우 & 자동전축』(*Edgar Allan Poe & The Juke-Box*)을 세상에 내놓았으며, 2008년에 지루(Robert Giroux)와 슈왈츠(Lloyd Schwartz)는 비숍 생전에 출판된 모든 시작품뿐만 아니라, 미출판 시, 초고와 번역시, 개인적인 에세이, 기행문, 이야기, 53개의 서한문까지 집대성하여 979쪽이나 되는 방대한 책, 『엘리자베스 비숍: 시, 산문, 서한문』(*Elizabeth Bishop: Poems, Prose, and Letters*)을 출간하였다.

비숍은 당시 미국시단에서 여러 종류의 상을 받을 만큼, 시인들과 일군의 비평가들 사이에서 그녀의 가치를 일찍이 인정받았다. 하지만 그녀의 명성은 분명 사후에 더욱 높아졌고, 현재 비숍은 20세기 후반 미국시를 대표하는 몇 명의 시인의 반열에 올라와 있다. 비숍 시의 가치를 분명하게 정

---

7) 비숍은 하버드에서 1977년까지 가르쳤고, 이외에도 1960년대 후반 70년대 걸쳐 시애틀대학 (the University of Seattle), 워싱턴 주립대학(the University of Washington), 뉴욕대학(New York University)에서 짧은 기간 동안 가르쳤다.

의하거나, 비숍을 어떤 부류의 시인으로 규정짓기가 어려운데, 흥미롭게도 바로 이 점이 그녀의 특징이 될 수 있다. 비숍은 여성시인의 시선집이나 여성문제만을 전적으로 다루는 잡지에도 자신의 작품이 실리는 것을 원하지 않았고, 대신 자신이 특정한 젠더에 국한되지 않는 '시인'으로 평가받길 원했다. 이 글에서는 그럼에도 불구하고 비숍이 어린 여자아이가 지닌 슬픔, 자신의 정체성과 다른 여성들과의 관계를 인식하게 되는 체험, 그리고 자전적인 상실의 경험을 담은 작품을 살펴보고자 한다. 이 세 작품은 비숍이 어떻게 여성으로서의 자신의 경험을 외면하지 않으면서도, 여성시인이라는 범주를 넘어설 수 있는지를 보여주는 예가 될 것이다.[8]

구월의 비는 집 위로 떨어진다.
희미해지는 불빛에, 늙으신 할머니는
작고 경이로운 난로 곁의 아이와 함께
부엌에 앉아,
연감의 농담을 읽으며,
눈물을 감추려고 소리 내어 웃고 얘기한다.

할머니는 자신의 추분의 눈물과
집 지붕을 두드리는 빗물이
모두 연감이 미리 예고한 것이지만,
단지 그녀 자신에게만 알려진 것이라 생각한다.
철제 주전자는 난로 위에서 노래 부른다.
그녀는 빵을 썰면서 아이에게 말한다.

이제 차를 마실 시간이야, 하지만 아이는

---

8) 비숍의 성적 정체성의 문제를 은밀하게 드러내는 「불면증」("Insomnia"), 「샴푸」("Shampoo") 등을 현대영미시학회의 독회에서 분석하였으나, 차후 논문을 통해 이 작품들을 더욱 면밀하게 살펴보고자 이 글에는 포함시키지 않았다.

차 주전자의 작고 단단한 눈물이
빗물이 집 위에서 춤을 추는 방식으로, 뜨거운 검은 난로 위에서
미친 듯이 춤추는 걸 바라보고 있다.
말끔히 정돈한 후, 늙으신 할머니는
영리한 연감을 줄 위에

건다. 새처럼, 연감은
아이 위로 반쯤 펼쳐져 공중에 떠 있다,
늙으신 할머니와 짙은 갈색 눈물로
가득한 찻잔 위에 떠 있다.
그녀는 몸을 떨면서 집이 춥게 느껴진다고 말하고선,
난로에 장작을 더 집어넣는다.

그렇게 되기로 되어 있었다, 경이로운 난로가 말한다.
나는 내가 아는 걸 안다, 연감이 말한다.
크레용으로 아이는 단단한 집과
꼬불꼬불한 좁은 길도 그린다. 그 다음에 아이는
눈물같은 단추를 달고 있는 한 남자를 그려 넣고서는
그걸 자랑스럽게 할머니에게 보여준다.

하지만 은밀히, 할머니가
난로 주변을 바쁘게 다니는 동안,
자그만 달들은 눈물처럼 떨어진다
연감의 페이지 사이에서부터
아이가 집 앞에 정성스럽게
그려 놓은 화단으로.

눈물을 심을 시간이야, 연감은 말한다.
할머니는 경이로운 난로에 맞춰 노래 부르고
아이는 또 하나의 신비로운 집을 그린다.

September rain falls on the house.
In the failing light, the old grandmother
sits in the kitchen with the child
beside the Little Marvel Stove,
reading the jokes from the almanac,
laughing and talking to hide her tears.

She thinks that her equinoctial tears
and the rain that beats on the roof of the house
were both foretold by the almanac,
but only known to a grandmother.
The iron kettle sings on the stove.
She cuts some bread and says to the child,

It's time for tea now; but the child
is watching the teakettle's small hard tears
dance like mad on the hot black stove,
the way the rain must dance on the house.
Tidying up, the old grandmother
hangs up the clever almanac

on its string. Birdlike, the almanac
hovers half open above the child,
hovers above the old grandmother
and her teacup full of dark brown tears.
She shivers and says she thinks the house
feels chilly, and puts more wood in the stove.

It was to be, says the Marvel Stove.
I know what I know, says the almanac.
With crayons the child draws a rigid house

and a winding pathway. Then the child
puts in a man with buttons like tears
and shows it proudly to the grandmother.

But secretly, while the grandmother
busies herself about the stove,
the little moons fall down like tears
from between the pages of the almanac
into the flower bed the child
has carefully placed in the front of the house.

Time to plant tears, says the almanac.
The grandmother sings to the marvelous stove
and the child draws another inscrutable house.

ㅡ「세스티나」("Sestina") 전문

이 작품의 제목 "세스티나"는 얼핏 여자아이의 이름처럼 들리지만, 6행
으로 된 연 6개와 3행으로 된 연 1개로 이루어진 총 39행의 정형시의 이름
이다. 그리고 첫 번째 연의 각 시행을 끝맺는 단어(house, grandmother,
child, Stove, almanac, tears)가 나머지 5연의 시행에 순서를 달리해서 반복
적으로 나타나고,[9] 마지막 3행의 결구에는 6개의 단어가 모두 등장한다.
세스티나는 대개 운(rhyme)을 이루기보다 시행을 끝맺는 단어의 반복으로
음악적인 효과를 불러일으킨다.

이처럼 인위적으로 느껴질 만큼 고도로 정형적인 시 형식, 「세스티나」
에 담겨져 있는 내용은 과연 어떤 걸까? 9월 어느 날 바깥에는 비가 내리

---

9) 첫 연의 행을 끝맺는 단어가 1-2-3-4-5-6 식이라면, 2연은 6-1-5-2-4-3, 3연은 3-6-4-1-2-5, 4연
은 5-3-2-6-1-4, 5연은 4-5-1-3-6-2, 6연은 2-4-6-5-3-1, 3행의 결구는 5-4-1식이고, 결구의 시행
가운데 6, 2, 3의 단어가 발견된다.

고, 집안에는 할머니와 소녀가 있다. 이 작품에서 반복되는 6개의 단어 중, "집"(house), "할머니"(grandmother), "아이"(child), "난로"(stove), "연감"(almanac)[10]은 모두 가정과 관련이 있는 것으로서 아늑함, 안정감을 가져다 주는 듯하지만, 결정적으로 "눈물"(tears)이라는 단어는 시의 안온함을 뒤흔들며, 이 작품의 핵심어로 작용한다. 할머니는 애써 "눈물"을 감추려 하고, 연감이 예고하듯 이즈음이면 찾아오는 비는 이 집안의 "추분의 눈물," 추측건대 일 년 중 이맘때 세상을 떠난 가족에 대한 그리움의 눈물과 연결된다. 그뿐 아니라, 끓는 차 주전자에 맺히는 물방울도 "작고 단단한 눈물"로, 찻잔에 가득 담긴 차도 "갈색 눈물"로, 아이의 그림 속 남자의 옷단추도 "눈물"로, 연감에 그려져 있는 작은 달도 "눈물"처럼 묘사되어 있다. 하지만 연감에서 아이의 그림 속 화단으로 떨어지는 그 작은 달의 "눈물"은 화단의 필요한 수분이 되어 "신비로운"(inscrutable) 생명체를 키워낼 것이다. 할머니가 "경이로운 난로"(the Marvel Stove) 소리에 맞추어 노래를 부르면서 위안을 찾는 동안, 아이는 연감이 예견하지 않은 또 하나의 "신비로운 집"(inscrutable house)을 그린다.

이 집안에 퍼져 있는 슬픔의 원인이 명확하게 드러나 있지는 않지만, 아이의 부모가 부재하는 가정, 냉기가 감도는 집, 그림 속의 "단단한 집"은 작품의 분위기를 침울하게 만든다. 그런데 이 슬픔은 "그렇게 되기로 되어 있었다"는 난로의 말처럼, 그리고 "나는 내가 아는 걸 안다"는 연감의 얘기처럼 불가피한 것으로 받아들여질 수 있고, 이 작품 속 특정 인물의 슬픔이었던 것이, 장면의 배경음악, 합창과 같은 난로와 연감의 대사로 인해 보편적인 정서로 독자에게 전해지기도 한다. 하지만 비숍은 「세스티나」를 절망과 슬픔으로 끝맺지 않는다. 실제 상품 이름이기도 한 "경이로운 난로"는

---

10) 연감은 천문학 자료와 조수의 간만표 등과 같은 중요한 일자와 통계 정보를 담고 있는 연간 달력임.

차 주전자에 맺히는 눈물(물방울)을 춤추게 하는 경이로움을 만들어내고, 화단에 심어진 "눈물"은 장차 꽃을 피울 것이며, 집, 할머니, 아이, 난로, 연감 그리고 눈물로부터 시인은 자신의 세스티나를 창조한다. 요컨대 아이가 작품의 결말에서 그리는 또 하나의 집은 비숍의 신비로운 시작품이라 할 수 있겠다. 「세스티나」는 할머니는 알고 있으나, 아이는 알지 못한 이 가정의 슬픔을 성장한 시인이 회고하여, 그 슬픔을 시적으로 변용한 작품으로 보인다. 따라서 이 작품은 분명 자전적인 시이면서도, 비숍 특유의 절제된 미학, 객관적 시각의 산물이다. 비숍은 「세스티나」에서 엄격한 정형시의 틀 안에, 개인의 상실과 슬픔의 경험을 담아 이를 경이로움으로 바꾸는 탁월한 창조력, 예술의 힘을 보여준다.

상실의 기술은 통달하기 어렵지 않다.
아주 많은 것들이 잃어버릴 의도로 가득해 보이니
그것들의 상실은 재앙이 아니다.

매일 무언가를 잃어버려라. 잃어버린 문 열쇠,
엉망으로 써버린 시간의 당혹스러움을 받아들여라.
상실의 기술은 통달하기 어렵지 않다.

그럼 더 많이 잃어버리기, 더 빨리 잃어버리기를 연습해 보라.
장소들, 이름들, 그리고 당신이 여행하려고 마음먹었던
곳. 이 중 그 어느 것도 재앙을 안겨다주진 않을 거다.

나는 어머니의 시계를 잃어버렸다. 게다가 이거 봐! 세 채의
정들었던 집 중, 나의 마지막 집, 아니면 바로 그 이전의 집이 사라졌다.
상실의 기술은 통달하기 어렵지 않다.

나는 두 도시, 아름다운 도시를 잃어버렸다. 그리고 내가 소유했던

더 광활한, 어느 지역을, 두 개의 강을, 하나의 대륙을.
나는 그것들을 그리워하지만, 그게 재앙은 아니었다.

— 당신을 잃은 것조차 (내가 사랑한 그 농담조의 목소리,
하나의 몸짓) 나는 거짓말을 하지 않으련다. 명백하게도
상실의 기술은 너무도 어려워서 통달할 수 없는 건 아니다
비록 그것이 재앙처럼 처럼 보일지라도 (그것을 *써라*!).

The art of losing isn't hard to master;
so many things seem filled with the intent
to be lost that their loss is no disaster.

Lose something every day. Accept the fluster
of lost door keys, the hour badly spent.
The art of losing isn't hard to master.

Then practice losing farther, losing faster:
places, and names, and where it was you meant
to travel. None of these will bring disaster.

I lost my mother's watch. And look! my last, or
next-to-last, of three loved houses went.
The art of losing isn't hard to master.

I lost two cities, lovely ones. And, vaster,
some realms I owned, two rivers, a continent.
I miss them, but it wasn't a disaster.

— Even losing you (the joking voice, a gesture
I love) I shan't have lied. It's evident

the art of losing's not too hard to master

though it may look like (*Write* it!) like disaster.

─「하나의 기술」("One Art") 전문

　「하나의 기술」은 비숍의 시 중 아마도 가장 유명한 작품일 것이다. 이 작품도 '빌라넬'이라는 프랑스에서 유래된 엄격한 형식에 상실의 내용을 담아 특유한 반복적 효과를 잘 살려낸다. 빌라넬은 3연으로 이루어진 5개의 연과, 4행으로 이루어진 1개의 연으로 구성된, 즉 총 19행으로 된 정형시다. 그뿐 아니라 첫 연의 1행과 3행이 운을 이루어(aba), 이 압운은 다음의 2연, 3연에서도 계속되고(aba aba), 마지막 연의 마지막 행에 1행의 운을 반복한다(abaa). 시 전편을 통해 단 두 가지 운이 반복될 뿐만 아니라(aba aba aba aba abaa), 첫 번째 시행은 6행, 12행에, 세 번째 시행은 9행, 15행, 19행에 반복되어 나타난다. 요컨대 빌라넬은 압운과 시행의 반복으로 자칫하면 단조로운 작품이 되기 쉽지만, 「하나의 기술」은 비숍의 탁월한 솜씨로 매혹적인 음악적, 시적 효과를 거두고 있다.11)

　구속적이라고 느껴질 수도 있는 19행 2운체 시, 빌라넬에 비숍은 어떠한 상실감을 담아내는가? 화자는 부주의해서 잃어버린 열쇠나, 헛되이 흘려버린 시간 등과 같이 독자도 충분히 경험해 봄직한 상실에 대해 대화조로 얘기를 시작한다. 사물의 상실을 연속적으로 나열하면서도 화자 개인의 감정은 표출하지 않는다. 그렇지만 화자가 언급한 잃어버린 "어머니의 시계"(mother's watch)는 어머니의 돌봄(watch)을 받지 못한 비숍의 어린 시절의 상실, 고독과 연결된다. 또한 여행하려고 마음먹었던 장소와 이름의 상

---

11) 반복되는 시행과 규칙적인 운율로 원작의 음악성이 뛰어나지만, 한국어로 번역하는 과정에서 이 작품의 특징을 충분히 살려낼 수 없는 점, 즉 중요한 부분을 잃어버릴 수밖에 없는 점이 무척 아쉽게 생각된다. "er"[ər]과 "ent"[ent]의 두 음이 「하나의 기술」의 운율을 이루는데, 가장 큰 상실과 고통을 담은 마지막 연의 "gesture" "master" "disaster"에서는 완벽하게 [ər] 운을 이루지 않음으로써, 그 고통을 감내하기가 쉽지 않음을 암시한다.

실을 말할 때, 우리는 비숍 자신의 삶에서의 여행의 비중을 떠올리게 되며, "세 채의 집"이라는 표현에서는 비숍의 전기를 바탕으로 플로리다의 키웨스트에 있는 집 한 채와 브라질에 있는 두 채의 집을 연상하게 된다. 잃어버린 두 도시는 어릴 적 외가가 있던 캐나다의 노바스코샤와 연인과 함께 살던 브라질의 리오데이자네이로(Rio de Janeiro), 잃어버린 대륙은 남아메리카 대륙으로 볼 수도 있다.

이처럼 「하나의 기술」은 일상생활에서 우리가 쉽게 잃어버릴 수 있는 것들로 시작해서 점차 더욱 심각하고 더욱 개인적인 상실을 언급한다. 잃어버리는 기술을 반복해서 익히는 것이 쉽다는 논리로 시작한 이 작품은 점차 화자에게 친밀하고 소중한 대상의 상실에 대해 이야기한다. "상실의 기술은 통달하기 어렵지 않다"는 시행의 반복으로, 표면적으로는 화자의 상실감이 대수롭지 않은 것처럼 말하지만, 표출되지 않은 슬픔의 강도는 오히려 점차 커진다. 마지막 연에서 연인을 잃은 경험 역시 통달하기 너무 어렵지는 않다고 말할 때, 아이러니컬하게 화자가 억누르는 상실감이 얼마나 고통스러운 것인지 독자에게 전해지는 듯하다. 특히 대시, 괄호의 사용, "처럼"(like)이라는 단어의 반복, "너무"(too) 어렵지는 "않다"(not)라는 표현 등은 화자가 머뭇거리거나 더듬거리는 또는 울먹이는 말투를 암시해준다.

그러나 이 작품의 원고만도 17편이나 된다는 사실이 말해주듯이, 비숍은 완벽주의자적인 기질로써 자신의 고통을 암시할 뿐, 그 상실감을 직설적으로 토로하지 않는다. 그 객관화의 과정은 고통을 예술로 승화시키는 과정이고, 「하나의 기술」에서 말하듯이, 그 고통을 시로 써서(write), 그 상실감을 바로잡으려(right) 하는 행위이다. 따라서 빌라넬이라는 정형적인 구조는 시인 자신의 감추어진 고통을 극화하고, 보편적인 것으로 만드는 데 기여하고, 「하나의 기술」은 예술로써 삶의 고통을 극복하는 시인 비숍에게도, 삶 가운데 자주 크든 작든 상실의 체험을 하게 되는 독자에게도 삶의 기술, 생존해 나가는 방법을 제시해 준다. 「하나의 기술」은 과묵한 어법으로, 고도의 정형적인 형식으로 고백하기 힘든 사적인 고통과 상실을 승리와 예술로 변용하는 비숍 특유의 격조 높은 재능의 결정체이다.

> 매사추세츠 주, 우스터에서
> 나는 콘수엘로 고모와 함께
> 치과 예약시간에 맞춰 갔다가
> 치과 대기실에 앉아
> 고모를 기다렸다.
> 겨울이었다. 일찍 어두워졌다.
> 대기실은 어른들,
> 방한 덧신들과, 외투들,
> 램프들과 잡지들로
> 가득 차 있었다.
> 고모는 오래 걸리는 듯한
> 방 안쪽에 있었고
> 기다리는 동안 나는
> *내셔널 지오그래픽*을 읽으면서
> (나는 읽을 수 있었다) 주의 깊게
> 사진들을 보았다.
> 화산의 내부는
> 어둡고, 재로 가득하고,
> 그것은 불의 개울로
> 흘러넘치고 있었다.
> 오사와 마틴 존슨은
> 승마용 바지, 레이스 달린 부츠,
> 차양 모자를 착용하고 있었다.
> 장대 위에 걸려 있는 죽은 사람
> ─"길다란 돼지," 라는 제목이 적혀 있었다.

머리가 뾰족한 아이들이
줄에 칭칭 감겨 있었다.
벌거벗은 흑인 여자들은 목이
마치 전구의 목처럼
전선으로 둘둘 감겨 있었다.
그들의 가슴은 끔찍했다.
나는 바로 곧장 읽어내려 갔다.
나는 너무 부끄러워 멈출 수가 없었다.
그래서 나는 표지,
노란색 테두리, 날짜를 보았다.

갑자기, 안쪽에서,
오! 하는 고통의 소리가 흘러나왔다
－콘수엘로 고모의 목소리－
그리 크지도 길지도 않은 소리.
나는 전혀 놀라지 않았다,
그때만 해도 나는 그녀가 어리석고,
겁이 많은 여자라는 걸 알고 있었다.
당황해 할 수도 있었지만,
나는 그러지 않았다. 나를 완전히
놀라게 한 것은 그것이
내 입안에서 나온, 나의 목소리,
*나*라는 사실이었다.
전혀 생각지도 못하게,
나는 나의 바보스런 고모였고,
나－우리－는 떨어지고, 떨어지고 있었으며,
우리의 눈은 1918년 2월,
*내셔널 지오그래픽*의
표지에 고정되어 있었다.

나는 혼잣말을 하였다. 삼일
지나면 너는 7살이 될 거야.
회전하는 둥근 세계가
차갑고, 검푸른 우주로
떨어지는 느낌을
멈추기 위해 나는 그 말을 하고 있었다.
하지만 나는 느꼈다. 너는 *나*이고,
너는 *엘리자베스*이며,
너는 *그*들 중 한 명이다.
왜 너도 역시 하나가 되어야만 하는 거지?
그것이 바로 나라는 것을
바라볼 용기가 거의 없었다.
나는 곁눈질로
—조금도 더 높이 쳐다볼 수 없었다—
그늘진 회색 무릎,
바지와 치마와 부츠
그리고 램프 아래 놓여있는
다른 쌍들의 손들을 보았다.
나는 더 이상한 일은
일어난 적이 없다는 걸, 더 이상한 일은
일어날 수 없으리라는 걸 알았다.
왜 내가 내 고모,
혹은 나, 혹은 누구든 되어야만 하는 거지?
어떤 닮은 점들이—
부츠, 손들, 내 목구멍에서
느껴지는 가족의 목소리, 혹은
*내셔널 지오그래픽*과
그 끔찍한 처진 가슴까지—
우리 모두를 결합시키거나
우리 모두를 꼭 하나로 만드는 걸까?

어떻게—그것에 대한 어떤 단어도
생각나지 않았다—어떻게 "생각지도 못할"...
어떻게 내가 그들처럼,
여기에 와서, 그리고 큰 소리에다
더 심해질 수도 있었지만 그리 되진 않았던
고통의 소리를 우연히 듣게 된 걸까?

그 대기실은 밝았고
너무 더웠다. 그것은 크고 검은 파도,
또 하나, 그리고 또 하나
아래로 미끄러지고 있었다.

그 때 나는 그 곳으로 돌아왔다.
전쟁은 계속되었다. 우스터,
매사추세츠 바깥은
밤이었고, 진창 눈이 내렸고 추웠는데,
여전히 1918년, 2월
5일이었다.

In Worcester, Massachusetts,
I went with Aunt Consuelo
to keep her dentist's appointment
and sat and waited for her
in the dentist's waiting room.
It was winter. It got dark
early. The waiting room
was full of grown-up people,
arctics and overcoats,
lamps and magazines.
My aunt was inside

what seemed like a long time
and while I waited I read
the *National Geographic*
(I could read) and carefully
studied the photographs:
the inside of a volcano,
black, and full of ashes;
then it was spilling over
in rivulets of fire.
Osa and Martin Johnson
dressed in riding breeches,
laced boots, and pith helmets.
A dead man slung on a pole
— "Long Pig," the caption said.
Babies with pointed heads
wound round and round with string;
black, naked women with necks
wound round and round with wire
like the necks of light bulbs.
Their breasts were horrifying.
I read it right straight through.
I was too shy to stop.
And then I looked at the cover:
the yellow margins, the date.

Suddenly, from inside,
came an *oh!* of pain
— Aunt Consuelo's voice —
not very loud or long.
I wasn't at all surprised;

even then I knew she was
a foolish, timid woman.
I might have been embarrassed,
but wasn't. What took me
completely by surprise
was that it was *me*:
my voice, in my mouth.
Without thinking at all
I was my foolish aunt,
I — we — were falling, falling,
our eyes glued to the cover
of the *National Geographic*,
February, 1918.

I said to myself: three days
and you'll be seven years old.
I was saying it to stop
the sensation of falling off
the round, turning world
into cold, blue-black space.
But I felt: you are an *I*,
you are an *Elizabeth*,
you are one of *them*.
Why should you be one, too?
I scarcely dared to look
to see what it was I was.
I gave a sidelong glance
— I couldn't look any higher —
at shadowy gray knees,
trousers and skirts and boots

and different pairs of hands
lying under the lamps.
I knew that nothing stranger
had ever happened, that nothing
stranger could ever happen.
Why should I be my aunt,
or me, or anyone?
What similarities —
boots, hands, the family voice
I felt in my throat, or even
the *National Geographic*
and those awful hanging breasts —
held us all together
or made us all just one?
How — I didn't know any
word for it — how "unlikely". . .
How had I come to be here,
like them, and overhear
a cry of pain that could have
got loud and worse but hadn't?

The waiting room was bright
and too hot. It was sliding
beneath a big black wave,
another, and another.

Then I was back in it.
The War was on. Outside,
in Worcester, Massachusetts,
were night and slush and cold,

and it was still the fifth
of February, 1918.
　　ー「대기실에서」("In the Waiting Room") 전문

　『지리 III』(*Geography III*)의 첫 작품인 「대기실에서」는 짧고 단순한 산문조의 문체와 구어적이고 일상적인 어조로 시작한다. 그리고 구체적인 지명, 장소와 시간, 화자의 정확한 나이까지 제시함으로써 작품에 사실성을 더해준다. 화자는 매사추세츠 주, 우스터에서 콘수엘로 고모를 따라 치과에 갔던 겨울날의 일을 이야기한다. 화자는 고모가 치과치료를 받는 동안 대기실에서 평범한 어른들에 둘러싸여, 잡지 『내셔널 지오그래픽』을 읽다가, 이국적이고도 끔찍한 사진들을 보고, 치과 안쪽에서 나는 고모의 비명 소리를 듣고서, 자신과 고모 사이의 동질감을 느끼면서 동시에 우주의 심연으로 빠져 들어가는 듯한 아찔함을 경험한다. 흥미롭게도 이 시점에서 시선은 『내셔널 지오그래픽』1918년 2월호에 고정되고, 이 대목에서 작품의 배경이 되는 시기는 보다 명확하게 제시된다. 격렬한 혼동의 순간을 구체적인 시점으로 받쳐주는 셈이다. 삼일 후면 일곱 번째 생일을 맞이하게 되는 화자 엘리자베스는 이 순간, 자신이 "엘리자베스"이고, 그러면서도 평소에 어리석다고 생각했던 고모와, 매력적이지 않은 어른들과, 더 나아가서 잡지에서 본 끔찍한 인물들과 자신이 다르지 않다는 사실을 충격적으로 깨닫게 된다. 이러한 강렬한 인식의 순간은, 어떻게 자신을 개별적 자아로 분리하면서, 동시에 타자와 자신을 통합할 수 있는가 하는 존재론적인 문제를 처음으로 직면하게 되는 긴장된 지점이다.
　「대기실에서」의 어린 화자가 『내셔널 지오그래픽』의 장면들을 독자에게 전해주는 과정은 흥미롭다. 분출하는 화산, 오사와 마틴 존슨 부부에는 이름이 붙어 있다. 그리고 유명한 탐험가이며 작가인 이들 부부는 단정하

게 복장을 갖추고 있다. 한편 죽은 원주민의 이름은 나와 있지 않고, 단지 "길다란 돼지"라는 제목이 붙어 있으며, 아이들과 흑인 여자들 역시 낯선 존재들로서 그들의 고유한 이름은 드러나 있지 않다. 이때 화자는 이름이 없고, 이름 지을 수 없는 이질적이고 불확실한 대상에서 자신이 읽고 있던 구체적인 이름이 있는 잡지의 표지와 노란색 테두리, 날짜 등으로 시선을 이동한다.

그러나 다른 여성들과의 관계에 대한 화자의 인식은 고모의 몸에서 나온 고통의 소리, 언어 이전의 소리에서 촉발된다. 고모의 비명이 다름 아닌 화자 자신의 목소리로 느껴지면서, 화자에게 난처함과 부끄러움을 불러일으켰던 『내셔널 지오그래픽』의 이국적인 모습, 즉 "벌거벗은 흑인 여자들"의 전선으로 칭칭 감긴 목, 축 처진 가슴 또한 이질적이라기보다 오히려 동질적인 여성의 육체로 느껴진다. 작품 초반부에서, 『내셔널 지오그래픽』의 사진을 통해 아프리카 탐험가 부부인 오사와 마틴 존슨의 복장과 원주민의 모습을 대조적으로 묘사하였다면, 이제 그러한 대조, 문화적 경계나 위계가 와해되는 것이다.

여자 아이인 화자가 자신의 정체성과 타자와의 연계성이라는 이중적 인식을 하게 되는 장소가 바로 "대기실"이라는 점도 주목할 만하다. 치과 대기실이라는 한정된 장소에서 광막함에 대한 두렵지만 유익한 체험을 한 것이다. 이 작품의 제목 「대기실에서」는 여성이 성숙해가는 과정, 자신의 육체에 대해 인식하게 되는 계기를 암시해준다. 어린 아이의 순수와 무지에서부터 세계에 대한 새로운 인식, 더욱 포괄적이고 당혹스러운 존재의 문제에 이르게 된 것이다. 이러한 강렬한 인식의 순간 이후 작품은 무시간적 진공으로 빠져들지 않고, 다시 구체적이고 현실적인 장소와 시간, 즉 대기실, 1918년 겨울, 2월 5일로 돌아온다. 하지만 "전쟁은 계속되었다"는 표현을 통해, 비숍은 화자의 내면의 탐색이 주변세계에 대한 새로운 생각을 불러일으키고, 더 넓고 더욱 문제적인 상황에 대한 시각을 열어준다고 얘기한다.

비숍의 시세계를 편의상 세 단계로 나누어 본다면, 첫째는 상징주의자의 사적 세계를 조심스럽게 보여주는 단계이고, 둘째는 여행, 관찰을 통해 개인적 고립을 일시적이나마 극복하는 단계, 즉 정확한 관찰과 정밀한 분석에서 도덕적 반응과 인식으로의 이행을 보여주는 단계이며, 셋째는 개인적이고 사적인 역사를 다루면서 고요하게 확장되는 비전으로 그 개인적 차원을 절제해 나가는 단계일 것이다. 이 장에서 다룬 세 편의 시는 세 번째 단계에 속한다고 볼 수 있다. 『여행의 질문들』에 들어 있는 「세스티나」는 노바스코샤의 외갓집에서의 비숍의 경험을 연상하게 하고, 『지리 III』에 포함된 「하나의 기술」은 여러 종류의 상실과 함께 연인의 상실에 대한 고통을 다루며, 「대기실에서」는 비숍의 고모 플로렌스를 콘수엘로라는 인물로 등장시키면서, 가장 자전적인 경험을 통해 여성의 정체성의 인식이라는 문제를 풀어나간다. 이러한 작품에서도 잘 드러나듯이, 비숍의 시는 평범하고, 자연스럽고, 때로는 산문적이기까지 한 어조와 문체로써 미묘하고, 신선하며, 심오한 사유의 세계로 독자를 초대한다.

■ 참고문헌

Bishop, Elizabeth. *The Collected Prose*. Ed. Robert Giroux. New York: The Noonday P, 1984.

_____. *The Complete Poems: 1927-1979*. New York: The Noonday P, 1983.

_____. *Edgar Allan & The Juke-Box: Uncollected Poems, Drafts, and Fragments*. Ed. Alice Quinn. New York: Farrar, Straus and Giroux, 2006.

_____. *Elizabeth Bishop: Poems, Prose, and Letters*. Ed. Robert Giroux and Lloyd Schwartz. New York: The Library of America, 2008.

_____. *One Art*. Ed. Robert Giroux. New York: The Noonday P, 1994.

Bloom, Harold, ed. *Elizabeth Bishop*. Broomall: Chelsea House, 2002.

Millier, Brett C. *Elizabeth Bishop: Life and the Memory of It*. Berkeley: U of California P, 1993.

Stevenson, Anne. *Five Looks at Elizabeth Bishop*. London: Bellew, 1998.

Travisano, Thomas J. *Elizabeth Bishop: Her Artistic Development*. Charlottesville: UP of Virginia, 1989.

그웬돌린 브룩스 Gwendolyn Brooks, 1917–2000
흑인의 인종성을 찾아 나선 브론즈빌의 여성시인

│ 최용미

그웬돌린 브룩스는 미국 캔자스 주 토피카(Topeka) 출신으로, 태어난 지 약한 달 후에 가족과 함께 시카고로 이주하여 성장했다. 그녀는 고질적인 인종차별과 가난에도 불구하고 부모님의 각별한 관심과 애정 덕분에 행복한 어린 시절을 보낼 수 있었다. 특히 전직 교사였던 어머니는 딸이 할렘 르네상스의 주요 시인인 제임스 웰든 존슨(James Weldon Johnson), 랭스턴 휴즈(Langston Hughes) 등을 만나 자신의 시적 재능을 키워나갈 수 있도록 헌신적 노력을 기울였다. 그 결과 브룩스는 이미 7세에 첫 시를 창작했으며 17세 무렵에는 시카고의 흑인 신문 『시카고 디펜더』(*Chicago Defender*)에 75편 이상의 시를 발표하게 된다. 간결함에서 비롯되는 강인함과 은밀하고도 아이러니컬한 간접성이 겸비된 브룩스의 독특한 스타일은 기본적으로 랭스턴 휴즈의 권고로 사용한 흑인 음악인 블루스 리듬에서 비롯된다. 뿐만 아니라 그녀는 1942년 경 부유한 작가 스타크(Inez Cunningham Stark)가 주관하는 시 창작 워크숍을 비롯한 다양한 워크숍에 참여하여 엘리엇(T. S. Eliot), 디킨슨(Emily Dickinson), 프로스트(Robert Frost) 등 모더니즘 시인들의 작품과도 접할 수 있었다. 이러한 다방면의 문학수업 덕분에 브룩스의 작품은 할렘 르네상스와 모더니즘 시의 주제와 스타일이 훌륭하게 결합되어 있다는 평가를 받는다.

창작 초기에 브룩스는 주로 자신이 성장한 시카고 게토지역의 가난한 흑인들의 삶을 전통적인 발라드, 소네트, 블루스 리듬과 같은 다양한 형식을 통해 간결하고도 압축적으로 담아냈다. 이 시기 작품에서는 대체로 흑인으로서의 인종성에 대한 자의식이나 사회적 저항의 목소리가 두드러지지 않는 편이다. 출판사에서는 불편한 사회적 이슈를 자극하기보다 누구에게나 호소할 수 있는 보편적 주제로 환원될 수 있는 그녀의 작품이 백인 독자층까지 아우를 수 있다는 점에서 오히려 환영하였고, 특히 그러한 주제를 솜씨 있게 표현해내는 예술적 기교에 주목하였다. 그러나 브룩스는 60년대 미국의 민권운동(Civil Rights Movements)의 영향으로 흑인들의 고통 이면에 자리 잡은 미국 사회의 구조적 부정의에 점차 눈을 뜨게 된다. 결정적으로 그녀는 1967년 피스크 대학(Fisk University)에서 열린 '제2차 흑인 작가 컨퍼런스'(the Second Black Writers' Conference)에서 당시 흑인 예술운동(Black Arts Movement)의 중심이었던 르로이 존스(LeRoi Jones/ Amiri Baraka)를 비롯한 젊은 시인들을 만나 그들의 행동주의에 깊은 인상을 받고 자신의 인종성을 재발견하게 된다. 『메카에서』(In The Mecca, 1968)는 이러한 정체성의 자각과 한층 심오해진 사회 구조적 인식을 바탕으로 삶과 예술 양면에서 이루어진 시인의 변화를 보여주는 대표적인 전환기 시집이다. 이 작품

이후부터 브룩스는 자신의 시집을 흑인이 운영하는 '브로드사이드 출판사'(Broadside Press)에서 출판하기 시작한다. 또한 시카고의 십대 흑인 갱단인 '블랙스톤 레인저'(the Blackstone Rangers)와 접촉하게 되며, 이를 계기로 60년대 말 이들을 위한 시 워크숍을 개설하는 등, 젊은 흑인 시인들의 재능을 키워주기 위한 공동체 사업에도 적극 참여하게 된다.

첫 시집 『브론즈빌 거리』(*A Street in Bronzville*, 1945)로 구겐하임 펠로우십, 두 번째 시집인 『애니 알렌』(*Annie Allen*, 1949)으로 흑인여성으로서는 최초로 풀리처상을 수상했으며, 『메카에서』로 전미도서상을 수상하였다. 1968년 칼 샌드버그(Carl Sandburg)에 이어 일리노이 주 계관시인, 1985년 역시 흑인여성으로는 최초로 국회도서관 시 부문 고문에 임명되었으며, 많은 대학에서 창작 교수로 활동했다.

첫 시집 『브론즈빌 거리』에는 향후 20년간 전개될 브룩스의 주제가 담겨있다. 브론즈빌은 시카고의 사우스 사이드(South Side) 지역에 위치한 흑인 거주 지역으로, 아프리카계 미국인들의 도시 정착사를 보여주는 대표적인 지역이다. 이곳은 노예해방 이후 오히려 더 극심해진 남부 사회의 억압을 피해 북부의 도시에서 일감을 얻어 정착하고자 했던 흑인들의 "대 이주"(Great Migration)로 인해 1910년에서 1920년 사이에 인구가 기하급수적으로 늘어났다. 그러나 흑인들의 도시 정착사는 그리 순탄하지 못했다. 브룩스 자신의 이웃이기도 했던 브론즈빌 지역의 흑인들은 고질적인 인종차별과 전쟁이 남긴 상처로 인해 여전히 고통 받았다. 그리고 이는 도저히 벗어날 수 없는 가난이라는 악순환의 고리로 이어졌다. 특히 여성의 경우 여기에 성차별까지 더해져 이중, 삼중의 억압된 삶을 살게 마련이었다. 브룩스는 이처럼 열악한 환경 속에서 불확실한 꿈과 좌절 사이를 오고가는 다양한 여성들의 모습을 보여줌으로써 그녀들이 처한 삶의 현실을 성찰한다. 그 중에서도 다음 시는 평범해 보이는 어린 소녀의 성장 과정 중 한 단면을 보여준다.

나는 평생 앞뜰에서만 지내왔지.
뒤뜰을 한번 살짝 엿보고 싶어
거칠고 돌보지 않아 굶주린 잡초 무성한 곳.
소녀는 이제 장미가 싫증나.

나는 지금 뒤뜰에 가고 싶어.
할 수 있다면 골목 아래까지,
그곳에는 보육원 아이들이 놀고 있지.
나도 오늘은 한 번 신나게 놀고 싶어.

걔네들은 뭔가 근사한 것들을 해.
걔네들은 엄청 재밌게 놀아.
엄마는 비웃으셔, 하지만 나는 괜찮다고 해
걔네들은 아홉시 십오 분 전까지 집에 들어갈 필요 없잖아
엄마는 말씀하셔, 조니 매는
커서 나쁜 여자가 될 거라고.
조지는 조만간 감옥으로 끌려갈 거고
(지난 겨울 우리 집 뒷문을 팔아먹었거든).

그래도 난 괜찮다고 말해. 이건 진심이야.
나도 나쁜 여자가 되고 싶은 걸.
칠흑같이 검은 화려한 레이스 스타킹을 신고
얼굴에 화장을 한 채 뽐내면서 거리를 내려가고 싶어.

I've stayed in the front yard all my life.
I want a peek at the back
Where it's rough and untended and hungry weed grows.
A girl gets sick of a rose.

I want to go in the back yard now
And maybe down the alley,
To where the charity children play.
I want a good time today.

They do some wonderful things.
They have some wonderful fun.
My mother sneers, but I say it's fine
How they don't have to go in at quarter to nine.
My mother, she tells me that Johnnie Mae
Will grow up to be a bad woman.
That George'll be taken to Jail soon or late
(On account of last winter he sold our back gate).

But I say it's fine. Honest, I do.
And I'd like to be a bad woman, too,
And wear the brave stockings of night-black lace
And strut down the streets with paint on my face.
　　　　　　　ー「앞뜰에서 부르는 노래」("a song in the front yard") 전문

　　이 작품은 기본적으로 이제 막 성(性)에 눈을 뜨는 사춘기의 여자 아이
라면 누구라도 한 번쯤 경험해봄직한 심리적 충동을 보여준다. 아이는 엄
마로 대변되는 점잖은 사회 규범과 선악이 단순하게 구분되어 있는 기존
질서에 대한 반항 심리 속에서 자신이 경험해보지 못한 해방 공간으로의
일탈을 꿈꾸고 있다. 그러므로 앞뜰은 에고(ego), 뒤뜰은 이드(id), 엄마는
초자아(superego)를 상징하는 것으로 보는 일반적인 프로이트 식 해석이 충
분히 가능하다. 그러나 이 작품이 1940년대 미국사회에서 흑인여성시인이
쓴 시라는 점을 염두에 둔다면 그 특수한 역사적 맥락을 복원해볼 필요가

있다. 즉 앞뜰은 작품 속의 모녀가 좋건 싫건 받아들일 수밖에 없는 미국 중산층 백인남성중심의 이데올로기라고 한다면, 뒤뜰의 세계는 이러한 지배 담론의 한계를 벗어나 흑인여성이 창조할 수도 있는 새로운 가능성의 세계로 볼 수 있는 것이다. 그렇다면 이 작품은 평범한 흑인가정에서 성장한 소녀가 사회에 막 입문하려는 순간 자신의 성적, 인종적 정체성으로 인해 겪게 될 이중적 딜레마를 예고하는 작품으로 보다 구체화될 수 있다.

성인이 되는 문턱에서 사회적 규범이 금지하는 세계를 엿보던 아이가 성장하여 실제로 그 세계를 경험했을 때 일어나는 결과는 발라드 형식의 다음 시에서 간결하게 그려진다.

> 모드가 대학에 갔다.
> 새디는 집에 남았다.
> 새디는 삶을 긁어모았다
> 발 고운 참빗으로 훑듯이.
>
> 그녀는 엉킴 하나 남기지 않았다.
> 그녀의 빗은 머리카락 한 올까지 다 찾아내었다.
> 새디는 이 땅을 통틀어
> 가장 팔팔한 계집애였다.
>
> 새디는 아이를 둘 낳아
> 미혼인 자기 성(姓)을 붙였다.
> 모드와 엄마와 아빠는
> 창피해서 죽을 지경이었다.
> 새디만 빼고 모두들
> 창피해서 죽을 지경이었다.
>
> 새디가 세상에 마지막 작별을 고했을 때

두 딸들도 집에서 뛰쳐나갔다.
(새디는 유산으로
그 발 고운 참빗을 남겼다.)

모드, 대학을 다녔던 그녀는,
지금 여윈 갈색 생쥐.
온종일 홀로 지낸다
이 낡은 이 집에서.

Maud went to college.
Sadie stayed at home.
Sadie scraped life
With a fine-tooth comb.

She didn't leave a tangle in.
Her comb found every strand.
Sadie was one of the livingest chits
In all the land.

Sadie bore two babies
Under her maiden name.
Maud and Ma and Papa
Nearly died of shame.
Every one but Sadie
Nearly died of shame.

When Sadie said her last so-long
Her girls struck out from home.
(Sadie had left as heritage
Her fine-tooth comb.)

Maud, who went to college,

Is a thin brown mouse.

She is living all alone

In this old house.

                               ―「새디와 모드」("Sadie and Maud") 전문

이 작품에서 브룩스는 젊은 여성에게 요구되는 역할 이데올로기를 둘러싼 갈등을 극화하고, 그 효용성에 대한 질문을 유도한다. 모드가 자신에게 요구되는 이상적인 역할에 따라 앞뜰의 삶을 살아온 여성이라면, 새디는 이에 반항하고 거침없이 뒤뜰로 뛰어 들어간 여성일 것이다. 그 결과 모드는 주위에서 바라는 대로 얌전히 대학에 진학했고, 새디는 거친 삶의 굴곡을 경험하게 된다. 자신의 삶이 부여한 가능성을 한껏 맛보았던 새디는 결국 사회 통념상 가족의 수치가 되고 "나쁜 여자"라는 낙인이 찍히게 된다. 그녀가 세상에 남긴 두 딸들 역시 현재 사회와 불화하는 것으로 그려지며 미래 또한 불확실하다. 그러나 소위 앞뜰의 삶에 순응해 온 모드 역시 행복해 보이지 않는다. 그녀는 주변과의 소통도 없이 고립된 삶을 이어가는 생명력 없는 인물로 묘사되기 때문이다. 두 여성이 선택한 삶의 방식이 겉보기에는 대조적이었지만 결국 자신이 속한 공동체 안에서 가능성을 제대로 꽃피우지 못한다는 점에서 그 결과는 마찬가지라고 할 수 있다. 브룩스는 이러한 두 인물을 통해 여성에게 부과되는 사회적 규범이 지닌 효용성과 생산성에 대해 정면으로 이의를 제기한다. 특히 철저하게 소외된 모드를 묘사하는 "갈색"이라는 시어는 이러한 규범이 그녀가 속한 인종 집단에게 한 차원 더 가혹하다는 점을 간결하게 암시한다.

두 번째 시집 『애니 알렌』에서 브룩스는 태어날 때부터 젠더를 그릇되게 형성하고 바람직한 남녀 관계를 왜곡하는 억압적 이데올로기를 본격적으로 분석하기 시작한다. 특히 지배 문화가 이상적으로 내세우는 여성성이

나, 낭만적 사랑과 같은 사회, 문화적 구축물들이 실제로는 여성 스스로를 억압하는 장치로 고착화되는 현상을 탐구하게 된다. 동시에 흑인으로서의 인종성에 대한 자각이 더욱 뚜렷해지면서 점차 흑인여성시인으로서의 독특한 정체성을 형성해 나가게 된다. 1960년에 발표된 『콩 먹는 사람들』(*The Bean Eaters*)에 수록된 「브론즈빌의 엄마는 미시시피에서 방황하고, 미시시피 엄마는 베이컨을 태우네」("A Bronzeville Mother Loiters in Mississippi. Meanwhile, a Mississippi Mother Burns Bacon")는 미국의 고질적인 흑백 문제에 대한 고발을 통해 여성에 대한 억압적 이데올로기의 이면이 적나라하게 폭로되는 복합적 구성을 보여준다.

이 작품은 백인여성을 희롱했다는 죄목으로 백인남성들이 14세 흑인 소년 에멧 틸(Emmett Till)을 무자비하게 살해한 실제 사건을 소재로 삼고 있다. 시카고 출신인 에멧은 미시시피 주의 삼촌 집에 놀러갔다가, 친구들과 함께 젊은 백인 부부 로이 브라이언트(Roy Bryant)와 그의 아내 캐롤린(Carolyn)이 운영하는 가게에 들르게 된다. 당시 현장에 남편은 없었지만, 캐롤린이 나중에 돌아 온 남편에게 "북부 사투리를 쓰는 깜둥이"(a Negro with a Northern brogue)가 부적절한 언동으로 자신을 위협하였다고 말함으로써 비극적 사건이 벌어지게 된다. 후일 에멧의 사촌과 친구들은 그가 가게를 나서면서 단지 "휘파람을 불었을"(wolf-whistled) 뿐이라고 증언했지만, 로이는 그의 이복형제 및 또 다른 한 사람과 함께 에멧을 납치하여 무자비하게 구타하고 결국 총으로 살해했다. 행방불명되었던 에멧의 시신이 3일 후 심하게 훼손된 상태로 강에서 발견되면서 미시시피와 시카고는 물론 미국 전역이 충격에 휩싸이게 된다. 인종차별과 관련된 끔찍한 범죄 행위에 대한 분노로 온 나라가 들끓는 상태에서 재판이 열렸지만, 로이를 비롯한 용의자들은 자신들이 소년을 납치하긴 했지만 곧 풀어주었다고 주장했다. 또한 이어지는 재판 과정에서 남부 백인들을 중심으로 흑인들에 대한 적대감이 새삼 대두되게 된다. 결국 미시시피 법정은 발견된 시신이 에멧의 것인지 확인할 수 없다는 이유로 백인 용의자들을 무죄방면하게 된다.

이 사건이 극명하게 보여주는 흑인 강간범에 대한 남부 사회의 적대감에는 뿌리 깊은 인종차별의식뿐 아니라 은연중에 백인남성우월주의를 공고히 하는 메커니즘이 깔려있다. 즉 백인여성을 보호받아야 할 약자로, 흑인남성은 이러한 백인여성을 위협하는 잠재적 강간범으로 상정한 후, 이러한 흑인들을 처단히는 백인남성의 폭력성을 정당화함으로써 흑인남성에 대한 지배력을 공고히 함은 물론, 백인여성 또한 남성의 보호를 받아야 하는 사회적 약자의 틀 속에 가두어 버리는 것이다. 브룩스는 독특하게도 비극의 발단이 된 백인여성 캐롤린의 시각에서 이 사건을 재구성함으로써 비극적 사건 이면에 내재한 은밀한 메커니즘을 폭로하고, 단순히 백인과 흑인, 가해자와 피해자라는 이분법적 구도를 넘어서는 보다 복합적인 시각을 제공한다. 이를 통해 미국 남부와 북부 간의 대립으로 표상되는 인종 갈등의 문제는 물론, 남녀 간의 보이지 않는 경계를 만들어 온 젠더 이데올로기의 억압성에 대한 고발과 함께 그것의 해체를 시도하고 있다.

작품의 첫 장면은 여자의 남편이 무죄방면 판결을 받은 다음 날 아침 식사시간을 보여준다. 그녀는 가정에서 자신에게 주어진 역할인 아침 식사 준비를 충실히 한다. 이 와중에 여자는 자신이 겪은 일을 학교에서 배웠던 발라드 형식에 따라 재구성해보려고 생각하지만, 정작 그녀가 상상하는 것은 전래동화나 로맨스의 패턴을 따르는 이야기이다. 그 안에서 자신은 "검은 피부의 악당"(Dark Villain)에게 쫓기는 "순백의 처녀"(milk-white maid)로, 남편은 자신을 구하러 온 "멋진 왕자님"(Fine Prince)이 된다. 그런데 자신이 구성하는 이야기 속의 "검은 피부의 악당"에는 뭔지 그녀의 마음을 불편하게 만드는 "무언가"(a something)가 있다. 일반적으로 악당이라면 나이도 좀 더 들고 몸집도 건장해야 어울릴 텐데 자신을 위협하던 악당은 도대체 이러한 전형적인 악당의 모습과 일치하지 않는 것이다. 그 악당이란 아직 어린 아이의 모습이 채 가시지도 않은 14세의 흑인 소년이기 때문이다. 동시에 "검은 악당"을 공격한 남편과 "덩치"(Big Fella)는 건장한 체격의 "어른"(grown-ups)이라는 점에 생각이 미치면서 "멋진 왕자님"에 대한 그림은 "우스꽝스러워"(ridiculous)진다. 이러한 사실에 생각이 미치자 그녀의 머릿속은 혼란스러워지며, 지금까지 자신이 구축해온 이야기의 구성이 와해되어버리는 경험을 하게 된다.

> 너무나 많은 일들이 일어났고, 그녀는 이제 그 적이 자신에게 무슨 일을 했는지,
> 혹은 무슨 일이 일어났는지조차도 제대로 기억할 수가 없었다.
> 단 한 가지 이 세상에서 그녀가 끔찍할 정도로 명료하게 깨닫고
> 알게 된 사실은 그녀가 만든 작품의 구성이
> 와해되어버렸다는 것이었다. 비록 그 패턴은 여전히 세상을 지배하지만
> 사방에 파열이 있다는 사실. 그리고 터진 틈을 꿰매기 위해
> 필요한 실을 생각해낼 수 없다는
> 사실을.

> So much had happened, she could not remember now what that foe had done
> Against her, or if anything had been done.
> The one thing in the world that she did know and knew
> With terrifying clarity was that her composition
> Had disintegrated. That, although the pattern prevailed,
> The breaks were everywhere. That she could think
> Of no thread capable of the necessary
> Sew-work.
> ―「브론즈빌의 엄마는 미시시피에서 방황하고, 미시시피 엄마는 베이컨을 태우네」("A Bronzeville Mother Loiters in Mississippi. Meanwhile, a Mississippi Mother Burns Bacon") 부분

이러한 정신적 혼란 속에서도 그녀는 부지런히 아침상을 마련하고 남편이 오기 전에 립스틱을 바른다. 왜냐하면 때로 그녀는 남편이 자신을 바라보면서 "저 여자가 그럴만한 가치가 있었을까"(Had she been worth it)라고 생각하는 것처럼 느꼈기 때문이다. 남편이 자신이 감행한 행동에 대해 회의를 갖지 않고 정당성을 부여할 만큼 오늘 아침에는 그 어느 날보다도 "아름다운 아내"여야 할 필요를 느낀다는 것은 그녀가 전적으로 남성중심적인 문화 속에서 자신에게 주어진 역할에 충실해야 한다는 강박증을 지니고 있음을 반증한다.

아침 식탁에 앉은 "멋진 왕자님"은 자신의 "손"(hands)을 흘깃 바라보면서 스스로의 힘에 대해 내심 만족을 느낀다. 그는 신문의 헤드라인을 장식한 "잔인함"(bestiality), "야만성"(barbarism), "충격적"(Shocking) 등의 사건 관련 구절들을 비웃으며, "그 어떤 것도 미시시피를 멈추게 할 수 없다"(Nothing could stop Mississippi)고 호언한다. 심지어 "그 침입자들에게 뭔가 따끔한 맛을 보여주는 것이 재밌었다"(It had been a fun to show the intruders/ A thing or two)는 말을 스스럼없이 내뱉는다. 자신을 남부 문화의 수호자로 자처하는 모습에는 흑인에 대한 인종차별주의적 편견과 함께, 이를 빌미로 자신의 폭력성을 표출함으로써 지배적 우월감을 유지하려는 왜곡된 심리가 드러난다. 이러한 폭력성은 심지어 자신의 아이들과의 관계에서도 예외가 아니어서, 식탁에서 장난을 치다 잼 그릇을 던진 아이가 곧바로 그의 "손"에 의해 벌을 받게 된다.

> 손이
> 내려왔다가 올라간 후, 그녀는 자신의 아이를 볼 수 있었다,
> 그녀의 작은 아이를,
> 피 생각밖에 떠오르지 않았다.

자기 아이의 뺨은 분명

사라져버렸고, 그 자리에, 선명하고도,

무겁게 걸려 있었다, 점점 길어지는 붉은 색, 끝도 없는 붉은 색이.

When the Hand

Came down and away, and she could look at her child,

At her baby-child,

She could think only of blood.

Surely her baby's cheek

Had disappeared, and in its place, surely,

Hung a heaviness, a lengthening red, a red that had no end.

She shook her head. It was not true, of course.

―「브론즈빌의 엄마는 미시시피에서 방황하고, 미시시피 엄마는 베이컨을 태우네」 부분

아이에 대한 남편의 폭력 앞에서 무력할 수밖에 없었던 여자의 머릿속에서 날카롭고도 측은하게 울어대는 자신의 아이는 남편의 손에 무참히 살해된 "검은 피부의 악당" 즉 흑인 소년 에멧과 중첩된다. "멋진 왕자님"의 실상을 분명히 깨닫는 순간 그녀가 난생 처음 경험하는 것은 자신을 옴짝달싹 못하게 옭아매는 "공포"(fear)이며, 이러한 공포는 자신의 어깨에서 남편의 손길을 느끼는 순간 온 세상을 "붉은" 색깔로 가득 채우게 된다.

문득 그녀는 남편의 손길을 느꼈다. 그가 그녀를 따라

창가로 온 것이다. 아이들은 아직도 훌쩍거리고 있었다.

어린 것들이. 그런데도 그 아이들의 엄마인 자신은

그들을 보호할 수 없었다. 그녀는 아직도 그의 손아귀에

사로잡힌 자신의 어깨를 내려다보았다. 지워버리려고 애썼지만, 도저히

  지워버릴 수가 없었다,

붉은 즙이 스며 나와 검고, 진하게 천천히 퍼지고 있는 모습을

그녀의 하얀 어깨 위에서, 그녀 자신의 어깨 위에서,

그리고 온 세상과 우주 위로.

Suddenly she felt his hands upon her. He had followed her
To the window. The children were whimpering now.
Such bits of tots. And she, their mother,
Could not protect them. She looked at her shoulders, still
Gripped in the claim of his hands. She tried, but could not resist the idea
That a red ooze was seeping, spreading darkly, thickly, slowly,
Over her white shoulders, her own shoulders,
And over all of Earth and Mars.
　　　－「브론즈빌의 엄마는 미시시피에서 방황하고, 미시시피 엄마는 베이컨을 태우네」 부분

　　그녀의 남편은 자신이 악당으로부터 구한 "순백의 아가씨"에게 사랑을
속삭이며 키스를 하려고 하지만 그녀는 더 이상 멋진 왕자님의 "말발굽 소
리를 듣지도 못하며, 빛나는 검의 반짝임을 보지도 못했다"(heard no
hoof-beat of the horse and saw no flash of the shining steel). 오히려 남편의
"축축하고 붉은 입술"(His mouth, wet and red)은 어수선한 법정에서 진동
하던 코카콜라와 맥주 냄새와 어우러지면서 역겨움을 느끼게 할 뿐이다.
자신의 가정과 부부관계가 남편의 폭력적 헤게모니에 의해 억압적으로 유
지되어왔다는 점을 분명하게 깨닫는 순간 그녀는 "다른 여자의 눈에 떠오
른 목이 잘린 감탄 부호"(Decapitated exclamation points in that Other
Woman's eyes)를 본다. 남편의 실체에 대한 깨달음은 공포심과 역겨움, 증
오심으로 점차 변해가다가 결국에는 자신 때문에 희생된 흑인 소년의 엄마
에 대한 공감대로 승화된다.

　　그녀는 소리 지르지 않았다.
　　그녀는 거기에 서 있었다.

그러나 그에 대한 분노가 장엄한 꽃으로 피어났고,
그 향기가 그들을 휘감았다ー큰,
모든 목련꽃을 다 합친 것 보다 더 큰.

She did not scream.
She stood there.
But a hatred for him burst into glorious flower,
And its perfume enclasped them ― big,
Bigger than all magnolias.
　　　　― 「브론즈빌의 엄마는 미시시피에서 방황하고, 미시시피 엄마는 베이컨을 태우네」 부분

　여기서 목련 꽃은 미시시피 주의 국화로서 낭만적으로 포장된 남부의 신화를 상징한다. 그녀의 분노가 이보다 더 크게 피어났다는 것은 전통적인 남부 신화가 부과해 온 인종적, 성적 역할에 대해 주체적으로 사고할 수 있는 각성의 눈이 뜨였다는 점을 의미한다. 인종차별이 초래한 비극적 사건에서 가해자의 입장에 놓였던 백인여성이 사실은 본인 자신도 백인남성 우월주의와 그것을 공고히 하기 위한 부당한 폭력성을 묵인하는 남부 이데올로기에 이용당하는 또 다른 피해자였음을 자각하게 된 것이다. 이와 함께 자신을 교육해온 사회의 지배적인 담론과 신화가 지닌 인위성과 허구성을 분명하게 인식하게 된다.

　처음에 여자는 발라드라는 장르를 제대로 이해하지 못한 채 해피엔딩으로 종결되는 동화나 로맨스와 혼동하고 있는 것으로 그려진다. 뿐만 아니라 자신으로 인해 야기된 사태의 본질과 남편의 실상 또한 제대로 파악하지 못한 상태이다. 그러나 작품이 진행되면서 여자는 남편의 편협함과 폭력성에 대해 충격적인 각성을 하게 된다. 이는 무시무시한 클라이맥스로 사건이 급작스럽게 전이되면서 예기치 못한 놀라움과 충격을 안겨주는 전통적인 발라드 장르의 전개방식과 일치한다. 결국 작품은 여자의 내면적

각성을 통해 발라드라는 문학 장르에 대한 혼동을 스스로 수정해 보이는 흥미로운 결과를 보여준다. 이는 전통적인 백인의 문학 장르를 현대 미국 남부 사회의 신화를 폭로하는데 효과적으로 활용한 시인 브룩스의 매우 영리한 설정으로 보인다.

이 시와 짝을 이루는 짤막한 다음 시에서는 미시시피 엄마와 대비되는 '다른 여자'인 브론즈빌의 엄마를 보여준다.

> 에멧의 엄마는 예쁘장하게 생겼다,
> > 길게 늘인 사탕과자 색깔
> 그녀는 붉은 방에 앉아있다,
> > 검은색 커피를 마시면서
> 그녀는 살해된 아들에게 키스한다.
> > 그리고 미안하다.
> 바람 부는 황혼녘의 혼돈
> > 붉은 대초원으로 번진다.

> Emmett's mother is a pretty-faced thing;
> > the tint of pulled taffy
> She sits in a red room,
> > drinking black coffee.
> She kisses her killed boy.
> > And she is sorry.
> Chaos in windy grays
> > through a red prairie.
> ― 「에멧 틸 발라드의 마지막 4행시」("The Last Quatrain of the Ballad of Emmett Till")
> 전문

미시시피 엄마의 혼란스러운 의식이 장황한 내러티브 형식을 통해 표현된 것과는 대조적으로, 이 시는 파운드(Ezra Pound)의 이미지즘 시를 연상시키는 극도의 간결함을 보여준다. 시는 차마 말로 표현할 수 없는 브론즈빌 엄마의 비극적 슬픔을 최소한의 절제된 언어를 통해 전달함으로써 오히려 더 깊은 공감대를 이끌어낸다. 이는 '덜 말함으로써 더 많은 것을 말하는' 브룩스 특유의 압축의 미학이 돋보이는 방식이다. 시카고가 '바람의 도시'(Windy City)라고 불리며, 일리노이 주의 예명이 '대초원 주'(the Prairie State)라는 것을 상기해볼 때 마지막 행은 "붉은 색"(red)이 함축하는 충격적인 사건의 후폭풍이 시카고와 일리노이 주는 물론 미국 전역으로 걷잡을 수 없이 파급될 것이라는 점을 암시한다. 강한 여운을 남기는 압축적 표현은 이러한 시의 메시지를 더욱 효과적으로 전달한다. 실제로 에멧 틸 사건은 언론은 물론 여러 작가들에게 여전히 미국의 고질적인 병폐로 남아 있는 흑백 갈등과 보이지 않는 사회적 억압에 대해 다시 한 번 성찰하게 만드는 계기가 되었을 뿐 아니라, 60년대에 정점에 달한 흑인인권운동의 강력한 촉매제 역할을 하였다. 브룩스 역시 1960년대 이후에는 흑인으로서의 자신의 인종성에 대해 보다 적극적으로 자각하게 되면서, 이전보다 사회적 항의의 목소리가 분명하게 부각되는 정치적인 색채의 작품들을 쓰게 된다.

■ 참고문헌

Brooks, Gwendolyn. *Selected Poems*. New York: Harper & Row Publishers, 1963.

Melhem, D. H. *Gwendolyn Brooks: Poetry & The Heroic Voice*. Lexington, Kentucky: UP of Kentucky, 1987.

Mootry, Maria K., and Gary Smith, eds. *A Life Distilled: Gwendolyn Brooks, Her Poetry and Fiction*. Chicago: U of Illinois P, 1987.

드니스 레버토프^{Denise Levertov, 1923-1997}
분열된 두 세계에서 축복받은 고독의 세계로

드니스 레버토프 Denise Levertov, 1923-1997
분열된 두 세계에서 축복받은 고독의 세계로

| 박연성

드니스 레버토프는 다작의 시인이었다. 1946년에 『이중의 이미지』(*Double Image*)로 문단에 데뷔하여 1997년 『시냇물과 사파이어 종교적인 주제에 대한 시선』을 출판하기까지 50년 동안 30여 권의 시집을 출판하였다. 홍안의 시인 지망생에서 주목받는 시인으로 생애를 마감하기까지 뛰어난 감성과 지성으로 들숨으로 "삶"을 들이쉬어 날숨으로 "시"를 뱉어내었다고 할 수 있다. 1923년 영국 에섹스의 일포드에서 태어난 레버토프는 공식적으로 학교에 다녀본 경험 없이 가정에서 독서와 가정교사를 통해 교육을 받았지만, 후에 미국으로 이주한 다음에 스탠포드 대학을 비롯한 여러 대학에서 가르친 특이한 이력을 가지고 있다.

드니스 레버토프의 시에서 여성이란 테마는 지금과 현재의(here and now) 일상적 삶에 대한 찬미, 유기체 시학(organic poetics), 베트남전에서 비롯된 사회참여주의, 가톨릭으로 개종에서 비롯된 기독교적인 주제 등과 함께 가장 대표적인 이슈라 할 수 있다. 레버토프가 시인으로 주목받기 시작했던 50년대는 미국에서 여권운동이 일어나기 전으로, 21세기에 비해 여성의 사회활동이 지금처럼 활발하지 않았을 때였다. 따라서 레버토프의 초기 시에는 결혼을 하고 한 아들을 키우는 어머니로서 갖게 되는 전통적인 역할과 독립과 자유를 갈구하는 예술가로서의 역할 사이에서의 갈등과 긴장이 늘 그림자처럼 따라다닌다. 그렇지만 1974년 미국 소설가였던 미첼 굿맨(Mitchell Goodman)과의 27년에 걸친 결혼 생활을 정리한 다음에 쓴 시집 『숲 속의 생활』(Life in the Forest)에 이르러서는 이러한 분리감이나 죄책감이 사라지고, 고독한 가운데서도 독립적이고 자유롭게 살아가는 예술가의 행복한 삶의 모습을 보여주기에 이른다. 시빌 에스티스(Sybil Estess)와의 인터뷰에서 레버토프는 이혼 후 자신의 심경을 다음과 같이 밝히고 있다.

> 나는 지금 내가 아주 자유롭게 혼자 살아야만 하는 인생의 단계에 접어들었다는 사실을 잘 알고 있다. 이제 내가 내리는 모든 결정은 나 자신의 결정이다. 누구를 만날 지, 누구를 사랑할 지, 누구와 시간을 보낼 지, 몇 시에 일어날 지, 몇 시에 먹을 지 그 모든 것을 결정하는 사람은 바로 나다.

레버토프의 이혼은 남편이 싫어서 혹은 결혼 생활이 실패해서가 아니라, 인생이 어느 단계에서 혼자 살아보고 싶은 필요성에서 이루어진 것임을 짐작할 수 있게 해준다. 예술가에게는 혼자만의 공간과 시간, 배우자의 허락 없이 자신의 결정만으로 이루어지는 이동과 만남의 자유가 산소처럼 창작과 집필에 필요한 요소이기 때문일 것이다.

전통적인 여성과 예술가가 비교되고 있는 첫 시는 「땅의 여인과 물의 여인」("The Earthwoman and the Waterwoman")이다. 땅의 여인과 물의 여인은 레버토프의 마음속에 장기간에 걸쳐 내재하는 코드라고 할 수 있다. 땅의 여인이 오븐 옆에서 좋은 곡물로 만든 케익을 구울 적에, 물의 여인은 창백한 아이들과 함께 슬픈 목소리로 노래를 부른다. 한편 땅의 여인이 그녀의 따뜻한 오두막에서 편히 잠 잘 적에, 물의 여인은 안개 낀 불 켜진 도시로 잠자리 옷과 푸른 신을 신고 춤을 추러 간다. 폽(Deborah Pope)이 말한 바, 흙의 여인은 전통적인 사회에서 인정하고 칭찬받는 삶을 살지만, 수동적이고 이동의 자유가 제약을 받는 새장 안의 삶이라 할 수 있다. 그러나 물의 여인은 위태롭지만, 독립적이고, 이동가능하며 활력이 넘친다.

이 글에서 「땅의 여인과 물의 여인」의 속편 격이라고 할 수 있는 「마음속에」("In Mind")와 자신의 꿈을 죽이고 살아가는 여성의 삶을 비판하는 「위선적인 여인」("The Hypocrite Woman"), 그리고 독립적인 삶을 구가하는 모습을 노래한 「여자 혼자서」("A Woman Alone") 등 세 편의 시를 중심으로 여성이란 주제를 들여다보고자 한다. 『오, 맛을 보고, 쳐다보아라』(O Taste and See)에 수록된 시 「마음속에」는 땅의 여인과 물의 여인이 공존하는 시인의 내부를 보여주고 있다.

내 마음 속에 순진한 여인이 있네
꾸미지 않았지만

아리따운, 사과와 풀
향기가 나네. 그녀는

유토피아인의 겉옷 혹은 슈미즈를 입고
머리카락은 연갈색이며 부드럽다네

그녀는 젠체함이 없고 친절하며

깔끔하다네 —
　　　　　　그렇지만 그녀에게는
상상력이 없네
　　　　　한편 내 마음 속엔
요동치는 달의 지배를 받는 소녀

혹은 늙은 여인, 혹은 둘이 있네
오팔과 넝마를 입은

깃털과 찢어진 태피터를 입고
이상한 노래를 알지만 —

친절하지 않다네

There's in my mind a woman
of innocence, unadorned but

fair-featured and smelling of
apples or grass. She wears

a utopian smock or shift, her hair
is light brown and smooth, and she

is kind and very clean without
ostentation —
　　　　　but she has
no imagination
　　　　　And there's a
turbulent moon-ridden girl

or old woman, or both,

dressed in opals and rags, feathers

and torn taffeta,
who knows strange songs —

but she is not kind.
— 「마음속에」("In Mind") 전문

　　앞의 「땅의 여인과 물의 여인」에서 땅의 속성과 물의 속성에 빗대어 가정적인 여인과 예술가적 여인 사이의 대조가 이루어졌다면, 이 시에서는 복장을 통해 사회가 요구하는 빅토리아조의 요조숙녀, 혹은 조선시대의 현모양처형의 여성과 자유분방하고 길들여지지 않은 예술가를 지향하는 여성이 대조를 이루고 있다. 전자의 여성이 유토피아인식 겉옷을 입었다면 후자의 여성은 오팔, 넝마와 찢어진 태피터(얇고 광택이 나는 평직 견직물)를 입었다. 유토피아인식 겉옷이란 토마스 모어의 『유토피아』에서 여인들이 입는 심플한 디자인의 겉옷이며, 이 복장은 생각이 단순하고 지시에 순응하는 여인을 대변한다. 반면 마음속에 있는 또 다른 여성이 걸치는 오팔은 다채롭고 영롱한 상상력을 대변하고, 넝마는 길들여지지 않은 야성을 대변한다. 오팔처럼 매혹적이면서도 넝마처럼 물리치고 싶은 이중성을 함의한다. 그리하여 후자의 여성은 끼가 있고 독립적이며 자유를 추구하는 여성이라고 할 수 있다. 두 유형의 여성을 표를 만들어 비교하면 다음과 같다.

	순진한 여인	소녀 혹은 늙은 여인
냄새	사과, 풀 향기	향기롭지 않음
복장	유토피아인식 겉옷, 슈미즈	오팔, 넝마, 찢어진 태피터
기질	친절함	친절하지 않음
재능	상상력이 없음	상상력이 풍부
직업	생활인, 주부	시인, 예술가

같은 시집 『오, 맛을 보고, 쳐다보아라』에 수록된 「위선적인 여인」은 물의 연인의 속성을 억압하고 땅의 여인의 역할에만 충실한 모습으로 살아가는 여성의 모습을 비판적인 시각으로 바라본다.

위선적인 여인이여, 얼마나 우리는
우리들의 의심을 숨긴 채로, 애매하게
자신들의 의심에 빠진 남자들을 떠받드는가!

가령 밀 벨리에서 서쪽의 공기를 따라 떠도는
감미로운 비가 나무속에 홰를 틀 적에
한 시인, 땀 흘리는 흰 황소가 우리에게 말한다.

우리의 성기가 추하다― 왜 우리는
우리도 그 생각에 동의한다는 말을 못하는 거지?
(뭐가 창피할까? 성기가 보라고 있는 것은 아니잖은가!)

아니지, 그것은 어둡고, 주름지고, 털투성이
달의 동굴...　　또한
어두운 허밍 소리 우리를 채울 적에

생을 향한 차가움,
우리들은 여성답지 못한 말을
하기에는 너무나 여성적이다.

저승사자와 더불어 창녀처럼
우리는 놀아주고 간청한다. 그리고 후에 거기에 대해
거론하지 않는다.　　또한 우리의 꿈을

경솔하게도 자라난 발톱처럼
깎으며 머리카락의 갈라진 끝처럼

잘라낸다.

Hypocrite women, how seldom we speak
of our own doubts, while dubiously
we mother man in his doubt!

And if at Mill Valley perched in the trees
the sweet rain drifting through western air
a white sweating bull of a poet told us

our cunts are ugly — why didn't we
admit we have thought so too? (And
what shame? They are not for the eye!)

No, they are dark and wrinkled and hairy,
caves of the Moon ...   And when a
dark humming fills us, a

coldness towards life,
we are too much women to
own to such unwomanliness.

Whorishly with the psychopomp
we play and plead — and say
nothing of this later.   And our dreams,

with what frivolity we have pared them
like toenails, clipped them like ends of
split hair.

      — 「위선적인 여인」 ("The Hypocrite Woman") 전문

여인들은 마음속에 깃든 자신의 의심에 대해서는 속 시원하게 털어내지 못하면서, 남자들의 생각은 떠받든다(1연). 2연은 밀 밸리라는 장소에서 시인이 애인과 가졌던 정사에 대한 묘사로 생각된다. 여기서 땀 흘리는 하얀 황소는 시인의 섹스 파트너를 은유적으로 표현하는 것이다. 흰색은 백인을, 황소는 남성을 함의하는 말이다. 그 파트너는 성교 후, "여성의 성기"의 추함에 대해서 한 마디 한 것이다. 이에 대해 시인은 왜 선뜻 그 비판에 동의하지 못 했는지 따져본다. 동의해시 칭피할 것도 없는 상황인데도 불구하고 입을 다문 것이다("무엇이 창피할까? 성기가 보라고 있는 것은 아니잖은가!"). 4연에서 시인은 여성을 수동성의 표상인 달과 연계시키고(달은 스스로 빛나지 않는다. 태양의 빛을 반사시킬 뿐), 여성적인 것은 성에 관한 솔직한 느낌에 대하여 침묵하는 것임을 암시한다("생을 향한 차가움, / 우리가 그러한 여성답지 못한 말을 / 하기에는 너무나 여성적이다").

6연에서 묘사되는 여성이란 속의 마음은 꼭꼭 숨겨둔 채 창녀처럼 남성과 놀아주거나 간청하는 두 얼굴을 가진 존재이다. 마지막 연에서 시인은 여성들의 꿈에 대한 태도를 수사적으로 표현하고 있다. 여성들은 마치 자라난 발톱이나 갈라진 머리카락 끝처럼 꿈을 잘라 버린다는 것이다. 「위선적인 여인」은 시인 자신에 대한 자서전적인 글이라기보다는 당대 결혼한 여성들이 일반적으로 살아가는 모습을 보여주는 시로 생각된다. 그러기에 "나"라는 단어가 아니라, "우리" 라는 단어를 채택한 것이다. 자신의 꿈을 홀대하고 오로지 남성의 필요를 채워주는 종속된 삶을 영위하는 모습을 비판적인 시각으로 바라보는 것이다.

1978년의 시집 『숲속의 생활』에 수록된 시 「여자 혼자서」("A Woman Alone")는 이혼 후에 혼자 사는 시인이 느끼는 자유와 희열에 관한 시이면서, 자신이 선택한 삶의 스타일에 대한 긍정을 표현하는 시이기도 하다.

그녀가 알 수 없을 때,
이러한 혹은 저러한 열락을 느끼게 해 주었던 이가
두 연인 중 누구였는지.
뭔가 불길 같은 것이 머리끝에서 발끝까지
찌릿했던 순간. 낭떠러지 오르막길을
기아를 변속하면서 가던 차가 커브를 돌 적에
건너편 흰 폭포수의 화염이
산 아래로 쏴아 떨어지는 것을 볼 때와 같은……
영화를 보고 난 후 여러 시간씩 벗들과 둘러앉아서
웃음을 터뜨리면서 애기할 적에
늦은 시간, 자정의 디너를
걱정하지 않으면서, 시간이 흐르는 것을
괘념치 않으면서 지낼 때…
침대의 절반이 책으로 덮이고
책 읽는 불빛에 아무도 잠 깨이지 않을 때
전화를 끊고, 정오까지 잘 때…
그 때
자기 연민은 마르고,
죄책감에 물들지 않은 기쁨이
그녀를 들어올린다. 두려움 있으나,
고독에 대한 것은 아니다.
몸이 노쇠하는 것에 대한 것이나—
사진과 거울을 다루는 것에 관한 두려움일 뿐.
그녀는 보이는 모습보다도
훨씬 젊고, 훨씬 아름답다고 느낀다. 가장 행복한 순간,
—혹은 좀 덜 기쁜 순간일지라도
예컨대 도시의 열기를 참으며
땀 흘리며 갈 때,
동틀 적의 회색, 색조 없는, 피로감에 절은
참새 소리를 들을 때—

일종의, 정신이 멀쩡한 열락 속에서 그녀는 믿는다
미래에 늙은 여인으로서,
솔기 주름지듯 주름진 갈색 방랑자로서,
중년의 작은 사치 모두 다 지나고,
도시와 강, 사람과 산을 바라보리라.
주시 당하지 않고, 음울하거나 슬프지 않고,
나이 먹은 포도주 마시는 여인
풀이 자란 옛 도로를 아는 여인, 홀로 웃으리 . . .
『물의 아이』의
<대접받고싶은대로대접하라>부인은 아니리,
아무도 그 세계를 더 이상 걷지 못하리니
연기와 소음 데시벨의 세계.
그러나 그녀는, 아마도,
어떤 식으로든지, 강인하고 현명하게
되리라. 이제 최소한
애도의 시기는 지나갔으니,
이제는 창피함이나 기만 없이 말하리,
오 축복받은 고독이여.

When she cannot be sure
which of two lovers it was with whom she felt
this or that moment of pleasure, of something fiery
streaking from head to heels, the way the white
flame of a cascade streaks a mountainside
seen from a car across a valley, the car
changing gear, skirting a precipice,
climbing . . .
When she can sit or walk for hours after a movie
talking earnestly and with bursts of laughter
with friends, without worrying

that it's late, dinner at midnight, her time
spent without counting the change . . .
When half her bed is covered with books
and no one is kept awake by the reading light
and she disconnects the phone, to sleep till noon . . .
Then
self-pity dries up, a joy
untainted by guilt lifts her.
She has fears, but not about loneliness;
fears about how to deal with the aging
of her body — how to deal
with photographs and the mirror. She feels
so much younger and more beautiful
than the looks. At her happiest
— or even in the midst of
some less than joyful hour, sweating
patiently through a heat wave in the city
or hearing the sparrows at daybreak, dully gray,
toneless, the sound of fatigue —
a kind of sober euphoria makes her believe
in her future as an old woman, a wanderer
seamed and brown,
little luxuries of the middle of life all gone,
watching cities and rivers, people and mountains,
without being watched; not grim nor sad,
an old wine drinking woman, who knows
the old roads, grass-grown, and laughs to herself . . .
She knows it can't be:
that's Mrs. Doasyouwouldbedoneby from *The Water Babies*,
no one can walk the world any more,

a world of fumes and decibels.

But she thinks maybe

she could get to be tough and wise, some way,

anyway. Now at least

she is past the time of mourning,

now she can say without shame or deceit,

O blessed Solitude.

—「여자 혼자서」("A Woman Alone") 전문

이 시는 혼자 살아가면서 느끼는 세 가지 에피소드를 들려주면서 시작하고 있다. 첫째는 과거의 연인과의 즐거웠던 순간들(1행~8행), 둘째는 자정까지 계속되는 벗들과의 수다(9행~13행), 셋째는 야행성 라이프 스타일과 수면 시간의 자유(14행~16행)가 그것이다. 두 연인 중 누군지 정확히 알 수는 없지만, 그 연인과의 만남에서 "뭔가 불길 같은 것이 머리에서 발끝까지 / 찌릿했던 순간"이 있었다는 것, 벗들과 영화를 보고 귀가 시간에 대한 염려 없이 자정까지 수다를 맘껏 떨 수 있다는 것, 그리고 침대가 책으로 뒤덮여도 잔소리하는 사람이 없고, 밤늦게 책을 보아도 눈치 뵈는 사람이 없고, 필요에 따라서는 전화를 끊고 정오까지 자도 된다는 것. 이러한 생활 방식은 혼자 살면서 누리는 자유를 보여주기 위해서 선택한 일례들이라 할 수 있다. 1970년대 미국의 결혼한 여성으로는 아마도 누리기 힘든 자유였을 것이다.

21행에서 25행에서 그러한 순간의 삶의 방식에 대해 해석하고 있다. "자기 연민은 마르고, / 죄책감에 물들지 않은 기쁨이 / 그녀를 들어올린다. 두려움 있으나 / 고독에 대한 것은 아니다." 여기에서 "죄책감"이란 말에 주목할 필요가 있다. 앞의 시, 「위선적인 여인」에서 여성은 자신의 감정은 억누르고 남성을 위한 존재로서 살아갔다. 빅토리아 조의 가정 속에 갇힌 천사가 어찌 밤늦게 집 밖을 돌아다니고, 정오에 일어나는 자유를 구가할 수 있겠는가. 그러한 자유를 누리는 여성은 가부장적인 사회로부터 비난받게 되고 그 결과 죄책감을 갖게 되는 것이다. 이 부분에서 보여주는 시인의 입장은 더 이상 그러한 규제에서 비롯되는 죄책감에 젖은 모습이 아니다. 늙어가는 몸에 대한 두려움은 있지만, 고독에 대한 두려움은 아니고, 그녀는 훨씬 젊고, 아름답다고 느낀다.

25행 후반부에서 30행까지는 가장 행복한 때나 혹은 조금 덜 행복한 때나(도시의 열기 속에서 땀 흘리고 걸을 때 그리고 아침에 동이 틀 적에 참새소리 들을 때) "일종의, 정신이 멀쩡한 열락"(a kind of sober euphoria)이 있다고 하는 것이다. 그러한 열락 속에서 그려보는 자신의 노년의 모습은 "솔기 주름지듯 주름진 갈색 방랑자"이고, "주시당하지 않고," "음울하거나 슬프지 않고," "나이 먹은 포도주 마시는 여인"이며, "풀이 자란 옛 도로를 아는 여인"이고, "홀로 웃는 여인"이다(32행에서 38행). 여기서 레버토프는 앞으로 올 미래의 자신의 모습—노인이기에 피부는 갈색으로 주름살이 많고, 젊은 시절의 미모가 사라졌기에 주시당하지 않으며, 그럼에도 불구하고 우울하지 않고, 홀로 웃어낼 수 있는—을 그리면서 노년의 고요한 평화와 당당한 자유를 예측하고 있다. 미래에 그녀는 "강인하고 현명하게" 되리라고 믿으며, 그리하여 종국에는 외칠 수 있는 것이다. "창피함이나 기만 없이 말하리 / 오, 축복받은 고독이여!"라고(44행~48행). 이렇게 시의 종결부에서 레버토프는 여자 혼자서 살아가는 삶을 죄책감이나 두려움 없이 경축하고 있다. 이전의 「땅의 여인과 물의 여인」에서의 분열된 모습은 자취를 감추고, 더욱 온전하고, 자기 스스로에 대한 확신을 지니고, 더 현명하고 독립적으로 되어갔다. 「위선적인 여인」에서 시인은 자기변명이나 후회나 변장을 할 필요가 없이, 강하고 지혜롭고 혼자 웃을 수 있는 여유를 지닌 여인으로 홀로서기에 성공한다.

앞의 세 편 시를 통해 보았거니와 레버토프의 여성 시는 크게 보아 "분열된 두 세계"가 "축복받은 고독의 세계"로 나아가는 과정이라 할 수 있겠다. 레버토프가 베트남 반전시를 쓸 적에 그녀의 시세계의 방향전환에 분개한 로버트 던컨(Robert Duncan)은 그녀를 인도의 여신 <칼리>에 비유한 적이 있었다. 비난을 가하기 위해서 들먹인 비유이지만, 레버토프의 여성 속에는 인도의 두 여신의 모습이 보인다고 생각된다. 파괴의 여신 칼리의 날카로운 비판력과 인도의 여신 사라스와티의 타고난 문재(文才)가 그것이다. 레버토프는 자신의 후반의 삶을 문학에 헌신하기 위해서 하나만의 선택을 했고, 그 선택은 훌륭한 작품으로 열매를 맺었다고 할 수 있다.

■ 참고문헌

Gelpi, Albert, ed. *Denise Levertov: Selected Criticism*. Ann Arbor: The U of Michigan P, 1993.

Gish, Nancy K. "Denise Levertov." *American Poetry*. Ed. Clive Bloom. London: Macmillan, 1995. 253-70.

Levertov, Denise. *Collected Earlier Poems, 1940-1960*. New York: New Directions, 1979.

_____. *Life in the Forest*. New York: New Directions, 1978.

_____. *Oh, Taste and See!* New York: New Directions, 1964.

Levertov interviewed by Sibil Estess. Retrieved from online at http://www.english.illinois.edu/maps/poets/g_l/levertov/estess.htm

Park, Yeon-seong. "Metaphors of Color in the Poems of Denise Levertov." 『현대영미시연구』 10.1 (2004): 185-202.

Pope, Deborah. "Homespun and Crazy Feathers: The Split-Self in the Poems of Denise Levertov." *Critical Essays on Denise Levertov*. Ed. Linda Wagner-Martin. Boston: Hall, 1991. 73-97.

앤 섹스턴Anne Sexton, 1928-1974
지극히 개인적인 고백에서 발견되는 보편성

| 염주경

앤 섹스턴(Anne Gray Harvey)은 성공한 양모업자인 아버지 랄프 하비(Ralph Harvey)와 어머니 메리 그레이 스테이플스(Mary Gray Staples)의 막내딸로 매사추세츠 뉴튼에서 태어났다. 그녀는 편안한 중산층 가정에서 물질적으로는 풍요롭게 자라났지만, 정서적으로는 유복하지 못했던 것으로 알려져 있다. 그녀의 아버지는 한 때 알코올중독자였고, 매우 가부장적인 인물이었다. 섹스턴은 부모가 자신에게 적대적이라고 생각하며 자라났다. 섹스턴은 제 역할을 못하는 가족으로부터의 피난처를 그녀의 청소년기 동안 함께 살았던 시집 안 간 이모할머니 나나(Anna Dingley)와의 관계에서 찾았다. 섹스턴은 기숙학교인 로저스 홀(Rogers Hall)에 다니던 중 카요(Kayo)로 알려

진 알프레드 뮬러 섹스턴(Alfred Muller Sexton)과 1948년 결혼하였다.

그녀는 삶의 대부분을 심각한 정신질환 때문에 고통 받았는데, 1954년 사랑하는 나나의 죽음과 둘째 딸 조이스(Joyce Sexton)의 출산 후 우울증이 심해져 정신과 치료를 받아야 했다. 1955년 그녀는 정신과 치료의인 마틴 온(Martin Orne) 박사를 만났으며, 이는 그녀의 삶에 큰 사건이 되어 주었다. 우울증 치료 차원에서 그는 섹스턴에게 글쓰기를 권유하였고, 이러한 이유로 참석했던 첫 시 워샵에서 그녀는 플라스(Sylvia Plath), 로웰(Robert Lowell)과 조우하였다. 그녀의 시인으로서의 커리어는 멘토인 스노드그라스(W. D. Snodgrass)에 의해 장려되었는데, 그녀는 안티옥(Antioch) 작가협회에서 1957년 그와 만났다. 그녀의 시 「이중 이미지」("The Double Image")는 그의 영향을 받아 쓰인 시이다. 섹스턴의 우울증은 1959년 석 달 상간으로 부모를 여읜 뒤, 정신질환 재발병과 자살시도, 병원행으로 이어졌다. 남편과의 불협화음으로 인한 이혼 또한 뒤따랐다. 힘들었던 부모와의 관계를 회복시킬 기회를 영원히 잃었고, 결혼생활마저 깨어진 그녀에게 시는 안정으로 가는 유일한 길인 것처럼 보였다.

섹스턴의 시는 대부분 자전적이라는 평가를 받는다. 시인의 가장 내밀한 정서까지도 드러내는 이러한 종류의 시는 고백시라고 불리는데, 그녀의 시를 고백시라고 부르는 데 대해서는 많은 비평가들의 의견이 엇갈린다. 사실 시는 시인의 내면작용의 결과인데, '고백적'이라는 용어는 속을 다 쏟아내는 누구든 시인이 될 수 있다고 암시함으로써 시인 고유의 지위를 깎아내리는 것처럼 들리기도 한다. 많은 비평가들의 서로 다른 견해 가운데에서 섹스턴 자신은 스스로를 고백시인이라고 인정하였지만, 쏟아낸 속내가 모두 시가 될 수 있는 것도, 내면을 드러낸 사람이 모두 시인이 될 수 있는 것도 아님은 자명하다. 그것이 암호와 같은 개인의 체험수기에 불과할 뿐 보편적 공감을 담아내지 못한다면, 독자들이 먼저 외면할 것이기 때문이다.

섹스턴은 스노드그라스를 멘토로 여길 만큼 그에게서 많은 영향을 받았는데, 그는 로월, 플라스와 함께 대표적인 고백시인이다. 하지만 고백시인으로 분류된다고 해도 플라스와 섹스턴은 여성이므로, 시 속에서 말하고자 하는 바가 스노드그라스나 로월과는 다를 수밖에 없다. 우울, 소외, 절망, 자살 등의 주제 외에, 섹스턴의 시들은 여성에게 국한된 주제들, 이를테면 월경, 낙태, 여성의 자위, 간통 등을 아우른다. 이러한 주제들이 시적 담론에서 흔히 언급되기 전 그녀의 시에서 다루어진 것은 섹스턴이 남성중심 체계에 대한 여성의 시적 대응을 보여준 것으로 볼 수 있을 것이다. 이러한 섹스턴의 대응은 「그녀와 같은 부류」("Her Kind")에서도 드러난다.

나는, 신들린 마녀, 밖으로 나갔지,
검은 공기를 좇아, 밤에 더 강해져서.
나는 나아갔어, 악을 꿈꾸면서,
불빛이 하나 둘 켜지는 평범한 집들 너머로.
외로운 것, 손가락 열두 개의, 정신 나간.
그런 여자는 정말이지 여자가 아니야.
내가 그런 부류였어.

I have gone out, a possessed witch,
haunting the black air, braver at night;
dreaming evil, I have done my hitch
over the plain houses, light by light:
lonely thing, twelve-fingered, out of mind.
A woman like that is not a woman, quite.
I have been her kind.

－「그녀와 같은 부류」("Her Kind") 부분

남성중심사회에서 마녀는 "악"으로 규정되어 잡혀 화형당하는, 사회 중심으로 들어설 수 없는 존재이며, 여성성을 인정받지 못한다. 그것을 섹스턴은 아름답거나 여성스러운 것과는 거리가 먼 "손가락 열두 개"라고 표현한다. 그리고 자신이 "그와 같은 부류"라고 말하는 것을 서슴지 않을 뿐만 아니라, 각 연의 말미에서 반복적으로 말함으로써 그녀와의 동질성을 강조한다.

> 운전사여, 나는 당신의 차를 타고 갔어,
> 지나치는 마을을 향해 내 헐벗은 팔을 흔들며
> 마지막 찬란한 길들을 알게 되었지, 당신의 불꽃이
> 여전히 내 허벅지를 물어뜯는 곳에서 살아남은 자로서,
> 당신의 바퀴가 굴러가는 곳에서
> 내 갈비뼈는 어스러진다.
> 그런 여자는 죽는 게 부끄럽지 않아.
> 내가 그런 부류였어.

> I have ridden in your cart, driver,
> waved my nude arms at villages going by,
> learning the last bright routes, survivor
> where your flames still bite my thigh
> and my ribs crack where your wheels wind.
> A woman like that is not ashamed to die.
> I have been her kind.
>
> ―「그녀와 같은 부류」 부분

시의 마지막 세 번째 연에서 그녀는 허벅지가 할퀴어지고 갈비뼈가 으스러질 만큼 불같은 사랑에 빠진 여성을 말하면서, 자신이 그런 여성임을 인정한다. 남성 전통 속에 길들여진 수동적인 여성이 아니라, 적극적이고

공격적으로 사랑을 표현하는 여성이 자신이라는 것이다. 섹스턴은 이러한 유형의 여성들을 통한 자아 인식을 한탄이나 비탄이 아닌 경쾌한 어조로 반복함으로써 자신이 그들과 다를 바 없는 여성임을 표현하고 있다.

「그녀와 같은 부류」는 섹스턴의 첫 시집『베들램으로 그리고 돌아오는 중간에』(*To Bedlam and the Way Back*, 1962)에 실려 있다. 섹스턴의 강점은 그녀가 시 속에 반영하고자 하는 경험을 잘 알고 있다는 것과 그 경험이 단순하고 마음을 움직이며 보편적(Wagner-Martin 4)이라는 것이다. 이러한 특징은 두 번째 시집『내 모든 귀여운 것들』(*All my Pretty Ones*, 1962)에서도 계속 이어진다. 이 시집은 낙태, 자궁수술 등의 주제를 포함하고 있기 때문에 디키(James Dickey)와 같은 비평가들에게서 "끔찍하고 불쾌한 육체적 체험을 끈질기게 쓰는 작가"(Showalter 434)라는 혹평을 받기도 했지만, 여성들은 그녀의 시를 좋아했다. 두 시집이 여성들의 보편적 공감을 얻어내면서, 섹스턴은 메이저급 시인으로 분류되었다.

두 번째 시집에 실린 섹스턴의 「비가에 맞서는 저주」("A Curse Against Elegies")는 죽음을 다루고 있다. 섹스턴에게 죽음은 친숙하고 일상적인 주제 중 하나이다.

> 오, 사랑, 왜 우리는 이렇게 말다툼하는지?
> 나는 당신의 온통 경건한 이야기에 지쳤어요.
> 또, 나는 모든 죽은 것들에 지쳤어요.
> 그것들은 귀 기울여 듣기 싫어해요,
> 그러니 그냥 내버려 둬요.
> 무덤에서 당신 발을 빼요.
> 그 죽은 것들은 죽느라 바빠요.
>
> Oh, love, why do we argue like this?

I am tired of all your pious talk.

Also, I am tired of all the dead.

They refuse to listen,

so leave them alone.

Take your foot out of the graveyard,

they are busy being dead.

―「비가에 맞서는 저주」("A Curse Against Elegies") 부분

이 시에는 죽음을 대하는 섹스턴의 태도가 드러나 있다. 비가는 보통 죽은 사람을 기리기 위한 시인데, 그녀는 그들에 대한 애도를 거부한다. 장례 절차로 살아 있는 화자는 지쳐 있으나, 정작 죽은 사람에게 그 모든 절차들은 무의미하다는 것이다.

나는 죽은 사람들을 기억하려 하지 않아요.

그리고 그 죽은 사람들은 모든 걸 다 지루해해요.

하지만 당신―당신 계속 하세요,

어서요, 무덤 속으로

들어가,

그들의 얼굴이 있다고 생각하는 곳에 누워요;

그리고 당신의 낡은 꿈들에 대꾸하세요.

I refuse to remember the dead.

And the dead are bored with the whole thing.

But you― you go ahead,

go on, go on back down

into the graveyard,

lie down where you think their faces are;

talk back to your old bad dreams.

―「비가에 맞서는 저주」 부분

마지막 연에서 섹스턴은 다시 죽은 사람들에 대한 애도를 거부한다. 죽은 사람들은 살아있을 때 이미 겪을 것을 다 겪고 죽었으므로, 모든 것을 지루하게 여길 것이기 때문이다. 하지만 다른 한 편으로 장례예식은 살아 있는 사람들의 관습이므로, 상대방에게 애도의 말을 계속할 것을 허용한다. 그러나 그러한 애도의 말들은 결국 낡아빠진 나쁜 꿈에 대한 대꾸에 불과하다고 지적하는 일 역시 잊지 않는다. 이를 통해 그녀는 삶과 분리된 독립적 세계로서 죽음을 인식하고 있음을 보여준다.

죽음을 대하는 그녀의 태도를 나타낸 또 다른 시로 「별이 빛나는 밤에」("The Starry Night")가 있다.

> 그 일이 나로 하여금 말하자면 종교를 끔찍할 정도로 필요하도록 하지 않는 것은 아니야. 그러면 나는 밤에 별을 그리려고 밖으로 나가지.
> ─ 빈센트 반 고흐가 동생에게

마을은 존재하지 않는다
한 줄기 검은 머리의 나무가 마치 물에 빠진 여자처럼
뜨거운 하늘 속으로 미끄러져 올라가는 곳을 빼고는.
마을은 말이 없다. 밤은 열 한 개의 별로 들끓고 있다.
아, 별이 별이 빛나는 밤! 이것이
내가 죽고 싶은 방식.

움직인다. 그들 모두 살아 있다.
심지어 달이 노란 철 속에서 몸을 부풀려
아이들을 자기 시야에서 밀쳐낸다, 마치 신처럼.
눈에 띄지 않는 늙은 뱀이 별들을 삼켜버린다.
아, 별이 별이 빛나는 밤! 이것이
내가 죽고 싶은 방식.

저 돌진하는 밤의 짐승 속으로,
저 커다란 용에 빨려 들어가 아무 깃발도 없는
내 인생에서 떨어져 나가는 것,
아무 배알도 없이,
아무 울음도 없이.

> That does not keep me from having a terrible need of — shall I say the word —
> religion. Then I go out at night to paint the stars.
> VINCENT VAN GOGH in a letter to his brother

The town does not exist
except where one black-haired tree slips
up like a drowned woman into the hot sky.
The town is silent. The night boils with eleven stars.
Oh starry starry night! This is how
I want to die.

It moves. They are all alive.
Even the moon bulges in its orange irons
to push children, like a god, from its eye.
The old unseen serpent swallows up the stars.
Oh starry starry night! This is how
I want to die:

into that rushing beast of the night,
sucked up by that great dragon, to split
from my life with no flag,
no belly,
no cry.

— 「별이 빛나는 밤에」 ("The Starry Night") 전문

이 시는 빈센트 반 고흐(Vincent Van Gogh)의 그림 <별이 빛나는 밤>을 소재로 하였다. 이 시에서 섹스턴은 그림 속 풍경을 언어로 재구성한다. 에피그래프(epigraph)에서 고흐는 강렬한 종교적 열정에 이끌려 그 풍경을 그리게 되었음을 동생에게 쓴 편지에서 설명하고 있다. 그림 속 삼나무와 달, 별 등은 "익사한 여자의 머리채", "들끓는 마을", "늙은 뱀이 삼켜버리는 별"로 환치된다. 그림 속에 붙박힌 풍경들은 섹스턴에 의해 역동성을 입는데, 그녀는 그 역동적인 열정에 자신 역시 삼켜지기를 바란다. 밤풍경 속으로 빨려 들어가기를 원하는 섹스턴의 열망은 우주와의 합일에 대한 열망이며, 또한 죽음에 대한 열망이다. 다른 한 편으로 아름다운 예술 작품 속에 삼켜지기를 원하는 섹스턴의 강렬한 바램은 예술세계와의 합일에 대한 바람으로 읽을 수도 있다. 이처럼 섹스턴의 시는 흔히 회자되듯이 철저히 자전적인 것도, 개인적인 회고록으로만 읽어서도 안 될 것이다. 그녀는 반복되는 상징적 주제와 시적 기교를 통해 보편적인 주제를 표현해 내고 있기 때문이다.

1967년 섹스턴은 『살거나 혹은 죽거나』(*Live or Die*, 1966)로 퓰리처상을 수상한다. 이 시집에 대해서도 비평가들의 의견은 엇갈렸지만, 코나로우(Joel O. Conarroe)와 같은 비평가는 그녀를 "날카로운 이미지로 그녀 자신의 내면 풍경을 묘사하는 내부 여행자"라고 평했다. 그녀는 시 속에서 자살, 타인의 죽음, 공포, 어린 시절의 굴욕, 낳은 적 없는 남자 아이 등 죽은 사람들에 대해 강박증처럼 몰두한다. 이러한 주제는 다음 시집 『어리석음에 관한 책』(*The Book of Folly*, 1972)에서도 계속되는데, 섹스턴은 사랑했던 이모할머니 애나를 시 속에 등장시킨다.

애나는 미쳤고,
내 겨드랑이에 칼 한 자루 있어요.

나는 까치발로 서서 메시지를 친다구.
나는 어떤 류의 전염병인가?
내가 당신을 미치게 했나요?
내가 그 소리를 시큼하게 했나요?
내가 당신에게 창문으로 올라가라고 했나요?
용서해. 용서해요.
내가 그랬다고 말하지 마세요.
말하지 마세요.
말해요.

메리가 한 말들을 우리 베개 속으로 말해 봐요.
후리후리한 12살짜리 나를
당신의 푹 꺼진 무릎으로 데려가세요.
미나리아재비처럼 속삭여 주세요.
나를 먹어요. 크림 푸딩처럼 나를 먹어 치우세요.
나를 안으로 데리고 가 줘.
나를 가져가세요.
가지라구요.

내게 내 영혼의 상태에 대한 보고서를 줘.
내게 내 행동들에 대해 완벽한 설명서를 줘.
내게 천남성을 넘겨줘 그리고 내가 귀 기울이게 해 줘.
등자쇠에 나를 놓아줘 그리고 관광 단체를 데려와 봐.
식료품 명단에 내 죄들을 나열해서 내가 사게 해 줘.
내가 당신을 미치게 했나요?
당신의 보청기 소리를 높여 소리가 관통했나요?
내가 문을 열어 콧수염 달린 심리분석가가
당신을 마치 금빛 마차처럼 끌고 가게 했나요?
내가 당신을 미치게 했나요?
무덤에서 내게 편지를 써요, 애나!

당신은 재에 불과해 하지만 그렇더라도
내가 당신에게 준 파커 펜을 집어드세요.
나에게 편지를 써요.
쓰라구요.

Anna who was mad,

I have a knife in my armpit.

When I stand on tiptoe I tap out messages.

Am I some sort of infection?

Did I make you go insane?

Did I make the sounds go sour?

Did I tell you to climb out the window?

Forgive. Forgive.

Say not I did.

Say not.

Say.

Speak Mary-words into our pillow.

Take me the gangling twelve-year-old

into your sunken lap.

Whisper like a buttercup.

Eat me. Eat me up like cream pudding.

Take me in.

Take me.

Take.

Give me a report on the condition of my soul.

Give me a complete statement of my actions.

Hand me a jack-in-the-pulpit and let me listen in.

Put me in the stirrups and bring a tour group through.

Number my sins on the grocery list and let me buy.
Did I make you go insane?
Did I turn up your earphone and let a siren drive through?
Did I open the door for the mustached psychiatrist
who dragged you out like a gold cart?
Did I make you go insane?
From the grave write me, Anna!
You are nothing but ashes but nevertheless
pick up the Parker Pen I gave you.
Write me.
Write.

―「미친 애나」("Anna Who Was Mad") 전문

　「미친 애나」는 제목 그대로 미친 애나에 대한 섹스턴의 회상이다. 시
속의 섹스턴은 메시지를 쓰려면 까치발을 들어야 하는 어린 아이이며, 겨
드랑이의 칼은 미쳐서 자신을 알아보지 못하고 공격하는 애나 할머니에 대
항하는 어린 아이다운 수단이다. 어린 시절의 섹스턴에게 이모할머니는 부
모 이상의 존재였기 때문에, 자신을 먹어치우라거나 가지라는 표현을 통해
애나와의 일체화와 동화를 시도한다. 어린 섹스턴은 그토록 사랑했던 애나
할머니가 미친 것에 대해 죄의식을 가지고 있다. 장난으로 할머니의 보청
기를 높여두었던 일이나 할머니를 데려갈 치료사에게 문을 열어준 자신의
행동을 나열하는 섹스턴의 목소리는 그녀의 강렬한 죄의식을 보여준다. 어
린 아이에게 사랑하는 이의 죽음은 납득하기 어려운 상실이었을 것이다.
애나 할머니를 잃은 절망감, 불안함, 안타까움 그리고 분노는 섹스턴의 절
규 속에 고스란히 담겨 있다. 이미 죽어 재가 된 할머니에게 무덤에서라도
편지를 쓰라고 요구하는 마음은 섹스턴뿐 아니라, 사랑하는 이를 잃어본
적이 있는 사람이라면 누구든 고개를 끄덕일만한 애처로움이며 안타까움일

것이다.

겉으로 보이는 자신감 있는 태도와 달리, 섹스턴은 치료의, 약물치료, 친한 친구들 특히, 쿠민(Maxine Kumin)과 에임스(Lois Ames), 그리고 연인들에 극도로 의존적이었다. 계속되는 우울증 치레와 빈번한 자살시도는 가족과 친구들을 불안하게 만들었으며, 알코올중독으로 인한 건강과 안정감의 쇠퇴는 심각할 정도였다.

『신을 향한 경외심의 노 젓기』(*The Awful Rowing Toward God*, 1975)와 『머씨 가 45번지』(*45 Mercy Street*, 1976)는 그녀가 46세로 죽기 직전에 쓴 시집들이다. 죽기 1년 전 인터뷰에서 섹스턴은 "절망의 이틀과 정신병원행 3일" 후 20일 만에 이 시집의 초고를 썼으며, 자신이 죽기 전까지는 출판을 허락하지 않을 것이라고 말했다. 이 두 유고시집은 섹스턴의 전작들에 비해 "시의 질적인 면의 저하" 또는 "지나치게 감상적"이라는 보다 혹독한 비판을 받았다. 하지만 이러한 혹평에 대해 "들쭉날쭉하고 과한 감이 있지만, 그것은 섹스턴이 무의식의 어두운 면을 탐험했기 때문"이라는 옹호 역시 뒤따랐다.

> 꿈속에서,
> 내 뼈 전체의
> 골수 안에 구멍을 뚫으면서,
> 내 진짜 꿈,
> 비컨 힐을 이리 저리 걷고 있다
> 도로 이름을 찾으면서ㅡ
> 말하자면 머씨 가(街)를.
> 거기에 없다.
>
> In my dream,
> drilling into the marrow

of my entire bone,

my real dream,

I'm walking up and down Beacon Hill

searching for a street sign —

namely MERCY STREET.

Not there.

— 「머씨 가 45번지」("45 Mercy Street") 부분

이 시는 시집의 대표시인 「머씨 가 45번지」이다. 그녀가 찾아 헤매는 그리운 "머씨 가"는 마흔 다섯 중년이 된 섹스턴이 반추하는 자신의 삶이자 끊임없이 회귀를 꿈꾸는 장소이다. 그러므로 "머씨 가"는 과거를 상징한다고 볼 수 있다.

노란 옷을 입고

그리고 담배들, 충분한 알약들, 지갑, 열쇠들로

가득 채워진 흰 색 핸드백을 든 채 걷는다,

그리고 스물여덟이 되면서, 아니 마흔 다섯이던가?

걷는다. 걸어본다.

도로 안내판을 향해 성냥을 비춘다

어두우니까,

질긴 망자처럼 어두우니까

그리고 나는 녹색 포드 자동차,

근교의 내 집,

꽃가루 빨아먹는 벌들처럼 내 젖을 빠는

두 어린 아이들

그리고 내 내면이 밖으로 나오는 것을 보지 않으려

자신의 눈을 씻었던

남편을 잃었다

그리고 나는 지금 걸으며 바라본다

그리고 이것은 꿈이 아니라
그저 기름기 낀 나의 삶
머씨 가는 내 평생
찾을 수가 없다.

I walk in a yellow dress
and a white pocketbook stuffed with cigarettes,
enough pills, my wallet, my keys,
and being twenty-eight, or is it forty-five?
I walk. I walk.
I hold matches at street signs
for it is dark,
as dark as the leathery dead
and I have lost my green Ford,
my house in the suburbs,
two little kids
sucked up like pollen by the bee in me
and a husband
who has wiped off his eyes
in order not to see my inside out
and I am walking and looking
and this is no dream
just my oily life
where the people are alibis
and the street is unfindable for an
entire lifetime.

—「머씨 가 45번지」 부분

섹스턴은 거리를 걸으며 자신의 과거를 찾아 소유하고 싶어하지만, 그
것은 불가능한 일이다. 과거는 지도에서 찾을 수 있는 지명이 아니기 때문

이다. 그녀에게 머씨 가는 자신이 가장 되돌아가고 싶은 아름다운 시절이
며, 꿈속에서나 볼 수 있는 행복한 유년시절을 의미한다.

> 핸드백을 연다,
> 여자들이 그러듯이,
> 그리고 물고기들이 여기저기 헤엄친다.
> 지폐와 립스틱사이로.
> 나는 그것들을 집어낸다,
> 하나씩
> 그리고 도로 안내판을 향해 던진다,
> 또 핸드백을 찰스 강에
> 내던진다.
> 그런 다음 그 꿈을 끌어내어
> 내가 살아가고 있는
> 별 볼일 없는 달력이 걸린
> 시멘트벽에 대고
> 내 삶,
> 그리고 내 삶을 끌어 낸
> 비망록을 팽개친다.

> I open my pocketbook,
> as women do,
> and fish swim back and forth
> between the dollars and the lipstick.
> I pick them out,
> one by one
> and throw them at the street signs,
> and shoot my pocketbook
> into the Charles River.
> Next I pull the dream off

and slam into the cement wall

of the clumsy calendar

I live in,

my life,

and its hauled up

notebooks.

―「머씨 가 45번지」 부분

하지만 그립고 돌아가고 싶은 과거 시절들조차도 섹스턴에게는 현재의 절망을 초래한 원인이 된다. 그녀가 시멘트벽에 대고 팽개친 비망록은 평생을 두고 그녀를 괴롭혔던 우울증과 그로 인한 자살이라는 그녀의 삶의 마감을 연상시킨다. 섹스턴은 1974년 10월 4일, 출판 스케줄 잡고 『신을 향한 경외심의 노 젓기』라는 시집의 원고를 교정하느라 맥신 쿠민과 점심을 한 뒤, 집으로 돌아와 엄마의 낡은 퍼코트를 두르고, 보드카 한 잔을 들이킨 후 차고 문을 잠그고, 엔진을 넣어 일산화가스 중독으로 자살한다. 섹스턴은 결국 우울증에 먹힌 삶의 지속이 아닌 죽음과 신화를 택했다고 쇼왈터(Elaine Showalter)는 말한다(440).

섹스턴은 자주 고통스럽고 때때로 즐거운 인간의 상황에 대한 자신의 지식을 독자들이 공유할 수 있는 시를 창작하기 위해 사용하였다. 그녀의 작가로서의 삶은 짧으나 성공적이었으며, 비슷한 종류의 두려움과 분노로 매일을 살아가는 세기 중반의 독자들에게 그것은 의미가 깊었을 것이다.

■ 참고문헌

허현숙. 「시멘트벽에 비망록 내던지기: 앤 섹스턴의 시적 공간 추구」. 『현대영미시
　　연구』 15.2 (2009): 169-92.

Sexton, Anne. *The Complete Poems: Anne Sexton*. Boston: Houghton Mifflin, 1981.

Showalter, Elaine. *A Jury of Her Peers: Celebrating American Women Writers from Anne
　　Bradstreet to Annie Prolux*. Boston: Knopf Publishing Group, 2009.

Wagner-Martin, Linda. "Anne Sexton, Poet." *Critical Essays on Anne Sexton*. Boston: G.
　　K. Hall & Co., 1989. 1-18.

에이드리언 리치^{Adrienne Rich, 1929-2012}
고독한 시인과 시인의 고독

[|] 한지희

에이드리언 리치는 「욤 키푸르 1984」("Yom Kippur 1984")에서 고독의 문
제와 씨름한다. 공동체의 목소리를 대변할 윤리적 책임감과 개인적 신념
사이에서 갈등하며, 그녀는 시인에게 고독이란 과연 무엇이며, 어떤 의미를
지니는지에 대해 거의 일 년여에 걸친 숙고를 하는 가운데 이 시를 창작하
였던 것이다. 그런데 한 가지 흥미로운 것은 리치가 이 시의 도입부에 두
가지의 인용을 하고 있다는 점이다. 첫 번째 인용은 로빈슨 제퍼스
(Robinson Jeffers)의 시집 『포인트 써의 여인들』(*The Women at Point Sur*
1927)의 서언에서 따온 것으로 "내 위로 고독을 끌어 덮는다, 그 긴 해안가
에서"라는 구절이다. 두 번째 인용은 레위기 23장 29절 "이 날에 고행하지

아니하는 자는 자기 백성에게서 잘려나갈 것이다"로서 이 부분은 유대교의 가장 엄숙한 절기중의 하나인 <욤 키푸르 속죄일>을 설명하는 부분이다. 유대교법에 따르면, 이날 유태인들은 금식을 하면서 하나님께 지은 죄를 속죄하기에 앞서서 먼저 다른 사람들과의 관계를 회복해야 한다. 스스로를 백인 중산층 개신교도로 여기며 성장한 리치가 욤 키푸르 속죄일에 타인에 대한 죄의 회개와 용서의 의미를 묵상하는 것은 무엇보다도 그녀가 스스로를 문화적 유대주의자로 여기는 태도를 드러내는 것이다.[1] 하지만, 또 다른 한편으로 이 구절은 앞서 인용된 제퍼스의 시구절과 함께 그녀가 시의 본문을 통해 펼쳐 나가는 고독한 시인과 시인의 고독 간의 싸움의 본질을 예시하는 장치로 사용되고 있다. 일단 시의 전문을 인용하고 이후 주요한 부분에 대한 설명을 추가하는 가운데 리치가 힘겹게 밀고 나갔던 고독의 문제를 이해해 보기로 하자.

> *내 위로 고독을 끌어 덮는다, 그 긴 해안가에서*
> *— 로빈슨 제퍼스, 「서언」*

> *이 날에 고행하지 아니하는 자는 누구든지 자기 백성에게서*
> *잘려 나갈 것이다. — 레위기 23장 29절*

고독한 유대인이란 무엇일까?
너 자신의 [무리] 혹은 네가 자신의 종족이라고 불렀던 무리에서 멀리 떨
　　어져 있어도
외롭거나 두렵지 않다고 느낀다는 건 무엇을 뜻하는 것일까?
고독한 여자란 무엇일까? 여자 동성애자란, 남자 동성애자란?
텅 빈 거리에서, 텅 빈 해변에서, 사막에서
있는 그대로의 이 세상에서 고독이란 무얼 의미할 수 있는 걸까?

---

1) 본 연구자의 졸고 「"저도 노란 별을 달지요": 에이드리언 리치의 유태계 인종의식과 종교적 예술가의 책임의식」 참고.

절 벽 위에 걸려 있는 저 유리알처럼 반짝이는 단단한 팔각형의 집
그 자동문, 그 완벽히 지켜지는 사생활
그런 걸 의미하는 게 아니야, 나는
유타 혹은 골란 고원 [어딘가의] 분기점에 세워둔 총 자루를 집어 드는 것
그런 걸 의미하는 게 아니야, 나는
서쪽 대양쪽을 향해 건축된 시인의 높은 탑, 동쪽을 향해 조성된 드넓은
        숲,
자그마한 집에서 책을 읽고 있는 여자, 갑자기 벌떡 일어선 그녀의 경비
        견
그런 걸 의미하는 게 아니야, 나는

한때 내가 집이라고 불렀던 곳에서 삼천 마일이나 떨어진 곳에서
시집 한 권을 펼쳐 들고 내가 기억하는 꽃에 대한 몇 마디를 찾고 있어,
옛날에 한때 나를 저쪽 해안가에 묶어 주었던 그 뜰 앞 라일락처럼
        나를 이쪽 해안가에
묶어줄 어떤 걸 말야—그래, 불탄 산비탈에 피어난 보랏빛 루핀초,
피었다 지면서 시인에게 소재로 쓰여
시집에 영원히 남게 될 그런 걸.
시집을 펼치니 [거기서]
시인의 마음속 증오를 발견하게 되네. . . . *증오에 가득 찬 눈초리와*
인간의 몸을 가진 게 나에 대한 전부. 군중을 사랑하는 그대가 그들을 가
        지시구려[2]

로빈슨 제퍼스, 군중은
모호한 덩어리 같아요, 내륙을 향하는 이 계곡들과 바다 쪽으로 길게 줄
        지어선 농장들과
명확하게 구별되는 형체로 내던져진 것처럼요. 보랏빛 루핀초도
군락으로 살잖아요, 횃불처럼 빨간 양귀비도요, 회색빛 태평양이 둘둘 말
        린 문서같은

---

2) 로빈슨 제퍼스의 『포인트 써의 여자들』에서 인용한 시 구절.

파도를 [계속] 펼치고 있다,
사람들은 각자 떨어져서, 몸을 구부려
청바지 천 먼지 속에서 재봉틀을 돌리고, 몸을 구부려
        추수한 알곡들과 함께 부서져 내리는 하늘 아래서 일한다.
결코 텅 빌 때가 없는 침대에서 교대순서에 따라 잠자는 그들은 각자 다
양한 꿈을 꾼다
주워서, 상자에 담고, 삶고, 꿰매고, 자르고, 채워 넣고, 긁어내고,
        문질러 닦는 일손은 다른 어떤 것에도 비할 수 없는 두뇌를 가지
        고 있다.
내가 그 모호한 형체를 가진 군중에 대한 사랑을 논해야 할까
철조망과 감시조명에 둘러싸인 고독을, 살아남은 자의 마지막 해결책을,
        옹호해야 할까, 내가 선택권을 가지고 있는 걸까?

너 자신의 혹은 네가 자신의 종족이라고 불렀던 무리에서 멀리 떠돌아다
        니는 것
이방인의 느낌이 저 멀리서 너를 부르는 것을 듣고
그쪽으로, 오래 그리고 멀리, 위험을 계산하지 않고 걸어가는 것
이방인을 두려움이나 [호신]장비없이, 네 마음 어떤 구석도
        보호하지 않은 채 만나는 것
(크리스마스 전야에 얼음 언, 울퉁불퉁 바퀴자국 패인 길을 달리는 유태인
        은 또 다른
        유태인을 위해
볼품없이 비틀린 길 그림자 속의 여자를 위해 기도한다.   그림자가
        여자의 발자국이게 하라. 그녀가 여성신을
        믿을 수 있기라도 한 듯이)

네 자신과 비슷한 누군가를 찾아라.   다른 이들을 찾아라.
서로를 버리지 않겠다고 동의하라.
그대들 사이에 어떤 틈새도 그대를 끌어들이려는 그들에게
힘을 주는 것이라는 점을 이해하라.

중심으로, 안전한 곳으로 가까이 가라. 가장자리로, 위험을 향해서 가라.
하지만 난 말하고 싶은 악몽이 있어.   내가 속한 사람들과 함께 있는
    것이
가장 소중한 소원이라고 말하려 애쓰고 있어
하지만 난 이방인도 사랑한다고
[그리고] 외따로 있고 싶다고도 [말하려고 애쓰고 있어]
난 내가 이런 말을 떠듬떠듬 말하는 걸 들어
내가 문법에서 실수하기만을 바라는
내가 사랑에서 실수하기만을 바라는
나의 가장 형편없는 친구에게 그리고 나의 가장 뛰어난 적에게.
오늘은 속죄의 날. 하지만 내 종족이 나를 용서해 줄까?
한 점 구름이 고독함과 공포를 알고 있다면, 나도 그 구름이 되고 싶어.

이방인을 사랑하는 것, 고독을 사랑하는 것 – 나는 다만
    특권에 대해
중심에서 멀리 떨어져 부유하는, 가장자리에 매혹당하는 특권에 대해,
있는 그대로의 세상에서 우리가 누릴 수 없는 특권에 대해 쓰고 있어.
우리는 우리가 속한 종류 때문에 미움을 받아. 동성애자라고
    얼음 같이 차가운 강물에 내던져지고, 여자라고 정차된 차에서
안개 낀 산으로 끌려가, 이용되고 난도질을 당해 죽어
어느 여름날 저녁 산책을 나간 젊은 대학교수가 교문에서 총에 맞았어,
    그가 받은 상과 연구는 모두 무용지물이었고
    자신이 흑인임을 이용할 수 있는 방법은 아무 것도 없었어
유태인은 망상을 했지, 자기가 종족에서, 그녀를 제외시키는 법에서,
    너무 경건해서 그녀의 손조차 만질 수 없다는 남자들로부터 벗어
        났다고. 유태인은
        등을 돌렸어
율법해설서와 계율로부터 (하지만 가슴팍에 가죽 끈으로
    차이 장신구를 걸고) 혼자 하이킹을 떠나
절벽 발치에서 그녀의 등에 나치 표식이 새겨진 채 발견되었지

(그녀는 동성애자로 죽은 걸까 아님 유태인으로 죽은 걸까?)

고독함, 오 금기여, 안개 자욱한 산에 사는
멸종위기에 처한 동물들이여. 나는 총을 써서라도 보호해주고 싶어
      너희들을
사막에서, 버려진 길에서, 나는 가질 수 없는 것을 원하고 있는 거야.
그대의 큰언니인 정의, 그녀는 커다란 농부 같은 손을 펼치고 있어
그녀의 눈은, 절반은 눈가리개로 덮여 있지만, 날카롭고 정직하지.
그래서 난 스스로에게 물어보게 돼. 내가 용기를 어디다 갔다 버린 걸까?
내가 이름도 대지 못하는 어떤 거랑 바꾼 걸까?
극단주의자를 만나기 위해 내가 얼마나 극단적일 수 있을까?
자신의 종족이라고 부르는 이들을 보호하는 일에서 멀리 떨어져 살면서
      영혼의 깨달음을 얻고자 하는
나의 욕망 혹은 다른 어떤 이의 욕망을 보호하기 위해서
난 무엇을 해야 하는 걸까?
내가 찾을 수 있을까, 오 고독이여
그대의 깃털을, 가슴을, 내 뺨에 스치는
머리카락을, 어릴 때처럼, 앵무새처럼
그래, 너는 사랑받고 있어 라고 노래하는 그대의 목소리를?
아니라면 왜 이 노래를 하는 걸까?
그 오래된 장소에서, 어떤 곳이든?

고독한 유대인이란 무엇일까?
고독한 여자란 무엇일까? 여자 동성애자란 혹은 남자 동성애자란?
겨울철 밀물이 암석에 선 탑을 들썩이게 한다면,
      그 선지자의 돌출부를 무너뜨린다면 그리고 농장들을
      바다 속으로 무너져 내리게 한다면
거대한 바닷 괴물 고래가 멸종의 위기에 처하고 요나가 복수자가 된다면
중심과 가장자리가 서로를 무너뜨리고, 세상의 시원에서 극단주의들이
      서로를 부숴버린다면

우리의 영혼들이 서로 충돌한다면, 아랍인들과 유대인들이
　　　종족 내부에서 고독한 외침을 울부짖는다면
피난민의 어린이와 추방자의 어린이가 폭파되고
　　　금지된 도시의 문을 다시 연다면
여자와 남자가 여자와 남자로서 선언된 대로 살기를 거부하고
　　　군중 속에서 보낸 우리의 고독한 삶의 이야기를
　　　말한다면
그런 세상이 있을 수 있다면, [그런 세상에서] 새로 태어나고 출현하게 된
　　다면, 고독은
　　　무엇을 의미하게 될까?

> *I drew solitude over me, on the long shore.*
> — Robinson Jeffers, "Prelude"

> *For whoever does not afflict his soul through this day, shall be
> cut off from his people.* — Leviticus 23:29

What is a Jew in solitude?
What would it mean not to feel lonely or afraid
far from your own or those you have called your own?
What is a woman in solitude:　a queer woman or man?
In the empty street, on the empty beach, in the desert
what in this world as it is can solitude mean?

The glassy, concrete octagon suspended from the cliffs
with its electric gate, its perfected privacy
is not what I mean
the pick-up with a gun parked at a turn-out in Utah or the Golan
　　　Heights

is not what I mean

the poet's tower facing the western ocean, acres of forest planted to

        the east, the woman reading in the cabin, her

            attack dog suddenly risen

is not what I mean

Three thousand miles from what I once called home

I open a book searching for some lines I remember

about flowers, something to bind me to this coast as lilacs in the

        dooryard once

bound me back there — yes, lupines on a burnt mountainside,

something that bloomed and faded and was written down

in the poet's book, forever:

Opening the poet's book

I find the hatred in the poet's heart: . . . *the hateful-eyed*

and human-bodied are all about me: you that love multitude may

        have them

Robinson Jeffers, multitude

is the blur flung by distinct forms against these landward valleys

and the farms that run down to the sea; the lupines

are multitude, and the torched poppies, the grey Pacific unrolling

        its scrolls of surf,

and the separate persons, stooped

over sewing machines in denim dust, bent under the shattering

        skies of harvest

who sleep by shifts in never-empty beds have their various dreams

Hands that pick, pack, steam, stitch, strip, stuff, shell, scrape,

        scour, belong to a brain like no other

Must I argue the love of multitude in the blur or defend

a solitude of barbed-wire and searchlights, the survivalist's final

        solution, have I a choice?

To wander far from your own or those you have called your own

to hear strangeness calling you from far away

and walk in that direction, long and far, not calculating risk

to go to meet the Stranger without fear or weapon, protection

        nowhere on your mind

(the Jew on the icy, rutted road on Christmas Eve prays for another

        Jew

the woman in the ungainly twisting shadows of the street: *Make*

        those be a woman's footsteps; as if she could believe

        in a woman's god)

Find someone like yourself.   Find others.

Agree you will never desert each other.

Understand that any rift among you

means power to those who want to do you in.

Close to the center, safety; toward the edges, danger.

But I have a nightmare to tell: I am trying to say

that to be with my people is my dearest wish

but that I also love strangers

that I crave separateness

I hear myself stuttering these words

to my worst friends and my best enemies

who watch for my mistakes in grammar

my mistakes in love.

This is the day of atonement; but do my people forgive me?

If a cloud knew loneliness and fear, I would be that cloud.

To love the Stranger, to love solitude — am I writing merely about
		privilege
about drifting from the center, drawn to edges,
a privilege we can't afford in the world that is,
who are hated as being of our kind: faggot kicked into the icy
		river, woman dragged from her stalled car
into the mist-struck mountains, used and hacked to death
young scholar shot at the university gates on a summer evening
		walk, his prizes and studies nothing, nothing
			availing his Blackness
Jew deluded that she's escaped the tribe, the laws of her exclusion,
		the men too holy to touch her hand; Jew who has
		turned her back
on midrash and mitzvah (yet wears the *chai* on a thong between
		her breasts) hiking alone
found with a swastika carved in her back at the foot of the cliffs
		(did she die as queer or as Jew?)

Solitude, O taboo, endangered species
on the mist-struck spur of the mountain, I want a gun to defend
		you
In the desert, on the deserted street, I want what I can't have:
your elder sister, Justice, her great peasant's hand outspread
her eye, half-hooded, sharp and true
And I ask myself, have I thrown courage away?
have I traded off something I don't name?
To what extreme will I go to meet the extremist?
What will I do to defend my want or anyone's want to search for
		her spirit-vision
far from the protection of those she has called her own?
Will I find O solitude

your plumes, your breasts, your hair

against my face, as in childhood, your voice like the mockingbird's

singing *Yes, you are loved, why else this song?*

in the old places, anywhere?

What is a Jew in solitude?

What is a woman in solitude, a queer woman or man?

When the winter flood-tides wrench the tower from the rock,

             crumble the prophet's headland, and the farms slide

             into the sea

when leviathan is endangered and Jonah becomes revenger

when center and edges are crushed together, the extremities

             crushed together on which the world was founded .

when our souls crash together, Arab and Jew, howling our

             loneliness within the tribes

when the refugee child and the exile's child re-open the blasted and

             forbidden city

when we who refuse to be women and men as women and men

             are chartered, tell our stories of solitude spent in

             multitude

in that world as it may be, newborn and haunted, what will

             solitude mean? (1984-1985)

—「욤 키푸르 1984」("Yom Kippur 1984") 전문

이 시를 착상할 즈음이었던 1984년 여름 리치는 동부에서 거의 삼천 마일 가량 떨어진 서부 캘리포니아의 해안가 도시로 이사하였다. 거대한 북미대륙의 한 쪽 끝에서 다른 쪽 끝으로 이사를 했던 경험은 그녀에게 어딘가에서 뿌리가 뽑힌 듯한 기분을 느끼게 했다고 하는데, 이는 그녀의 자전적인 면을 생각해 보면 충분히 짐작이 간다.3) 가령 그녀는 여러 산문과

인터뷰를 통해 스스로를 남부출신 백인이라고 믿고 성장해 왔고, 또한 성인이 된 이후로도 굳이 유태인으로서 자의식을 가지고 산 적이 없었으며, 생계를 유지하기 위해 유태인으로서의 모멸감을 느낀 적도 없었다고 밝혔다. 하지만, 결국 그녀는 1982년 「뿌리에서 갈라진」("Split at the Root")이란 글을 통해 자신의 유태계 혈통을 공식적으로 밝히고 그 혈통이 함축하는 사회, 문화적 의미를 분석하였다. 이렇듯 부계혈통중심으로 유태인/비유태인을 구분하는 가부장적 사회의 폭력적인 시선에 정면으로 대항하며 스스로를 문화적 유태인으로서 재정의하며 유태계 여성들의 공동체에서 적극적으로 활동을 하던 즈음, 그녀는 1984년 산호세 주립대학(San Jose State University)에 방문교수로 초빙을 받고 산타크루즈(Santa Cruz)로 이사를 하게 된 것이었다. 이런 개인적인 변화의 시기를 맞이하고 있었기에 그녀가 아름다운 이탈리아의 리비에라 해변 가를 연상시키는 새로운 지형과, 과거 스페인 식민지 및 멕시코 령이었던 그 곳의 역사와, 스페인어를 사용하는 다수의 히스패닉 계 미국인들을 접하게 되었을 때, 스스로를 낯선 이방인들의 터전에 홀로 뚝 떨어진 유태계-백인 여자로서 불현듯 의식하게 되었을 지도 모른다는 점은 충분히 짐작이 된다.

그녀가 인터뷰에서 밝히듯이, 새로운 공간에서 가지게 되는 이런 낯선 느낌은 자연스럽게 그녀로 하여금 '이방인들'(strangers) 사이에 거처한다는 것은 어떤 의미일까를 생각해 보게 하였고, 이어 '이방인들'이라는 단어는 성경에 익숙했던 그녀에게 종교적 용어 '이교도들'(gentiles)로서의 '이방인들'을 연상시켜 주었다. 그리고 우연이었든지 필연이었든지 그녀는 앗수르의 수도로서 이스라엘 동북쪽에 있는 니느웨에 가라는 하나님의 명령에 불복종하고 오히려 정반대 방향에 있는 스페인 서남쪽의 도시, 당시 세상의

---

3) 이후 본문에서 언급되는 리치의 자전적 설명들은 주로 그녀의 산문 「욤 키푸르 1984의 탄생」에 근거함.

끝으로 여겨졌던 다시스로 도망가고자 배를 탔던 요나를 떠올리게 되었다. 그런데, 문화의 중심지 동부의 정반대 방향에 있는 서부 해안가 도시, 아직도 스페인의 문화적 영향을 선명하게 간직하고 있는 산타크루즈에 도착하여 스스로를 '낯선 곳에 거처하게 된 고독한 이방인'으로 여기게 된 그녀가, 자신의 처지에서 니느웨에 가게 되었던 요나의 처지를 연상하게 되었다는 점은 이 시를 둘러싸고 있는 참으로 흥미로운 배경이 아닐 수 없다. 자신을 유태인으로 인정하지 않는 유대교의 법에 따라 욤 키푸르 속죄일을 지키며 "고독한 유태인은 무엇일까"라는 화두를 붙들고 이후 거의 일 년 간 힘겹게 씨름하였다는 사실은, 이 시의 후반부에서 그녀가 요나의 이야기를 언급하는 데에서도 추측되듯이, 그녀의 시적 씨름(poetic wrestling)이 종교적 성찰에 닿아 있으며, 그 뿌리는 결국 인간의 존재론적 고민으로ー 즉, 주어진 운명을 피할 수 없다면, 어떤 양식으로 현실을 마주하고 살아갈 것인가ー 수렴되고 있기 때문이다.

그렇다면, 이제 리치가 이 시에서 보여주는 사유를 이해하기 위해서 일단 요나의 씨름이 무엇인지 그 성서적 내용에 대해서 알아보기로 하자. 앞서 언급했듯이 요나는 앗수르의 수도 니느웨에 가라는 하나님의 명을 받았지만 그 명령을 수행하고 싶지 않아 몰래 당시 세상의 끝으로 여겨졌던 다시스로 가서 숨어 있고자 한다. 하지만, 이 사실을 모를 리가 없는 하나님은 요나가 탄 배가 큰 풍랑에 처하게 한다. 놀란 선원들은 잠을 자고 있던 요나를 재난의 원인으로 지명하며 비난을 하게 되었고, 요나 역시 사태를 직감적으로 판단하고는 그들에게 자신을 바다에 빠트리면 풍랑이 멎을 것이라고 제안한다. 결국 요나는 바다로 던져지고, 하나님이 미리 예비한 고래에게 잡혀 먹힌다. 잠시 후 고래 뱃속에서 정신을 차리게 된 요나는 죽을 뻔 했던 경험을 떠올리며 하나님께 감사드리고, 하나님은 예정한 대로 고래로 하여금 요나를 육지에 토해내게 한다. 이후 요나는 하나님이 명한 대로 니느웨에 가서 이교도들에게 사십일이 지나도록 회개하고 하나님을 믿지 않으면 니느웨가 재앙을 받고 멸망할 것이라고 선포한다. 그간 수많은 선지자들의 말에도 끔쩍하지 않았던 니느웨 사람들은 고래에게 잡혀 먹혔다가 살아 돌아온 기인 요나의 행적을 알고서 그의 말에는 두려움을 보이며 당장 회개를 하고 하나님을 믿겠다고 한다. 이에 하나님은 니느웨 사람들이 악행을 버리고 회개한 것에 기뻐하시고 진노를 멈추고 재앙을 내리지 않겠다고 요나에게 알려준다. 하지만, 요나는 하나님이 악한 니느웨 사람들에게 회개할 기회를 주었을 뿐만 아니라 그들이 회개하자 금방 진노를 멈추고 재앙을 거두는 모습에 화가 치미는 듯 그 짜증을 기어이 하나님께 내비친다. 즉, 자신은 하나님이 그러실 줄 미리 짐작하여 니느웨에 가는 대신 다시스로 가고자 했다는 것이다. 그러자 하나님은 요나에게 "너의 성냄이 어찌 합당하냐"고 묻지만, 요나는 아무 대답도 없이 성 건너편으로 가서 초막을 짓고 상황이 어떻게 되어 가는지 관망하고자 한다. 그럼에도 불구하고, 하나님은 처음에는 박 넝쿨로 요나를 지켜주고자 하지만, 벌레가 넝쿨을 먹는 바람에 박이 떨어지고 요나는 따가운 햇볕에 노출되어 심한 고통을 겪는다. 이어 하나님은 동풍을 불게 하지만 그 바람이 오히려 더욱 더위를 심하게 하였다. 그러자 요나는 이런 식으로 고통당하느니 차라리 죽는 게 낫겠다고 항거를 할 뿐만 아니라, 잠시 후 하나님이 그에게 "박 넝쿨로 인하여 성냄이 어찌 합당하냐"고 물었을 때, "내가 성내어 죽기까지 할지라도 합당하니이다"라고 계속 자신의 고집을 세우기까지 한다. 흥미로운 것은, 이렇게 자기의 고집을 세우고 화를 내는 요나에게 하나님은 전혀 진노를 보이지 않으면서 오히려 "네가 수고도 아니하였고 배양도 아니하였고 하룻밤에 났다가 하룻밤에 망한 이 박 넝쿨을 네가 아꼈거든 / 하물며 이 큰 성읍, 니느웨에는 좌우를 분변치 못하는 자가 십이만 여 명이요 육축도 많이 있나니 내가 아끼는 것이 어찌 합당치 아니하냐"고 설명해 주며 요나에게 끝까지 인자함을 보이는 것이다. 이상에서 볼 수 있듯이, 결국 요나의 씨름의 본질은 하나님이 어떤 분인지 너무 잘 알고 있는 선지자 요나가 하나님이 벌을 받고 멸망하기에 마땅한 악한 이방인들까지 구원해주고자 하는 것, 자신이 그 구원의 도구로 사용되는 것이 화가 나는 것, 그리고 자신의 운명에 대해 항거하고 싶지만 전능하신 하나님 앞에서 그럴 방법이 도무지 없다는 것에 대한 불만이었던 것으로 볼 수 있다.

그렇다면, 요나가 신과 벌인 투쟁에서 리치가 파악해 내는 본질적인 사안은 무엇인가. 요나처럼 리치 역시 자신의 운명 혹은 궁극적인 존재이유에 대해서 잘 알고 있다. 요나가 하나님의 뜻을 전달하는 목소리의 역할을 해야 하는 선지자인 것처럼, 리치 역시 "자신의 종족이라고 부르는 이들을 보호하는 일"을 해야 하는 시인이다. 하지만 요나는 개인적으로는 유태인으로서 이스라엘의 적국인 앗수르의 악한 이방인들을 사랑하는 것이 쉬운 일이 아니었고, 그래서 자신이 해야 하는 일에서 도망치고자 하였다. 마찬가지로, 리치도 개인적으로 자신과 인종, 종교 혹은 성 정체성이 다르다는 사실만으로 타인을 비판하고 폭력을 서슴지 않는 악한 이방인들까지도 포용해야 하는 일이 결코 쉬운 일이 아님을 잘 알고 있었다. 특히 그녀는 그해 여름 신문을 통해 산타크루즈 산길에서 여자가 갑자기 낯선 남자에 의해 정차되어 차에서 끌려나와 성폭행을 당하고 난도질을 당했고, 스탠포드 대학에 직장을 얻게 된 장래가 유망하던 흑인남자 대학교수가 콜럼비아 대학 근처 동네에서 산책을 나서다가 아무 이유도 없이 총격을 당했다는 기사를 읽었다. 또한 산호세 대학에서 강의를 시작한 이후 어느 동성애자가 폭행을 당하고 차가운 강물에 버려져 결국 죽었다는 기사를 읽었다. 이렇듯, 인종적, 성적 소수자를 허용하지 않는 미국 현대사회의 현실을 뼈저리게 인식하고 있는 상태에서 속죄일에 금식을 하며 그런 악한 이방인들을 용서하고 사랑할 것을 묵상하는 것은 그녀에게 결코 쉽지 않은 일이었을 지도 모른다. 더군다나, 유대교 율법에 따라 자신을 유태인으로 인정하지 않는 유태계 공동체 사회와 이성애에 근거하여 자신의 레즈비언 성정체성을 비판하는 백인 기독교 사회에 대고 "공동언어에의 소망"에 대해 목소리 높이고 인류의 사랑을 말한다는 것이 그녀에게는 얼마나 절망적으로 여겨지고 자신 없이 피하고 싶은 일로 여겨졌을까.

그래서인지, 요나가 신에게 화가 난 심정을 표현하고 그런 일을 맡긴 신에게 항거하였듯이, 리치도 시인으로서 언어를 가지고 공동체를 대변하는 "특권"을 부여받았다는 사실에 대해 감사를 하면서도 그러한 "특권"이 전혀 효과를 거둘 수 없는 현실세계에서 '그것이 무슨 소용이 있는가' 하는 성난 심정을 그대로 표출한다.

> 이방인을 사랑하는 것, 고독을 사랑하는 것 – 나는 다만
> 　　　특권에 대해
> 중심에서 멀리 떨어져 부유하는, 가장자리에 매혹당하는 특권에 대해,
> 있는 그대로의 세상에서 우리가 누릴 수 없는 특권에 대해 쓰고 있어.
> 우리는 우리가 속한 종류 때문에 미움을 받아. 동성애자라고
> 　　　얼음 같이 차가운 강물에 내던져지고, 여자라고 정차된 차에서
> 안개 낀 산으로 끌려가, 이용되고 난도질을 당해 죽어
> 어느 여름날 저녁 산책을 나간 젊은 대학교수가 교문에서 총에 맞아,
> 　　　그가 받은 상과 연구는 모두 무용지물이었고
> 　　　자신이 흑인임을 이용할 수 있는 방법은 아무 것도 없었어
> 유태인은 망상을 했지, 자기가 종족에서, 그녀를 제외시키는 법에서,
> 　　　너무 경건해서 그녀의 손조차 만질 수 없다는 남자들로부터 벗어
> 　　　　　났다고. 유태인은
> 　　　　　등을 돌렸어
> 율법해설서와 계율로부터 (하지만 가슴팍에 가죽 끈으로
> 　　　차이 장신구를 걸고) 혼자 하이킹을 떠나
> 절벽 발치에서 그녀의 등에 나치 표식이 새겨진 채 발견되었지

인용문의 후반부로 갈수록 리치가 시인으로서 자기가 지닌 특권이 무용지물이라는 생각에 우울해 하는 모습이 더욱 도드라진다. 즉, 그녀는 신문에서 읽었던 인종과 성정체성으로 인해 죽음을 당한 피해자들을 떠올려 보며, 자신이 그들처럼 불의의 사고를 당해서 죽었을 때 자신의 신원이 "동성애자"로 파악될 지 혹은 "유태인"으로 파악될 지에 대해 생각해 본다. 하지만, 이미 「뿌리에서 갈라진」에서 자신과 유태계 공동체와의 관계에 대해 이미 공식적으로 노선을 밝혔고 유태인 여성공동체를 위해 활동하고 있었음에도 불구하고, 그녀는 자신의 유태인 신원에 대해 확신하지 못하고 있었으며 그러한 자신의 심정을 괄호를 통해 내비치는 것이다.

그렇다면, 리치도 요나처럼 신을 피해 혹은 주어진 운명을 피해 땅끝 마을로 가서 숨어 버리고자 했던 것일까. 그녀는 세 명의 시인의 존재 양식을 통해 시인으로서 할 수 있는 고독의 선택에 대해 사유를 하는데, 우선 캘리포니아의 시인으로 알려졌던 로빈슨 제퍼스의 고독에 대해 그녀가 어떻게 바라보는 지 살펴보자.

텅 빈 거리에서, 텅 빈 해변에서, 사막에서
있는 그대로의 이 세상에서 고독이란 무얼 의미할 수 있는 걸까?
절 벽 위에 걸려 있는 저 유리알처럼 반짝이는 단단한 팔각형의 집
그 자동문, 그 완벽히 지켜지는 사생활
그런 걸 의미하는 게 아니야, 나는
유타 혹은 골란 고원 [어딘가의] 분기점에 세워둔 총 자루를 집어 드는 것
그런 걸 의미하는 게 아니야, 나는
서쪽 대양쪽을 향해 건축된 시인의 높은 탑, 동쪽을 향해 조성된 드넓은 숲,

자그마한 집에서 책을 읽고 있는 여자, 갑자기 벌떡 일어선 그녀의 경비
　　　견
그런 걸 의미하는 게 아니야, 나는

한때 내가 집이라고 불렀던 곳에서 삼천 마일이나 떨어진 곳에서
시집 한 권을 펼쳐 들고 내가 기억하는 꽃에 대한 몇 마디를 찾고 있어,
옛날에 한때 나를 저쪽 해안가에 묶어 주었던 그 뜰 앞 라일락처럼
　　　　나를 이쪽 해안가에
묶어줄 어떤 걸 말야─그래, 불탄 산비탈에 피어난 보랏빛 루핀초,
피었다 지면서 시인에게 소재로 쓰여
시집에 영원히 남게 될 그런 걸.
시집을 펼치니 [거기서]
시인의 마음속 증오를 발견하게 되네. . . . *증오에 가득 찬 눈초리와*
인간의 몸을 가진 게 나에 대한 전부. 군중을 사랑하는 그대가 그들을 가
　　　지시구려[4]

로빈슨 제퍼스, 군중은
모호한 덩어리 같아요, 내륙을 향하는 이 계곡들과 바다 쪽으로 길게 줄
　　　지어선 농장들과
명확하게 구별되는 형체로 내던져진 것처럼요. 보랏빛 루핀초도
군락으로 살잖아요, 횃불처럼 빨간 양귀비도요, 회색빛 태평양이 둘둘 말
　　　린 문서같은
　　　　파도를 [계속] 펼치고 있다,
사람들은 각자 떨어져서, 몸을 구부려
청바지 천 먼지 속에서 재봉틀을 돌리고, 몸을 구부려
　　　추수한 알곡들과 함께 부서져 내리는 하늘 아래서 일한다.
결코 텅 빌 때가 없는 침대에서 교대순서에 따라 잠자는 그들은 각자 다
양한 꿈을 꾼다
주워서, 상자에 담고, 삶고, 꿰매고, 자르고, 채워 넣고, 긁어내고,

---

4) 로빈슨 제퍼스의 『포인트 써의 여자들』에서 인용한 시 구절.

문질러 닦는 일손은 다른 어떤 것에도 비할 수 없는 두뇌를 가지
고 있다.
내가 그 모호한 형체를 가진 군중에 대한 사랑을 논해야 할까
철조망과 감시조명에 둘러싸인 고독을, 살아남은 자의 마지막 해결책을,
옹호해야 할까, 내가 선택권을 가지고 있는 걸까?
－「욤 키푸르 1984」 부분

제퍼스는 이 시의 도입부에서 "내 위로 고독을 끌어 덮는다, 그 긴 해안
가에서"라는 시 구절이 인용되었듯이 리치에게는 고독을 선택했던 시인,
"철조망과 감시조명에 둘러싸인 고독을 옹호"했던 시인으로 여겨진다. 실
제로 제퍼스는 1920년대와 30년대에 큰 반향을 일으켰던 캘리포니아 주의
대표적인 시인으로서 빅써(Big Sur) 해변 가 도시 카멜에 손수 토르 하우스
(Tor House)와 호크타워(Hawk Tower)를 지었던 것으로 유명하다. 그는 아
일랜드 풍으로 지은 타워에 칩거하면서 자연의 아름다움을 훼손시키는 인
간의 이기적인 탐욕을 강하게 비판하고 비인간주의(Inhumanism)를 주제로
삼은 시를 썼다. 특히 그녀가 시에서 인용하는 구절이 등장하는 「포인트
써의 여자들」은 인간중심적 세계에 대해 제퍼스가 가지고 있는 반문명주의
(anti-civilization)적 시각이 니체적인 철학적 통찰력과 어우러진 종말론적 전
망이 깊이 배어있는 장편서사시로서 유명하다.

리치는 산타크루즈에서 이삿짐을 풀면서 책 정리를 하는 가운데 문득
제퍼스의 시집을 집어 들게 되었고, 평소 제퍼스에 관심을 가지고 있었던
그녀는 「포인트 써의 여자들」에서 그가 화마의 상흔을 입은 산비탈에 루핀
초가 살아남아 눈부시게 아름다운 밝은 보랏빛 둔덕을 형성해 내는 장면을
다시 읽어보고자 했다. 하지만 이때 정작 그녀의 마음을 사로잡았던 것은
제퍼스의 거창한 생태주의적 찬탄이 아니라 당시 자신의 심리적 상황, 즉
어디에선가 뿌리를 뽑혀 허전하고 불안한 마음을 위로하는 듯한 한 마디,

"내 위로 고독을 끌어 덮는다, 그 긴 해안가에서"였다. 그래서 그녀는 도입부에서 그 부분을 인용하고, 위에 인용된 부분에서도 제퍼스를 호명할 뿐만 아니라 「포인트 써의 여자들」에서 루핀초 부분을 인용하였다.

　　그럼에도 불구하고, 리치는 군중에 대해 제퍼스가 조금의 양보도 없이 표명하는 비인간주의와 고독의 선택에 대해 조금 다른 의견임을 내비친다. 인용된 부분에서 보이듯이, 그녀는 다시 읽어 본 제퍼스의 마음속에서 증오를 발견히고 불편한 심정이 되어, 그가 찬양했던 루핀초도 군락으로 산다는 점을 지적한다. 이어서, 루핀초 군락과 "모호한 덩어리"같은 가진 임금노동자 "군중"을 비교하며, 두 가지의 다른 종들의 군락이 결국은 끈질긴 생명력을 가지고 각자 주어진 삶을 피워내고자 안간힘을 쓰고 있는 생명체라는 공통점을 가지고 있지 않는가를 지적한다. 즉, 화마의 폭력에서 살아남은 루핀초 군락이 그 종에게 허락된 보랏빛의 꽃을 피어내 눈부시게 아름다운 장관을 창조하였듯이, 고용불안과 고된 노동의 불안 속에 살아가는 못 배우고 가난한 노동자들도 "다른 어떤 것에도 비할 수 없는 두뇌"를 가지고 "다양한 꿈"을 꾸며 그들에게 허락된 삶의 꽃을 피워내고자 허리를 숙이고 분주하게 일하고 있다는 사실을 지적하며 리치는 그런 "모호한" 군락으로서의 군중 역시 아름답지 않는가를 반문하는 것이다. 이 지점에서 리치는 제퍼스가 내렸던 고독의 선택이 자신에게 와 닿지 않는 점을 깨닫고, "난 선택권을 가지고 있는 걸까?"라는 수사의문문을 던진다. 그녀는 이제 알기 때문이다. 요나가 숨고 피하고 싶었어도 신의 눈에서 피할 수 없었던 것처럼 자신도 자연을 훼손하는 포악한 인류, 자신을 유태인으로 인정하지 않는 유태계 공동체, 자신의 성정체성을 비난하는 기독교 공동체로부터 벗어나 감시망을 치고 높은 거탑에 홀로 고독하게 은거하고 싶지만, 그렇다고 증오에 가득 찬 눈으로 인류 전체를 미워하는 시를 쓰는 그런 식의 고독을 선택할 수 없다는 점을 말이다.

그렇다면 이제 리치가 아름다운 산타크루즈의 언덕과 해안가를 거닐며 사유해 볼 수 있는 두 번째 고독은 윌리엄 워즈워스(William Wordsworth)가 선택했던 고독일 수 있다. 워즈워스는 1799년 잉글랜드의 호수지역(Lake District)의 도시 그래스미어(Grasmere)로 이사를 가서 그 근처 산언덕과 해안가를 자주 산책하며 시인의 고독에 대한 시 「한 점 구름처럼 나도 떠돌고 싶어라」("I Wandered Lonely as a Cloud")를 발표하였다. 워즈워스는 어느 날 우연히 마주친 황금빛 수선화 군락이 펼치는 장관에 넋을 잃고, 그 아름다운 모습을 수 천 개의 별들이 이루어낸 은하수를 보는 것 같다고 말한다. 이어 그는 수선화 군락을 의인화하여 수선화가 바람에 흔들려 가볍게 살랑거리는 모습이 마치 사람들이 흥에 겨워 즐겁게 춤을 추고 있는 것만 같아 자기도 모르게 그들의 흥에 빠져들어 한참을 보고, 또 보게 되었다고 한다. 그리고 그때의 장면과 그때의 감흥을 잊을 수 없어서 그는 가끔 홀로 소파에 누워 눈을 감고 당시의 감흥에 다시 빠져보는데 그때마다 주체할 수 없는 즐거움으로 몸이 떨린다고 고백한다. 그러면서 그는 이런 것이 시인이 누리는 "고독의 홍복(洪福)"이 아닐까 한다고 덧붙인다. 리치 역시 워즈워스가 말하듯 시인이 누릴 수 있는 "고독의 홍복(洪福)"을 부러워하며 그것이 자신이 가진 "특권"이라는 점을 부인하지 않는다. 하지만, 현재 그녀가 살고 있는 "있는 그대로의 세상"인 산타크루즈의 현실 속에서는 타자에 대한 혐오, 비하, 폭력이 난무하고 있어 워즈워스가 보여준 궁극적인 낭만적 고독을 누릴 수 있는 여유가 없다. 그래서 그녀는 이 시에서 워즈워스의 시 구절 "계곡과 언덕 위로 높이 흘러가는 / 한 점 구름처럼 나도 홀로 떠돌고 싶어라"에 "한 점 구름이 고독함과 공포를 알고 있다면," 즉 타인의 고독과 공포를 알면서도 홀로 구름처럼 떠돌며 그런 염려를 흘려보낼 수 있다면, "나도 그 구름이 되고 싶어"라고 현대 시인으로서 응답을 하는 것으로 워즈워스가 선택할 수 있었던 시인의 고독함에 대한 사유를 마친다.

고독한 시인 제퍼스와 낭만적 고독의 시인 워즈워스 모두 리치에게 시인의 고독에 대한 적절한 해결책을 제시하지 못하는 상황에서, 리치는 이제 마지막으로 세 번째 시인 월트 휘트먼(Walt Whitman)의 고독에 대해 사유를 한다. 휘트먼은 그의 시적 소재의 독특함과 성적 취향으로 인하여 고독한 시인으로 살았으며, 특히 남북전쟁을 거쳐 노예제를 폐지함으로써 미국 민주주의를 진보시켰던 링컨대통령이 사망했을 때 「마침내 뜰 앞 라일락에 꽃이 피었을 때」("When Lilacs Last In the Dooryard Bloom'd")라는 비가를 지어 그의 죽음을 추모한 것으로 유명하다. 리치는 산타크루즈에서 일어난 사건의 피해자들의 비참한 죽음을 생각하며 우울감에 빠지고 "볼품 없이 비틀린 길 그림자 속 [유태인] 여자를 위한 기도"를 해 주고 휘트먼처럼 그들을 추모하는 비가(elegy)를 지어주고 싶다는 생각을 하게 된다. 사실, 휘트먼은 1865년 무렵 습지가 멀지 않은 어느 외딴 시골 마을에 은거하고 지내며 자신에게 하늘의 별과 같았던 존재가 사라진 슬픔에 빠져 있었는데, 이듬해 뜰 앞 라일락이 어김없이 꽃을 피우는 모습을 보면서 삶과 죽음의 영원한 순환을 묵상하게 된다. 이어 어느 날 수줍음이 많은 듯 자신의 모습을 드러내기보다 어디선가 숨어서 목이 터져라 구슬피 울어대는 갈색지빠귀새(hermit thrush) 한 마리의 소리를 듣게 된다. 이때 그는 자신이 그 새처럼 노래를 하는 [특권을] 부여받지 못했다면, 아마 틀림없이 죽으려고 했을 거라고 고백하며 시인으로서 자신의 존재이유를 다시 한 번 상기하게 된다. 리치는 바로 이 대목을 자신의 시에서 인용하며 "옛날에 한 때 나를 저쪽 해안가에 묶어 주었던 / 그 뜰 앞 라일락처럼 나를 이쪽 해안가에 묶어줄 어떤 걸" 찾고 있다고 고백하는 가운데 휘트먼의 성찰을 자신도 얻을 수 있기를 갈망하는 심정을 내비친다.

우연히도, 리치가 「욤 키푸르 1984」를 쓰고 있을 당시 앵무새

(mockingbird) 한 마리가 실제로 그녀의 서재 창문 앞 나무에 날아들어 아름다운 새소리를 들려주었는데, 그 새는 자연스럽게 그녀로 하여금 휘트먼이 「영원히 흔들리는 요람으로부터」("Out of the Cradle Endlessly Rocking")에서 불러 들였던 앵무새를 연상시켜주었다. 그래서 그녀는 고독한 새처럼 대중의 조롱과 비난을 받으면서도 시인의 고독과 운명에 대해 낙관적으로 전망하는 「영원히 흔들리는 요람으로부터」를 묵상하게 되었고, 아마도 이 시를 통해 휘트먼과 대화를 나누면서 자신이 속한 공동체를 대변하는 특권 혹은 이방인을 사랑하는 특권에 대해 자신감과 용기를 잃고 흔들리던 자신의 우울감에서 빠져나올 수 있게 되었던 것 같다. 특히 이 시의 후반부는 리치가 애초에 스스로의 사유를 비유했던 요나의 씨름을 어떻게 끝내게 되는 지를 암시하고 있으므로 읽어볼 필요가 있다.

> 아 고독하게 우는 이여, 홀로 노래하며, 나[의 미래]를 예견하라
> 아 나 홀로 듣지만, 절대 더 이상 멈추지 않으리
> 그대를 영원하게 만드는 작업을,
> 절대 더 이상 피하지 않으리, 절대 더 이상 동요하지 않으리,
> 절대 더 이상 응답되지 않는 짝사랑의 울부짖음이 내게서 사라지지 않으리
> 절대 다시는 과거의 평화로운 어린 아이처럼 살지 않으리
> 무엇이 밤중에 거기 있는 건가,
> 노란 달이 낮게 걸려 있는 바닷가에
> 전언자가 거기에 우뚝 서 있구나, 불을, 그 마음속에 달콤한 지옥의 불을 품고서
> 미지의 욕망과 운명을 [예견하며]

> O you singer solitary, singing by yourself, projecting me,
> O solitary me listening, never more shall I cease
>   perpetuating you,

Never more shall I escape, never more the reverberations,
Never more the cries of unsatisfied love be absent from me,
Never again leave me to be the peaceful child I was before
    what there in the night,
By the sea under the yellow and sagging moon,
The messenger there arous'd, the fire, the sweet hell within,
The unknown want, the destiny of me.

—「영원히 흔들리는 요람으로부터」("Out of the Cradle Endlessly Rocking") 부분

시의 화자인 소년은 어느 날 짝을 잃고 슬퍼하는 앵무새의 울음을 이해하는 스스로의 모습을 발견하고 자신이 특별한 재능을 부여받았음을 깨닫게 된다. 그리고 자신의 운명을 받아들이고 미지의 미래를 개척하고자 하는 청운의 꿈을 품는다. 하지만 곧 소년은 바다가 들려주는 소리 역시 듣게 된다.

그에 대답하면서, 바다는,
지체함도 없이, 서두름도 없이,
밤새도록, 동이 트기 전까지 부드럽게
속삭여 주었지
그 우울하고도 달콤한 단어 죽음을,
그리고 계속해서 죽음, 죽음, 죽음, 죽음이라고 속살거렸지,
새소리나 흥분한 어린 아이의 감성과는 다른
쉬익, 쉬익 음악적인 선율처럼 반복적으로,
하지만 찰싹 찰싹 내 발치까지 조용하게 다가들면서,
거기서부터 내 귓가까지 천천히 스며들면서 내 온 몸을
부드럽게 씻겨주면서,
죽음, 죽음, 죽음, 죽음, 죽음이라고 [속살거렸지]

Whereto answering, the sea,

Delaying not, hurrying not,

Whisper'd me through the night, and very plainly before
    daybreak,

Lisp'd to me the low and delicious word death,

And again death, death, death, death,

Hissing melodious, neither like the bird nor like my arous'd
    child's heart,

But edging near as privately for me rustling at my feet,

Creeping thence steadily up to my ears and laving me softly
    all over,

Death, death, death, death, death.

　　　　　　　　　　　　　　　　　　　ㅡ「영원히 흔들리는 요람으로부터」부분

즉, 소년은 시인이 될 수 있는 재능을 부여받았지만 동시에 시인이 되기 위해서는 자신의 개인성을 죽여야 한다는 전언을 동시에 들었던 것이다. 결국 시인의 고독은 고독한 개인을 전제로 이루어질 수밖에 없다는 통찰력을 시사해 주는 이 시를 통해 리치는 고독과의 오랜 정신적 싸움에 대한 하나의 실마리를 얻고 다음과 같이 자신의 사유를 마감한다.

고독한 유대인이란 무엇일까?

고독한 여자란 무엇일까? 여자 동성애자란 혹은 남자 동성애자란?

겨울철 밀물이 암석에 선 탑을 들썩이게 한다면,
    그 선지자의 돌출부를 무너뜨린다면 그리고 농장들이
    바다 속으로 무너져 내리게 한다면

거대한 바닷 괴물 고래가 멸종의 위기에 처하고 요나가 복수자가 된다면

중심과 가장자리가 서로를 무너뜨리고, 세상의 시원에서 극단주의들이
    서로를 부숴버린다면

우리의 영혼들이 서로 충돌한다면, 아랍인들과 유대인들이
    종족 내부에서 고독한 외침을 울부짖는다면

피난민의 어린이와 추방자의 어린이가 폭파되고
　금지된 도시의 문을 다시 연다면
여자와 남자가 여자와 남자로서 선언된 대로 살기를 거부하고
　군중 속에서 보낸 우리의 고독한 삶의 이야기를
　말한다면
그런 세상이 있을 수 있다면, [그런 세상에서] 새로 태어나고 출현하게 된
다면, 고독은
　무엇을 의미하게 될까?

-「욤 키푸르 1984」 부분

　성서의 이야기는 요나가 마지막에 하나님의 인자하고 친절한 설명을 듣고도 아무 말도 하지 않는 것으로 끝난다. 과연 요나는 하나님의 말씀에 깨달음을 얻고 자신의 고집을 꺾으며 자복하고 회개했을까? 아니면, 집으로 돌아가서 홀로 누워 가시지 않는 울분으로 몸을 떨며 '그래도 내가 화를 내는 것은 합당하나이다'라고 되뇌었을까? 휘트먼은 시의 말미에 "바다가 속삭여주었던" 그 "죽음"이라는 말을 "나는 결코 잊지 않는다"라고 말하며 고독한 시인으로서 살아가야 할 운명을 받아들였다. 이제 리치는 휘트먼을 마음속에 품고 성서의 이야기에 변수를 제시하면서 요나 이야기의 속세적인 결말을 상상해 보기로 한다. 즉, 하나님이 고래를 사용할 수 없을 만큼 인간들에 의해서 고래가 포획되어 멸종위기에 처하게 된 현대에 요나가 태어났더라면－성서에 표현된 대로 이교도들을 미워하고 신이 그들에게 벌을 주어 멸망시키기를 바라는 요나의 성격에 근거한다면－그는 아마도 강한 이스라엘 근본주의자가 되었을 것이고, 틀림없이 악한 이교도들인 아랍인들에게 복수를 했을 것이며, 세상은 계시록에 기록된 대로 멸망으로 치달았을 것이다. 그리고 이런 복수의 혈전에서 시인이 할 수 있는 아무 것도 없을 것이다. 하지만, 이후 새로운 세계가 탄생하여 이전의 인종적, 종교적, 성적 정체성의 금지와 터부가 모두 사라진 세상이 열리게 된다면, 그리고

그런 세상에 자기가 새로 태어나게 된다면 사정이 바뀔까? 아마도, 여전히 인간은 서로를 미워하고, 여전히 인간은 서로에게서 떨어져 고독해하고, 여전히 시인은 고독함과 시적 씨름을 벌이며 자신의 고집대로 고독한 시인이 될 것인지 아니면 자신을 죽여 시인의 고독으로 승화시키는 작업을 할 것인지를 놓고 선택을 해야 할 것이다. 그것이 바다가 휘트먼에게 해 준 말이었고, 여전히 산타크루즈 해안선에서 그녀가 바다로부터 듣는 말일 게다. 하지만, 리치의 맨 마지막 질문, "고독은 무엇을 의미하게 될까?"는 이제 더 이상 그녀에게 동요를 일으키지 않는다. 요나와는 달리 시인의 특권이자 존재 양식인 "그 달콤한 지옥"을 마음에 품고 있는 리치는 자신이 주어진 운명대로 '있는 그대로의 세상'에서 존재하는 것을 피하지 않을 것이라는 점을 이미 예감했기 때문이다.

이로써 리치는 일 년 여에 걸친 지난한 시적 씨름을 끝내고 그 사유를 담은 한 편의 시 「욤 키푸르 1984」를 탄생시킬 수 있었다. 그리고 그녀는 가부장적 선지자 요나보다 더욱 성숙한 여성주의적 시인/선지자가 되어 유태인과 비유태인 모두를 가슴에 품고 이방인들을 "두려움이나 무기 없이" 사랑하는 일을 계속할 수 있었다. 이후로도 그녀는 최후의 순간까지 마음 속으로 "위험을 계산하지 않고" 이방인들을 향해서 "오래 그리고 멀리" 걸어가는 일을 계속하였다.

■ 참고문헌

한지희. 「"저도 노란 별을 달지요": 에이드리언 리치의 유태계 인종의식과 종교적 예술가의 책임의식」. 『현대영미시연구』 18.2 (2012): 123-50.

<욤키푸르>. Encyclopaedia Britanica Online Korea. http://preview.britannica.co.kr/ bol/topic.asp?mtt_id=69524. Dec. 5, 2012.

Jeffers, Robinson. "Robinson Jeffers." http://en.wikipedia.org/wiki/Robinson_Jeffers. Dec. 12, 2012.

Rich, Adrienne. "Yom Kipur 1984." *Adrienne Rich's Poetry and Prose.* Ed. Albert Gelpi and Barbara C. Gelpi. New York: Norton, 1975. 124-27.

_____. "The Genesis of 'Yom Kipur 1984.'" *Adrienne Rich's Poetry and Prose.* Ed. Albert Gelpi and Barbara C. Gelpi. New York: Norton, 1975. 252-58.

_____. "Split at the Root: An Essay on Jewish Identity." *Adrienne Rich's Poetry and Prose.* Ed. Albert Gelpi and Barbara C. Gelpi. New York: Norton, 1975. 224-39.

Whitman, Walt. "When Lilacs Last in the Dooryard Bloom'd" and "Out of the Cradle Endlessly Rocking." http://www.poets.org/viewmedia.php/prmMID/16404. Dec. 20, 2012.

Wordsworth, William. "I Wandered Lonely as a Cloud." http://www.poetryfoundation.org/poem/174790 Dec. 20, 2012.

실비아 플라스 _{Sylvia Plath, 1932-1963}

Sylvia Plath, 1932-1963

가족 속의 자아를 탐구한 여성시인

| 이현숙

1

주목 받던 영국 시인 테드 휴즈(Ted Hughes 1930-98)와의 전격적인 결혼과 뒤이은 파경의 여파로 1963년 2월에 30대 초반의 이른 나이에 자살로, 그 것도 가스 오븐에 머리를 집어넣는 극단적 방식으로 삶을 마감한 미국 시 인 실비아 플라스의 생애와 작품 활동은 이미 문학적 신화나 전설이 되어 버린 듯하다. 1932년 미국 보스턴에서 보스턴대학교 생물학 교수이자 땅벌 연구 권위자인 아버지 오토 플라스(Otto Plath)와 어머니 오렐리어 쇼버 (Aurelia Schober) 사이에서 출생한 그녀는 어린 시절을 윈쓰롭(Winthrop)의 해변 마을에서 보낸 후, 1940년에 아버지가 사망한 후 교사로 일하게 된 어머니를 따라 매사추세츠 주 웰즐리(Wellesley)로 가서 살게 되었다. 이곳에서 그래머스쿨과 고등학교를 마친 그녀는 스미스대학 영문과를 우등으로 졸업한 후 풀브라이트 장학금을 받아 영국 케임브리지대학교 뉴넘칼리지에서 학업을 계속하던 중 파티 석상에서 젊은 시인 휴즈를 만나 사랑에 빠져 6월 런던에서 결혼식을 올렸다. 학업을 마친 후 부부는 1957년 미국으로 건너왔고, 플라스는 모교인 스미스대학에서 강사로 영문학을 가르치다가 1959년 12월 다시 영국으로 건너가 생활했다. 1960년 그녀의 첫 시집 『거상』(*The Colossus*)이 영국 윌리엄 하이네만 출판사에서 발간되었고, 그 후 부부는 데번(Devon)의 시골집을 구입해 거주해 창작에 전념했다. 첫 딸 프리다(Frieda)를 출산한 지 약 2년 후인 1962년에 아들 니콜라스(Nicholas)가 태어났지만, 아씨아 위빌(Assia Wevill)이라는 기혼 여성과 혼외관계를 맺고 있던 남편 휴즈와의 불화로 그 해 12월에 아이들과 런던으로 이사했다. 그녀 자신의 자전적 경험을 다룬 소설 『벨 자』(*The Bell Jar*)가 빅토리아 루카스(Victoria Lucas)라는 가명으로 발간된 지 얼마 되지 않은 1963년 2월에 자살로 생애를 마감했다. 그녀의 사후 유고 시집 『에어리얼』(*Ariel*)이 1965년에 발간되고, 또 테드 휴즈가 편집한 『실비아 플라스 시전집』(*Collected Poems*)이 1981년에 발간되면서 그녀의 시적 성취에 대한 연구는 본격적으로 시작되었다고 할 수 있다.

플라스의 시에 나타난 자아의 주제는 『시전집』 발간 이래 여성주의적 접근을 시도하는 비평가들에 의해 많은 논의의 대상이 되어 왔다. 특히 상당수 비평가들은 그녀가 작고한 부친을 대신할 수 있는 대상을 추구하다가 남편과의 별거로 마침내 여성으로서의 자신을 온전하게 표현할 수 있게 되었다고 보고 있다. 그렇지만 그녀가 남성이나 가부장 사회에 대해 반감을 느끼고 적대감을 드러낸 만큼이나 여성에 대해서도 똑같은 정서를 느끼고 있었으며 또 그녀가 여성운동가로서의 어떤 대안을 제시하지도 않은 독특한 여성적 감수성을 지닌 시인이었다는 점은 종종 간과되어 왔다. 실제로 플라스는 그녀의 뛰어난 시편들에서 강력한 근원적 혈연집단인 가족의 구성원들과의 관계 속에서 겪은 갈등과 고뇌, 또 그 고통 속에서도 한 독자적인 여성시인으로서의 자아실현을 모색하는 모습을 성공적으로 그리고 있다. 이 글은 아버지 및 남편과의 관계를 다루고 있는 「아빠」("Daddy")와 모녀관계와 자신의 시적 창조력과의 관계를 다룬 「심란케 하는 뮤즈 신들」("The Disquieting Muses")에 초점을 맞춤으로써 가족들에 대한 복합적인 감정에서 비롯된 갈등 속에서 새롭게 여성으로서의 자아를 인식하고 변모해가는 과정을 살펴보고자 한다.

2

아버지의 상실과 그 부재가 자신의 삶에 던져준 상처, 그리고 감정 깊숙이 뿌리박힌 두려움을 드러내고 그것을 극복하여 새로운 자아 성취를 이뤄나가려는 노력을 보여주는 플라스의 「아빠」는 각 5행의 16개 연으로 구성된 독백이다. 어린 아이의 어리광 섞인 친밀함을 드러내는 '아빠'라는 호칭과 제목은 이 시를 읽어나감에 따라 시 내용이 드러내는 아버지에 대한 분노와 증오심, 그리고 쓰라린 감정들의 폭발들과 긴장관계를 이루면서 강력한 이율배반적 이중성을 드러내는 아이러니컬한 표제임이 드러난다. 특히 극단적인 압박의 메타포를 고안하기 위해, 그리고 아버지에 대한 분노가 증폭됨에 따라 아버지를 나치 군인, 파시스트, 기갑부대원, 악마로 부르고는 마침내 마지막 행에서 "개자식"이라는 욕설과 병치되었을 때의 효과는 압도적이다.

　이 시의 서두에서 딸로서의 여성 화자는 자신과 아버지와의 관계를 구체적으로 진술한다.

이젠 안돼요, 더 이상은
안될 거예요. 검은 구두
전 삼십 년간이나 그 속의
발처럼 살았어요. 초라하고 창백한 얼굴로,
감히 숨 한 번 쉬지도, 재채기조차 못하며.

아빠, 전 아빠를 죽여야만 했었습니다.
그래 볼 새도 없이 돌아가셨기 때문이에요—
대리석처럼 무겁고, 신(神)으로 가득 찬 푸대자루,
샌프란시스코 물개와
아름다운 노싯 앞바다로

강낭콩 같은 초록빛을 쏟아내는
변덕스러운 대서양의 갑(岬)처럼 커다란
잿빛 발가락을 하나 가진 무시무시한 조상(彫像).
전 아빠를 되찾으려고 기도드리곤 했답니다.
아, 아빠.

You do not do, you do not do
Any more, black shoe
In which I have lived like a foot
For thirty years, poor and white,
Barely daring to breathe or Achoo.

Daddy, I have had to kill you.
You died before I had time—
Marble-heavy, a bag full of God,
Ghastly statue with one gray toe

Big as a Frisco seal

And a head in the freakish Atlantic
Where it pours bean green over blue
In the waters off beautiful Nauset.
I used to pray to recover you
Ach, du.

—「아빠」("Daddy") 1-3연

이전의 시편들에서 딸이 보여준 순종의 태도 대신에 「아빠」에서는 첫 연에서부터 "not," "not ... any more," "Barely" 등의 부정의 부사와 구문들을 사용하면서 아버지에게 도전하는 단호한 면모를 보여준다. "검은 구두"는 갇혀 있음에 대한 이미지이다. 지금까지 살아온 30년간의 세월 동안 그녀를 그렇게 가둬놓고 있었던 것은 다름 아닌 아버지이며, 그 아버지의 사랑에 대한 갈망이었다. 거상과도 같이 위대한 아버지는 사랑의 대상이기도 했지만 두려움의 대상이기도 했다. 아버지에 대한 사랑과 부재에서 오는 상실감, 그리고 경외심에서 비롯된 두려움 등의 애매모호한 감정은 그녀의 삶을 왜곡시키고 꽉 죄인 장화 속에서 "숨 한 번 쉬지도, 애취"하며 재채기조차 못하게 하면서 그녀를 강박관념에 시달리게 했던 것이다. "검은 구두"는 복종과 함정에 빠져 있는 딸의 신경증적 상황을 잘 드러낼 뿐만 아니라 이후에 전개될 나치 군인으로서의 아버지와 연상되는 잔인성을 동시에 암시하고, 부녀 관계를 고문자와 고문당하는 자, 나치와 유태인의 관계로 자연스럽게 전이시켜 주는 효과적인 이미지이다.

아이의 입장에서 본 아버지의 존재는 「거상」에서처럼 거대한 신과 같은 존재로 "대리석처럼 육중"하고 또 압도하고 지배함으로써 두려움의 대상에 걸맞게 "무시무시한" 조상이다. 그러나 이제는 더 이상 로도스 섬의 거상이 아니다. "신으로 가득찬 푸대자루"라는 조롱조의 논평과 플라스 아버지의 회저병으로 병든 다리를 연상시키는 "커다란 잿빛 발가락," 그리고 "샌프란시스코의 물개," "변덕스런 대서양의 갑(岬)"이라는 익살스런 비유를 통해 비극적이며 고전적인 거상을 폄하시켜 버리고 신화적인 요소를 제거해 버린다. 그러나 서정적인 아름다운 바다와 연상되는 아버지는 여전히 화자가 애정과 두려움의 이중적인 감정을 지니고 있음을 드러낸다. 그러기에 그녀는 애징을 깆고 헌신적으로 아버지를 복원하기 위헤 노력헤 왔다. "Ach, du"라는 아버지를 부르는 소리는 화자의 애정 어린 친밀함을 반향한다.

그러나 이 독일어 호칭은 아버지 오토 플라스의 독일계 혈통을 상기시키고, 그것은 제4연부터 제12연 1행까지에서 또다시 플라스 자신이 BBC 방송과의 인터뷰에서 얘기했던 "독일계 아버지와 유태계 어머니를 지닌 딸의 알레고리"(Alvarez 65)로 자연스럽게 이어진다.

> 전쟁, 전쟁, 전쟁의
> 롤러로 납작하게 밀린
> 폴란드의 도시에서, 독일어로.
> 하지만 그런 이름의 도시는 흔하더군요.
> 제 폴란드인 친구는
>
> 그런 도시가 일이십 개는 있다고 말하더군요.
> 그래서 전 아빠가 어디에 발을 디디고,
> 뿌리를 내렸는지 말할 수가 없었어요.
> 전 결코 아빠에게 말할 수가 없었어요.
> 혀가 턱에 붙어버렸거든요.
>
> 혀는 가시철조망의 덫에 달라붙어버렸어요.

전, 전, 전, 전,
전 말할 수가 없었어요.
전 독일 사람들은 죄다 아빠줄 알았어요.
그리고 독일어를 음탕하다고 생각했어요.

저를 유태인처럼 칙칙폭폭 실어가는
기관차, 기관차.
유태인처럼 다카우, 아우슈비츠, 벨젠으로.
전 유태인처럼 말하기 시작했어요.
전 유태인인지도 모르겠어요.

티롤의 눈, 비엔나의 맑은 맥주는
아주 순수한 것도, 진짜도 아니에요.
제 집시 계(系)의 선조 할머니와 저의 섬뜩한 운명
그리고 저의 타로 카드 한 벌, 타로 카드 한 벌로 봐서
전 조금은 유태인일 거예요.

전 언제나 아빠를 두려워했어요.
아빠의 독일 공군, 아빠의 딱딱한 말투.
그리고 아빠의 말쑥한 콧수염
또 아리안족의 밝은 하늘색 눈.
기갑부대원, 기갑부대원. 아, 아빠—

신(神)이 아니라, 너무 검은색이어서
어떤 하늘도 삐걱거리며 뚫고 들어올 수 없는 십자장(十字章)[卍]
어떤 여자든 파시스트를 숭배한답니다,
얼굴을 짓밟은 장화, 아빠 같은
짐승의 야수 야수 같은 심장을.

아빠, 제가 가진 사진 속에선

흑판 앞에 서 계시는군요.
발 대신 턱이 갈라져 있지만
그렇다고 악마가 아닌 건 아니에요, 아니,
내 예쁜 빠알간 심장을 둘로 쪼개버린

새까만 남자가 아닌 건 아니에요.

In the German tongue, in the Polish town
Scraped flat by the roller
Of wars, wars, wars.
But the name of the town is common.
My Polack friend

Says there are a dozen or two.
So I never could tell where you
Put your foot, your root,
I never could talk to you.
The tongue stuck in my jaw.

It stuck in a barb wire snare.
Ich, ich, ich, ich,
I could hardly speak.
I thought every German was you.
And the language obscene

An engine, an engine
Chuffing me off like a Jew.
A Jew to Dachau, Auschwitz, Belsen.
I began to talk like a Jew.
I think I may well be a Jew.

The snows of the Tyrol, the clear beer of Vienna
Are not very pure or true.
With my gipsy ancestress and my weird luck
And my Taroc pack and my Taroc pack
I may be a bit of a Jew.

I have always been scared of you,
With your Luftwaffe, your gobbledygoo.
And your neat mustache
And your Aryan eye, bright blue.
Panzer-man, panzer-man, O You—

Not God but a swastika
So black no sky could squeak through.
Every woman adores a Fascist,
The boot in the face, the brute
Brute heart of a brute like you.

You stand at the blackboard, daddy,
In the picture I have of you,
A cleft in your chin instead of your foot
But no less a devil for that, no not
Any less the black man who

Bit my pretty red heart in two.
　　　　　　　　　—「아빠」 4-12연 1행

엄청나게 또 가차 없이 철저하게 파괴시키는 돌격과 강습의 전쟁 속에
서 경멸당한 폴란드인("Polack") 친구처럼 딸은 주눅 들어 말을 하지 못한다
고 주장한다. 첫 연의 "검은 구두"의 강박관념에 간힌 화자는 "가시철조망

덫"에 혀가 걸려버려 말을 할 수가 없다. 이것은 좌절과 혼란으로 인해 스스로를 표현하지 못하는 화자의 처지를 드러냄과 동시에 아버지와의 의사소통도 불가능하다는 점을 나타낸다. 아버지의 독일계 혈통은 물론 독일의 모든 것은 두려움을 상기시키고, 독일의 고딕적인 질서와 체계를 상징하는 주목과 같은 아버지와 그 거대한 검은 나무의 어두운 그림자 밑에서 살아온 화자는 이제 그 영향에서 벗어나려고 노력하면서 아버지에 대해 정서적으로 반항한다. 신탁의 말씀 같던 아버지의 음성은 쇠퇴하고 타락하여 이제는 "음탕한" 것이라면서 혐오와 역겨움을 표현한다.

고문당한 유태인처럼 죽음과 같은 고뇌를 경험한 화자는 독재자인 아버지와 그의 언어를 버리고 그 희생자의 언어로 말하기 시작한다―"전 유태인처럼 말하기 시작했어요. / 전 유태인인지도 모르겠어요." 그녀는 유태인을 죽음의 포로수용소로 몰고 간 기차이기도 하고 고문대이기도 한 "engine"의 이미지를 활용하여 자신의 내적 고통을 고문당하고 집단으로 살해당한 유태인의 고통과 병치시킴으로써, 부녀간의 인간적인 특질은 이제 모두 밀려나버리고 아버지는 고문자, 딸은 피해자라는 도식이 성립된다. 자아와 개별성을 압도하고 위협하는 독일인이 행한 고문이나 "음탕한" 것으로 간주된 독일어의 "ich"가 아닌 "나"(I)를 찾으려고 노력하는 화자는 질식할 것 같은 자신의 정서적 · 심리적 상황과 나치 침략의 역사적이고 실제적인 관계를 명상한다. 갈고리십자 형상의 나치의 상징 기장으로 연상되는 아버지는 압제자인 파시스트와 다를 바 없다. 그러나 "어떤 여성도 파시스트를 숭배한답니다"라고 이제까지 고통받아왔고 거부하려는 압제와 잔인함에 대한 매력을 드러내는 의미가 상충되는 아이러니컬한 발언을 함으로써 화자 내부에 깊숙이 자리 잡은 사랑과 증오의 뒤섞인 정서를 또다시 확인시켜 준다.

제11연에서 사진 속의 아버지는 「나사로 부인」("Lady Lazarus")의 "Herr

Doktor"처럼 흑판 앞에 서 있다. 이것은 실제 아버지의 이미지이면서 남성을 선생으로, 여성을 학생으로 간주하는 것을 이상적인 관계로 간주하는 가부장적 사회에서 통용되던 이미지이다(Annas 140). 즉 남성은 말을 하고 행동적인 선생이며, 여성은 학생으로서 남성의 말을 듣고 따르는 수동적인 역할을 담당한다. 그러므로 언어 역시 남성 전유물이다. 그러나 「아빠」의 화자는 이에 순응하지 않고 자신의 과거와 삶을 솔직하고 직접적으로 공개하고 자신의 언어와 이미지로 심경을 표현함으로써 자신의 언어와 능동적인 자아를 찾으려 한다.

제12연 2행부터 제15연까지 플라스의 삶의 세목을 떠올리게 하는 화자의 개인적인 고통의 요인들이 조목조목 열거된 후, 마지막 연(제16연)에서는 상징적인 살해행위가 극적으로 제시된다.

그들이 아빠를 묻었을 때 전 열 살이었어요.
스무 살 땐 죽어서
아빠께 돌아가려고, 돌아가려고, 돌아가보려고 했어요.
전 뼈라도 그럴 수 있으리라고 생각했어요.

하지만 사람들은 저를 침낭에서 끌어내
떨어지지 않게 아교로 붙여버렸어요.
그리고 나니 전 제가 해야 할 일을 알게 되었어요.
전 아빠를 본받기 시작했어요,
고문대와 나사못을 사랑하고

『나의 투쟁』의 표정을 지닌 검은 옷의 남자를.
그리고 저는 네 그렇게 하겠습니다, 네 그렇게 하겠습니다 라고 말했어요.
그래서 아빠, 이젠 겨우 끝났어요.
검은 전화기가 뿌리채 뽑혀져
목소리가 기어나오질 못하는군요.

만일 제가 한 남자를 죽였다면, 전 둘을 죽인 셈이예요.
자기가 아빠라고 하며, 내 피를
일 년 동안이나 빨아 마신 흡혈귀,
아니 사실은 칠년이지만요.
아빠, 이젠 누우셔도 돼요.

아빠의 살찐 검은 심장에 말뚝이 박혔어요.
그리고 마을 사람들은 조금도 아빠를 좋아하지 않았어요.
그들은 춤추면서 아빠를 짓밟고 있어요.
그들은 그것이 아빠라는 걸 언제나 알고 있었어요.
아빠, 아빠, 이 개자식, 이젠 끝났어.

I was ten when they buried you.
At twenty I tried to die
And get back, back, back to you.
I thought even the bones would do.

But they pulled me out of the sack,
And they stuck me together with glue.
And then I knew what to do.
I made a model of you,
A man in black with a Meinkampf look

And a love of the rack and the screw.
And I said I do, I do.
So daddy, I'm finally through.
The black telephone's off at the root,
The voices just can't worm through.

If I've killed one man, I've killed two—

The vampire who said he was you
And drank my blood for a year,
Seven years, if you want to know.
Daddy, you can lie back now.

There's a stake in your fat black heart
And the villagers never liked you.
They are dancing and stamping on you.
They always knew it was you.
Daddy, daddy, you bastard, I'm through.

— 「아빠」 12연 2행-16연

여기에서는 아버지의 죽음과 자신의 자살, 그리고 결혼과 피만 빨아먹힌 7년간의 결혼생활 등 사적인 그녀의 과거가 숨김없이 드러나고 있다. 화자는 아버지를 남성상의 원형으로 삼아 남편을 선택했음을 고백한다. 그러나 그 결혼생활을 화자는 성적인 함축을 담은 "고문대와 나사의 사랑"이고 "나의 투쟁 표정의 검은 옷 입은 남자"와의 결혼이었다고 묘사하면서 고통의 근원이었던 아버지에게서 벗어나 자신을 의지하려 했던 남성과의 결혼이 또 다른 고통이었음을 밝히고 있다. 또 "그렇게 하겠습니다, 그렇게 하겠습니다"라는 결혼 서약의 핵심어를 반복함으로써 그 서약이 단지 수동적이고 무의미한 것이었다는 쓸쓸한 반향을 불러일으킨다. 자신을 홀로 버려둔 채 자신의 삶에서 사라져버린 아버지나, 자녀들과 자신을 버려두고 다른 여성의 곁으로 떠나버린 남편은 화자에게는 무기력함과 괴로움, 그리고 분노만을 안겨주는 인물들로서 그 두 남성은 자연스럽게 하나의 존재로 융합된다. 압제자로 고통만을 가져다주는 아버지의 이미지는 검은 구두 · 조상 · 나치 군인 · 교수 · 흡혈귀로 축적되면서, 또 아버지와 남편이 한 인물로 합쳐지면서 그 고통은 배가되고, 화자는 이 고통의 과거인 아버지와 남편에게 "이젠 마침내 끝났어"라고 결별을 선언한다. 이 결별은 상징적이고 상상적인 살해의 의식(儀式)을 통해서 완성될 수 있다―"아빠의 살찐 검은 심장에 말뚝이 박혔어요. / 그리고 마을 사람들은 조금도 아빠를 좋아하지 않았어요. / 그들은 춤추면서 아빠를 짓밟고 있어요. / 그들은 그것이 아빠 라는 걸 언제나 알고 있었어요. / 아빠, 아빠, 이 개자식, 이젠 끝났어."

아버지에 대한 두려움을 종식시키기 위해 아버지의 심장에 말뚝을 박 는 것은 흡혈귀를 영원히 처단하기 위해 민간에서 사용되던 방법이다. 그 러나 이 광적이며 악의에 찬 듯한 행위는 마을 사람들과 함께 행해짐으로 써 압제자이자 고문자인 아버지에 대한 화자와 마을 사람들 사이의 연대감 을 드러내준다. 즉 아버지나 남편으로 묘사되었던 흡혈귀는 가부장적 사회 구조 속의 남성으로 화자만의 유일한 고문자가 아니다. 플라스 자신이 언 급한 것처럼 화자는 자신의 내부 속의 가해자와 피해자의 피를 극복하기 위해 시를 통해 끔찍한 알레고리를 다시 한 번 실연하고 있는 것(Alvarez 65)으로서, 벗어나고 극복하고자 하는 화자의 의지가 강력하게 표현되고 있 다. 그러므로 아버지를 상징적으로 살해하고 나서야 화자는 아버지의 영향 력에서 자유로워지며, 그녀가 아버지와의 강한 연계를 제거할 수 있을 때 비로소 그녀의 아버지 역시 진정한 휴식을 찾고 죽음의 세계에서 편히 누 워 잠들 수 있을 것이다(Melander 46). 이제 화자는 환멸스런 상상 속에서 의 아버지의 지배를 무너뜨리고 아버지와 함께 서 있는 남편까지도 "죽이 려고" 한다. 초기시의 아버지에 대한 흠모와 슬픔, 그리고 낙담은 반역과 분노로 대체되고, 시인은 아버지와 남성중심 사회의 희생자로서의 자신의 신분을 밝히고 그 지배력에 대항할 투쟁의 의지를 보여준다(Rosenblatt 126).

3

「심란케 하는 뮤즈 신들」은 자신을 사랑하지 않는 어머니, 또는 적절하게 사랑을 쏟아주지 못했던 어머니와 자신과의 관계를 다룬 시이다. 『시전집』에 수록된 휴즈의 주에 의하면, 플라스는 BBC의 방송 프로그램에서 이 시를 낭송하면서 제목이 죠르지오 데 키리코(Giorgio de Chirico)의 그림에서 차용해 온 것임을 언급했다고 한다(276). 그림 속의 불가사의하고 초현실적인, 얼굴도 없고 무시무시한 세 인형들은 운명이라고도 불릴 수 있는 20세기 판 "사악한 세 여인들"의 모습이라고도 플라스는 설명하고 있다. 전통적으로 뮤즈 신들은 시인의 창작을 돕는 존재로 알려져 있다. 시인들은 아름다운 젊은 처녀들인 이들 뮤즈 신들에게 영감과 도움을 청하는 시적 기원을 행한다. 그러나 플라스는 이 시에서 뮤즈 신들을 마녀나 불길하게 주변을 맴도는 유령과 연관시키면서 어머니와 자신과의 관계뿐만 아니라 시인으로서의 자신의 역할도 진지하게 검토한다.

전체 7개 연으로 구성된 이 시의 서두는 어머니에게 직접 말을 건네면서, 딸을 위로하고 안심시키려고 노력하지만 '어머니 자연'으로부터 딸을 보호하지 못하는 어머니의 모습을 제시한다.

> 어머니, 어머니, 도대체 어떤 무례한 숙모를,
> 아니면 보기 흉칙하고 추한 사촌을
> 당신은 어리석게도 제 세례식에
> 초대받지 않게 하셨죠? 그녀가
> 자기 대신 저 여인들을 보냈잖아요.
> 짜깁기한 계란 같은 머리를 한 채
> 발과 머리를 향해 그리고 제 아기 침대를 향해
> 고개를 끄덕이고 끄덕이고 연신 끄덕이는 저 여인들을.

어머니, 영웅적인 곰 '믹시 블랙숏'의 이야기를
누가 정리하기 시작했죠,
어머니, 누구의 마녀들이 늘, 언제나
생강빵 속에서 구워졌던가요, 전 궁금해요
당신이 그 마녀들을 보았는지, 당신이 그 이야기를 해주신 게
밤이면 내 침대 곁에서 고개를 끄덕이는
입도 없고, 눈도 없이, 꿰매진 대머리의
저 세 여인들을 제 곁에서 쫓아주기 위한 것인지가요.

Mother, mother, what illbred aunt
Or what disfigured and unsightly
Cousin did you so unwisely keep
Unasked to my christening, that she
Sent these ladies in her stead
With heads like darning-eggs to nod
And nod and nod at foot and head
And at the left side of my crib?

Mother, who made to order stories
Of Mixie Blackshort the heroic bear,
Mother, whose witches always, always
Got baked into gingerbread, I wonder
Whether you saw them, whether you said
Words to rid me of those three ladies
Nodding by night around my bed,
Mouthless, eyeless, with stitched bald head.

— 「심란케 하는 뮤즈 신들」("The Disquieting Muses") 1−2연

이 구절은 모두 어린 시절의 회상과 함께 자신을 극화시키는 돈호법과
수사적 의문문의 시적 장치를 사용함으로써 "입도 없고, 눈도 없이, 꿰매진

대머리"를 한 섬뜩한 세 여인들의 방문이 어머니의 잘못임을 강도 높게 비난하고 있다. 제1연에서 어머니는 『잠자는 미녀』의 부모처럼 "무례한 숙모"나 "보기 흉칙하고 추한 사촌"을 딸의 세례식에 초대하지 않음으로써 단순하게 딸을 보호하려 한다. 어린 시절 막연하게 감지하는 공포를 화자는 바로 이 멸시당한 친척들의 괴롭힘이라고 추측한다. 마치 유모인 양 이들은 침대 곁을 떠돌며 그녀를 놀라게 한다. 특히 저주처럼 다가온 그들과의 대면이 불가피한 것임을 강조하기 위해 동화 『잠자는 미녀』의 명백한 인유를 끌어들임으로써, 뮤즈 신들로 드러나게 될 세 여인들을 동화의 세계에서 세례식에 초대받지 못했던 심술궂은 노파와 융합시키고 있다.

제2연에서는 침묵으로 일관하며 화자의 주변을 맴돌고 있는 세 여인과 수다스러운 어머니가 대조되고 있다. 용맹스러운 곰에 관한 옛 이야기나 생강빵 속에 넣어 구워진 마녀의 이야기는 불행하거나 유쾌하지 않은 추악한 일들이 있을 때 그것을 희석시키고 약화시키려는 어머니의 방식이다. 곰의 이야기와 생강빵 속으로 사라져버린 마녀들의 이야기로 영웅적인 용기와 낙관적인 세계를 딸에게 가르쳐 주려고 어머니는 노력하지만 마녀는 여전히 살아 있다. 화자는 어머니가 실제로 그 세 여인들을 보았는지를 또 다시 어머니에게 묻는다. 그러나 삶의 실상을 외면하고 밝고 온화한 세계만을 추구하는 어머니로서는 아이의 근원적인 두려움을 인식할 수 없다. 제1연에서와 마찬가지로 제2연에서도 어머니는 화자를 효과적으로 보호해 주지 못하고 있다. 또 제1·2연의 동화와 마술의 모티프, 그리고 반복을 통한 동화적 어조의 설정 등은 비극이 자리 잡을 수 없는 비실재적인 어머니의 세계를 적절하게 뒷받침하고 있다.

이어지는 제3·4·5연에서는 화자가 겪었던 위험과 곤란, 세 여인의 사악한 힘, 그리고 그에 맞서는 무력한 어머니의 대조적인 모습이 예증된다.

허리케인이 왔을 때, 아버지의 열두 쪽
서재 창문들이 막 터져버리려는 거품 방울들처럼
바람에 불룩 부풀어 밀려들어왔을 때 당신은
남동생과 저에게 과자와 오발틴을 먹이시고는,
우리들이 합창을 하게 도와주셨죠.
"뇌신(雷神)이 노하셨네. 꽈르릉 꽈르릉 꽈르릉!
뇌신이 노하셨네. 하지만 우린 안 무섭다네."
그렇지만 그 여인네들이 창문을 깨버렸죠.

여학생들이 반딧불처럼 손전등을 깜빡거리면서
개똥벌레 노래를 부르며
발끝으로 서서 춤을 출 때, 전
반짝이는 의상을 입고도 발 하나 들어 올릴 수 없었습니다.
그저, 무거운 다리를 끌고, 한쪽에 서 있었죠.
무시무시한 머리의 제 대모들이 드리운
그림자 속에서. 그러자 당신은 울고 또 우셨죠.
그리고 그림자는 뻗어갔고, 조명도 꺼졌습니다.

어머니, 당신은 절 피아노 교습에 보내셨고
저의 아라베스크와 떨리는 음색을 칭찬하셨죠.
하지만 어느 선생이나 제 솜씨는
음계 연습과 몇 시간의 연습에도 불구하고
유난히 촌스러운 것이라는 걸 아셨고, 제 귀는
음치인 데다, 그래요, 가르쳐 볼 도리가 없는 아이란 걸 간파했죠.
전 배웠어요, 전 배웠답니다, 다른 곳에서 배웠어요,
사랑하는 어머니, 당신이 고용하지 않았던 뮤즈 신들에게서요.

In the hurricane, when father's twelve
Study windows bellied in
Like bubbles about to break, you fed

My brother and me cookies and Ovaltine
And helped the two of us to choir:
'Thor is angry: boom boom boom!
Thor is angry: we don't care!'
But those ladies broke the panes.

When on tiptoe the schoolgirls danced,
Blinking flashlights like fireflies
And singing the glowworm song, I could
Not lift a foot in the twinkle-dress
But, heavy-footed, stood aside
In the shadow cast by my dismal-headed
Godmothers, and you cried and cried:
And the shadow stretched, the lights went out.

Mother you sent me to piano lessons
And praised my arabesques and trills
Although each teacher found my touch
Oddly wooden in spite of scales
And the hours of practicing, my ear
Tone-deaf and yes, unteachable.
I learned, I learned, I learned elsewhere,
From muses unhired by you, dear mother. (*CP* 75)
ㅡ「심란케 하는 뮤즈 신들」 3-5연

제1 · 2연에서 사악하고 추악한 일들을 희석시키고 약화시키려고 애쓰던 화자의 어머니는 제3연에서는 추함과 불행을 수용하기를 거부하며, 딸과 함께 그것들을 피해 숨으려고 시도한다. 허리케인이 몰려와 창문을 부수려고 할 때, 어머니는 과자와 우유에 코코아를 탄 "오발틴"을 먹이고 "뇌신(雷神)이 노하셨네. 하지만 우린 무섭지 않다네"라고 노래하며 아이들을 달랜다. 그러나 문제는 화자가 그 뇌신이 화가 났다는 것에 매우 신경 쓰고 있다는 것과, 화자의 두려움을 묵살함으로써 화자의 공포를 가라앉히려는 어머니의 노력이 화자에겐 배신처럼 비쳐진다는 것이다(Dickie-Uroff 72). 따라서 이 연의 마지막의 "그렇지만 그 여인네들이 창문을 깨버렸죠"라는 문장에 담긴 화자의 어조에서는 승리감마저 엿볼 수 있다.

앞에서 인용했던 제2연에서 여인들은 화자의 보모처럼 내내 곁에서 맴돌며 "무시무시한 머리의 대모" 노릇을 떠맡았다. 제4연에서는 그 "대모들"이 화자를 전적으로 자신들의 그림자 속에서 살게 만든다. 학예회의 경험을 회상하고 있는 화자는 명암의 대조를 통해 평범하고 자연스러우며 근심 없는 학교 친구들과 자신을 비교하고 있다. 발광체인 반딧불처럼 빛을 발하며 춤을 추고 노래 부르는 다른 소녀들의 들뜸과 가벼움과는 달리, 화자인 '나'는 빛을 반사할 뿐인 반짝이는 의상을 걸친 채 "무거운 다리"를 끌고 옆에 서 있을 따름이다. 어머니는 딸의 실패에 눈물을 흘리지만, 딸이 무시무시한 "대모들"의 그림자 속에 있으며 그래서 춤을 추지 못했다는 것을 알아차리지 못한다. 그러므로 그림자들이 뻗어갔을 때, 그리고 빛이 사라진 순간, 화자는 그들의 궤도 속으로 움직여 간다. 특히 화자는 자신이 음치이며 어떻게 가르쳐 볼 도리가 없는 학생이라는 선생의 논평을 통해 피아노 교습을 강요하던 어머니가 결코 자신에게 진실을 말하고 가르쳐 주리라고 기대할 수 없음을 제5연에서 드러내고 있다. 어머니가 초대하지 않았던 "숙모들"처럼 "당신이 고용하지 않았던 뮤즈 신들"에 의해 화자는 어머니에게서 배우지 못했던 것을 배우게 된다. 특히 마지막의 "사랑하는 어머니"라는 어구는 낙관적이며 여성적인 우아함으로 딸을 교육시키려 한 어머니의 노력이 무익했던 것임을 상기한다면 반어적인 여운을 남기는 것이다.

지금까지 살펴본 다섯 연이 간결하면서도 조밀하게 모녀간의 역사를 다루고 있다면, 마지막 두 연은 모녀간의 거리감과 어머니의 패배를 다루고 있다.

어느 날 깨어 당신을 보았어요, 어머니,
제 위의 지극히 푸르른 대기 속에서
결코, 결코 어디에서고 발견되지 않는
백만의 꽃들과 파랑새들과 함께
밝은 초록색 풍선 위에 떠 계셨어요.
하지만 당신이 "이리 오렴!" 하고 부르자
그 작은 행성은 비눗방울처럼 까딱거리며 사라졌어요.
그리고 전 제 길동무들과 마주했죠.

낮이고 밤이고, 머리맡, 옆구리, 발밑에서
그들은 돌로 된 가운을 걸친 채 불침번을 섭니다,
제가 태어나던 날 같은 공허한 얼굴들을 한 채,
결코 밝아지거나 가라앉지도 않는
지는 해 속에 자신들의 그림자를 길게 드리우며.
그리고 바로 이것이 당신이 제게 떠넘긴 왕국입니다,
어머니, 어머니. 하지만 저의 어떤 찡그린 얼굴도
제 곁의 동무들을 배신하진 않을 겁니다.

I woke one day to see you, mother,
Floating above me in bluest air
On a green balloon bright with a million
Flowers and bluebirds that never were
Never, never, found anywhere.
But the little planet bobbed away
Like a soap-bubble as you called: Come here!
And I faced my traveling companions.

Day now, night now, at head, side, feet,
They stand their vigil in gowns of stone,
Faces blank as the day I was born,
Their shadows long in the setting sun
That never brightens or goes down.
And this is the kingdom you bore me to,
Mother, mother. But no frown of mine
Will betray the company I keep. (*CP* 75-76)

ㅡ「심란케 하는 뮤즈 신들」 6-7연

화자는 이제는 닿을 수 없는 곳에 떠 있는 동화 같은 세계 속에 안주한 어머니와 어머니의 세계를 시각적으로 묘사한다. 어머니의 삶의 비전은 꿈이며 땅에 내려앉지도 못하고 쉽게 부서지고 사라져버리는 비눗방울과도 같은 것이라고 화자는 자신 있게 주장한다. 어머니가 안주한 그 세계는 비실재적인 것으로 이상향에 불과하다. 특히 "지극히 푸르른 대기 속에" 떠 있는 어머니를 묘사할 때, 그 푸른색은 「달과 주목(朱木)」("The Moon and the Yew Tree")에서 성스러움으로 경직되어 파랗게 질린 기독교의 성인들의 차가움을 묘사할 때도 활용된 색으로서 어머니와 화자 사이의 냉랭한 거리감을 잘 드러내는 것이라고 볼 수 있다. 모녀간의 거리감은 결국 "이리 오렴!"이란 어머니의 부름에 등을 돌리는 화자의 행위에서 그 정점에 이른다. 화자의 삶에 그림자를 드리우며 침묵하는 불길한 세 여인들은 이미 화자의 일부가 되었고(Juhasz 97), 그들은 그녀로 하여금 환상에서 깨어나 삶의 실상을 파악할 수 있게 해준다. 그러므로 화자는 "종착역 따위는 없는" 「토템」("Totem") 삶이라는 여정의 동반자로서 그들을 선택한다. 그녀는 어머니의 사랑과 교육에 회의를 느끼고 진정으로 삶의 진실로 그녀를 안내해 줄 뮤즈 신들을 자신의 후견인으로 맞아들인다. 그럼으로써 그녀는 어머니의 동화 같은 퇴영적 세계에서 벗어나 지각 있는 독립된 성인으로 새롭게 태어나고 성장할 수 있게 될 것이다. 또한 뮤즈 신들을 동반자로 받아들이는 것은 시인으로서의 플라스가 삶의 실상을 꿰뚫고 조감할 수 있는 시인이 되기 위한 필수적인 선택이다.

비록 자신의 어머니를 거부한 날을 기념하며 축하하고 있지만, 화자는 어머니를 대신하는 뮤즈 신들의 적대적인 시선에 꼼짝없이 갇혀 있음을 느낀다. 이 뮤즈 신들의 특성인 돌 같은 특성 · 공허함 · 불변성은 플라스가 가장 두려워한 죽음과 자연세계의 측면들을 연상시킨다(Rosenblatt 73). 그러므로 "돌로 된 가운"을 걸친 채 불침번을 서며 그녀의 삶 전체를 지배하는 의인화된 뮤즈 신들을 대하는 화자의 태도에서는 근심과 망설임이 엿보이기도 한다. 그러나 마지막 3행에서 화자는 결국 결연히 자신의 운명을 적극적으로 수용한다. 삶의 허상들을 좇고 가르치려는 어머니의 무익한 사랑이 결국 화자로 하여금 어머니 대신 고통스럽고 무시무시한 뮤즈 신들을 택하게 하였으므로, 그녀는 "이것은 바로 당신이 제게 떠넘긴 왕국"이라고 어머니를 힐난한다. 딸의 내면을 통찰하지 못하고 적절한 보호와 사랑을 제공하지 못함으로써 모녀간의 심연의 골을 더욱 깊게 만든 어머니에 대해 분개하는 화자는 이 시를 통해 단순히 어머니를 고발하는 데 그치는 것이 아니라, 반감을 느끼는 어머니의 세계에 의해 촉발되어 자신의 개별적인 삶에 대한 깨달음을 얻는다.

4

자신을 매료시키면서도 또 옭아매는 가족에 대한 애증의 감정은 플라스의 중요한 관심사였고, 그녀의 시는 바로 그 같은 가족 구성원들과의 관계 속에서의 그녀 자신의 경험에서 출발한다. 그러나 그녀의 많은 시편들은 사적인 배경과 경험의 요소들 속에서 야기되는 심리적 문제를 단순히 노출시키는 것이 아니라 인간 소외와 사랑, 삶과 죽음, 자아의 발견과 성숙이라는 중심 주제를 양식화한다. 이 글에서 살펴본 두 편의 시에서 플라스는 극적 독백과 구어체 어조, 다양한 이미지들의 효과적인 활용을 통해 여성 화자의 내면의 갈등과 성격을 선명하게 부각시킨다. 가족과 사랑, 그리고 자아에 대한 그녀의 명상은 가부장적 사회의 성격과 일반적인 여성, 특히 성공을 꿈꾸는 야심적인 여성 작가가 그것에 대처하고 저항해 가는 모습을 인상적으로 보여준다. 가족 구성원과의 관계 속에서 겪는 복합적인 감정들과 다채로운 경험들을 통해 변모하는 한 여성 자아의 모습을 성공적으로 극화하는 플라스의 시는 현대 미국 고백시의 중요한 성취로 평가될 수 있을 것이다.

■ 참고문헌

플라스, 실비아. 『거상— 실비아 플라스 시선』. 윤준·이현숙 옮김. 서울: 청하, 1986.

Alvarez, A. "Sylvia Plath." *The Art of Sylvia Plath*. Ed. Charles Newman. Bloomington: Indiana UP, 1970. 56-68.

Annas, Pamela J. *A Disturbance in Mirrors: The Poetry of Sylvia Plath*. New York: Greenwood P, 1988.

Dickie-Uroff, Margaret. "Sylvia Plath on Motherhood." *Midwest Quarterly* 15 (October 1973): 70-90.

Juhasz, Suzanne. *Naked and Fiery Forms: Modern American Poetry by Women, A New Tradition*. New York: Harper & Row, 1976.

Melander, Ingrid. *The Poetry of Sylvia Plath: A Study of Themes*. Stockholm: Almquist & Wiksell, 1972.

Plath, Sylvia. *Collected Poems*. Ed. Ted Hughes. London: Faber and Faber, 1981.

_____. *Letters Home: Correspondence 1950-1963*. Selected and edited with commentary by Aurelia Schober Plath. New York: Harper & Row, 1975.

Rosenblatt, Jon. *Sylvia Plath: The Poetry of Initiation*. Chapel Hill: The U of North Carolina P, 1979.

준 조던^{June Jordan, 1936-2002}
보편적 여성주의를 실천한 행동가 시인

| 독고현

자메이카 계 미국인인 준 조던은 시를 중심으로 다양한 장르에 걸쳐 왕성한 저작활동을 벌였으며, 어린이와 시민들을 위한 대중적인 시 교육에 열의를 쏟았던 대학교수이자 진보적 행동가로도 유명하다. 이에 대해 "그녀는 가장 용감한, 그리고 가장 격분한, 그러면서도 매우 보편적인 시인"이라고 평가했던 앨리스 워커(Alice Walker)의 말이 널리 공감을 얻고 있고, 심지어는 조던의 시를 비판하는 사람들까지도 이를 부정하지 않는다(Gates & McKay 2004, 2016). 조던은 미국흑인문학인들 중 가장 많은 책을 출판한 작가들 중 하나로 알려져 있는데, 그녀가 공식적으로 발표한 것만도 첫 출판서인 『누가 날 보는 거야』(*Who Look at Me* 1968)가 선보인 이래, 사후(死

後)의 시모음집『욕망에 좌우되어』(*Directed by Desire* 2005)를 포함해 30권에 달한다. 여기에는 주로 시선집에서부터 정치적 에세이, 그리고 어린이를 위한 소설에서부터 오페라대본에 이르기까지 다양한 분야가 포함되어 있다.

준 조던은 1936년 뉴욕 할렘의 가난한 자메이카 이민가정에서 외동딸로 태어났다. 대도시 흑인빈민지역에서 성장한 그녀는 문학에 관심이 많았던 아버지의 영향으로 어려서부터 많은 문학작품을 접할 수 있었으며, 아버지의 관심과 독려로 7세 무렵부터 시를 쓰기 시작했다. 그러나 한편으로 남아선호사상을 벗어나지 못한 아버지의 간헐적인 폭압을 성장과정에서 경험하면서 가부장적 권위에 대한 반감을 키우기도 했다. 조던의 어머니는 원래 미술가의 재능과 꿈을 지닌 여성이었는데, 고단한 삶과 좌절된 꿈 등으로 인해 불행히도 자살을 택하고 말았다. 조던은 어머니의 삶을 통해 오랫동안 도외시되어 왔던 흑인여성들의 역사를 인식하게 되었고, 이후 인종과 계급, 그리고 모성(母性)이 충분히 고려되지 않은 서구 중심의 기존 페미니즘을 비판적으로 바라보게 되었다. 이러한 조던의 생각은 후에 앨리스 워커가 주창한 이른바 "우머니즘"(womanism)[1]의 토대를 이루었다고 평가받는다.

조던은 권력과 언어의 관계를 면밀히 살피면서, 흑인영어(AAVE, African American Vernacular English)에 구현되어 있는 저항의 본질에 주목했다. 그리하여 그녀는 작품 활동 내내 흑인들의 어법과 언어전략이 담긴 흑인영어의 미학과 그 효과를 널리 알리려 애썼다. 그녀는 흑인들이 사용

---

1) 우머니즘은 "유색인종 페미니즘"이라고 할 수 있는데, 이는 서구의 이분법적 사고에 의한 남/녀, 남성성/여성성의 개념을 초월하는 전인적 인간으로서의 여성성을 지향한다. 남녀 모두의 생존과 총체적 인간성에 전념하는 보편주의자의 개념을 담고 있는 '우머니스트'들은 "남녀를 불문하고 전 민중의 생존과 건전함에 헌신한다"는 모토를 내세운다. 이들은 보다 많은 유색인 여성들이 준 조던과 앨리스 워커에게 동조하여 주류 페미니즘운동에 내재한 인종차별주의와 계급차별주의를 비판하면서, 성별만이 아니라 인종, 계급, 성적 지향에 대한 편견과 억압에 맞서 싸우기 위해 진정한 페미니즘, 즉 우머니즘을 실천해야 한다고 주장한다.

하는 질박한 영어에서 고난의 역사를 이겨온 생존의식을 통찰하고 이러한 생명력이 사라지지 않도록 그녀의 작품에 이를 충실히 반영했다.

이처럼 여성성과 흑인성(blackness), 그리고 인간본성에 관한 경험과 연민과 통찰 및 주장이 잘 드러난 그녀의 시 작품들 중 가장 널리 알려진 것으로 「나의 권리에 관한 시」("Poem about My Rights")(1980)가 있다. 114행으로 이루어진 이 작품에는 조던이 평생 추구하던 가치관과 철학이 고스란히 담겨 있다. '흑인여성주의의 선언서'라고 할 수 있는 이 장시(長詩)는 도시에서조차 저녁에 편안한 마음으로 외출 한 번 하기 어려운 유색인 여성의 처지에 대한 시인의 거친 항변으로 시작된다.

> 오늘밤에도 나는 산책을 할 때 이 시(詩)에 대해서
> 내 생각을 분명히 해 둘 필요가 있다 도대체 왜 나는
> 저녁 무렵 밖에 한번 나가려면 나의 옷과 신발과
> 나의 몸가짐 나의 성 정체성 나의 나이
> 늦은 밤 혼자인 여성으로서의 나의 처지에 변화를 주어야만 하는지/
> 거리에 혼자일 때/ 눈에 띄는 표적이 아닌 채로 혼자일 때도 말이야/
> 요지는 이런 거지 내가 내 몸 가지고 내가 원하는 일을
> 할 수 없다는 것이지 이유는 단지 나의 잘못된
> 성별 잘못된 나이 잘못된 피부인 거야 그리고
> 만약에 여기가 도시 한 가운데가 아니고 저 아래 바닷가라면/
> 혹은 멀리 숲속이라면 그리고 내가 오직 신에 관해/ 혹은
> 아이들에 관해 생각하거나 이 세계/모든 섭리가
> 밤하늘 별들과 침묵을 통해 드러난다는 걸 생각하면서
> 거기에 혼자 가기를 원한다고 한다면;
> 아마 나는 갈 수도 없고 생각할 수도 없고 나는 거기에
> 머무를 수도 없겠지
> 혼자서는
> 내가 그토록 필요로 하는

혼자인 상태로는 왜냐하면 나는 내가 하고 싶은 걸 할 수가 없기 때문이지
내 몸 가지고서도 근데
도대체 누가 세상을 만들어 놓은 거지
이따위로 말이야

Even tonight and I need to take a walk and clear
my head about this poem about why I can't
go out without changing my clothes my shoes
my body posture my gender identity my age
my status as a woman alone in the evening/
alone on the streets/ alone not being the point/
the point being that I can't do what I want
to do with my own body because I am the wrong
sex the wrong age the wrong skin and
suppose it was not here in the city but down on the beach/
or far into the woods and I wanted to go
there by myself thinking about God/ or thinking
about children or thinking about the world /all of it
disclosed by the stars and the silence:
I could not go and I could not think and I could not
stay there
alone
as I need to be
alone because I can't do what I want to do with my own
body and
who in the hell set things up
like this

— 「나의 권리에 관한 시」("Poem about My Rights") 1-22

여기서 시인은 성별, 인종. 나이, 외모, 지위 등에 대한 폭력적 이분법[2)]

을 거부하고 자신만의 정체성과 존엄성을 역설하여 차별받는 유색인 여성들의 심정을 대변해 준다. 산문체로 표현된 예들을 통해 조던은 여성들이 경험하는 혹독한 위협들을 제시하고 있는데, 구두점의 생략과 예시의 열거로 이루어진 짧지 않은 시행(詩行)은 긴박한 운동감의 효과를 낸다. 이처럼 휴지부(caesura)를 찾기 어려운 시행들로 인해, 독자 혹은 청자는 가쁜 호흡과 "나의/내"(my)의 반복이 가져다준 시와의 일체감에 휘감기게 되어 여성들의 삶에 대해 집단적인 동질감을 느낄 수 있다. 더구나 이 시는 시인 자신의 경험에 기초한 것이기에, 시가 가지고 있는 분노의 에너지, 실감나는 묘사, 그리고 시인이 사용하는 문체와 형식상의 전략 등은 독자나 청자로 하여금 어구(語句)나 시행 하나 하나에 보다 공감하게 만든다. 이 시에서 핵심적으로 반복되는 단어인 "잘못된"(wrong)은 유색인 여성의 상황이 자신의 의지와 상관없이 부여된 차별적 이분법에 의한 것임을 역설한다. 그리하여 "나의 잘못된 성별, 잘못된 나이, 잘못된 피부"에 대한 의식은 개인의 차원을 넘어 아프리카 민족과 국가에 부과된 폭력의 역사에 관한 성찰로 이어진다.

조던은 이 모든 개인적 차별이 "아프리카대륙에 대한 괴물 같은 강압적 사정(射精)의 증명"(the proof of the monster jackboot ejaculation on Blackland)(38행)이라고 규정하며 자신의 개인사와 아프리카의 역사를 병치한다. 그녀는 강간에 대한 프랑스의 법률적 정의(定義), 주변국에 대한 영국령 남아프리카공화국의 정치적 간섭, 행동가들에 대한 미국 CIA와 FBI의 감시와 탄압, 그리고 아버지의 성차별주의와 어머니에게도 내재화된 인종주의 등을 자신의 개인적 경험의 예들과 연계하고 있다. 특히 그녀는 자신에게 코 성형과 치아 교정을 독려했던 어머니("my mother pleading plastic

<hr>

2) 차별적 개념을 지칭하는 용어로 sexism, racism, ag(e)ism, lookism 등이 있으며, 이러한 것들이 기존의 사회적·경제적 계급(class)과 더불어 전반적인 지위(status)를 고착화하는 데 동조한다.

surgery and braces for my teeth")(64-65행)에게서 유색인 여성에게까지 인종주의(racism)와 성차별주의(sexism), 그리고 외모지상주의(lookism)을 떨쳐버리지 못하게 만든 가슴 아픈 현실과 "강간의 역사"를 반추한다.

나는 강간의 역사이다
나는 나의 존재에 대한 거부의 역사이다
나는 나 자신에 대한
강압적인 유폐(幽閉)의 역사이다
나는 구타 폭행의 역사 그리고 내가 내 마음과 내 몸과 내 영혼으로
내가 하고자 하는 것들을 무엇이든지 못하게 막는
끝없이 밀려오는 군대들의 역사이다
그게 밤에 외출을 하는 것에 관한 것이든
혹은 내가 느끼는 사랑에 관한 것이든 혹은
그것이 내 음부(陰部)의 신성(神聖)함 혹은
내 조국 국경선의 신성불가침에 관한 것이든
혹은 나의 지도자들의 신성함 혹은
각자의 모든 욕망의 신성함이든 말이지
그 고결한 신성함이란 나의 개인적이고 나만의 특유한
그리고 누가 뭐래도 단 하나 독자적인 나의 심장을 통해 알게 된 것인데
　　말이야

I am the history of rape
I am the history of the rejection of who I am
I am the history of the terrorized incarceration of
myself
I am the history of battery assault and limitless
armies against whatever I want to do with my mind
and my body and my soul and
whether it's about walking out at night

or whether it's about the love that I feel or
whether it's about the sanctity of my vagina or
the sanctity of my national boundaries
or the sanctity of my leaders or the sanctity
of each and every desire
that I know from my personal and idiosyncratic
and indisputably single and singular heart

— 「나의 권리에 관한 시」 77-91

조던은 시의 결말부에 이르러 다시 "잘못된"이라는 단어를 반복적으로 사용하는데, 여기서 그녀는 "because"에서 따로 "be-"를 떼어내 독립된 행을 구성함으로써 자신이 언급했던 모든 형태의 지배와 억압의 "이유"(cause)가 여전히 부조리(不條理)하게 "존재"(be-)한다는 현실을 지적하고, 이를 흑인어법 특유의 반복어구 사용을 통해 힙합의 랩(rap)처럼 쏟아 붓는다.

나는 지금까지 강간당한 거라고
사실 그—
이유는 지금까지 내가 잘못되었었기 때문이지 잘못된 성별 잘못된 나이
잘못된 피부 잘못된 코 잘못된 머리칼 그
잘못된 욕구 잘못된 꿈 잘못된 지리적 조건
잘못 재봉된 나

I have been raped
be—
cause I have been wrong the wrong sex the wrong age
the wrong skin the wrong nose the wrong hair the
wrong need the wrong dream the wrong geographic
the wrong sartorial I

— 「나의 권리에 관한 시」 92-97

"잘못된"이라는 말은 자기와 '다른' 타자(他者)를 바람직하지 못하고 '그 릇된(틀린)' 악의 존재로 보려는 이분법적인 지배세력의 논리전개 과정을 한마디로 요약해 준다. 조던은 이러한 사고체계가 일종의 강간이라고 생각 하며, 자신의 "잘못된" 개인적 조건들이 모두 "강간의 역사"가 되고 "강간 의 이유"가 된 것이라고 토로한다.

그러나 조던은 「나의 권리에 관한 시」 마지막 부분에서 지금까지의 "강간의 역사"를 부정하고 자기존재를 천명하는 저항의 선언으로 미무리하 고 있다. 그녀는 자신의 진정한 존재를 강하게 주장하기 위해 "잘못된" 이 름을 바로 잡고 자신만의 이름을 선언하기에 이른다. 그리고는 이러한 저 항과 자기결정을 통한 자아회복의 노력을 방해하는 세력에 대해 단호한 경 고를 못박아둔다.

> 나는 잘못된 것이 아니다. 즉 '잘못된'(Wrong)은 내 이름이 아니다
> 내 이름은 나 자신 나 자신 나 자신
> 그리고 나는 도대체 누가 세상을 이 따위로 만들어 놨는지 모르겠다
> 그러나 나는 당신들에게 말할 수 있다 지금부터 나의 저항
> 단순하지만 밤낮으로 계속될 나의 자기결정을 방해하려는 자는
> 그 목숨을 걸고 하는 게 좋을 것이라고
>
> I am not wrong: Wrong is not my name
> My name is my own my own my own
> and I can't tell you who the hell set things up like this
> but I can tell you that from now on my resistance
> my simple and daily and nightly self-determination
> may very well cost you your life
>
> ―「나의 권리에 관한 시」 109-14

결말에서 일갈한 분노의 경고는 단호하면서도 다소 무모해 보이지만

뜬금없는 언사가 아니다. 이쯤 되면 독자나 청자는 조단이 풀어놓은 개인사와 흑인여성들이 겪어온 고난사를 동일시하여 시인의 생각에 전적으로 동의하게 된다. 여기에는 구연(口演)에 기반을 둔 이 시의 형식상 언어전략도 큰 역할을 한 듯하다. 결국 독자는 압제의 경험에 대한 외면과 도피보다는 자기반성과 성찰의 계기를 갖게 되고, 시인은 차별 없는 보편적 사랑과 연민으로 이분법적 사고방식과 사회현상을 극복하려는 궁극적인 목표에 도달한 것이다.

조단이 주목한 보편적 여성주의의 개념은 비단 유색인 여성뿐 아니라 남성본위의 서구문명과 이를 반영한 작품들에 등장하는 모든 여성들의 자의식도 아우른다. 그녀는 특히 '서구문명의 양대 원천'이라고 일컫는 헬레니즘과 헤브라이즘의 서사, 즉 그리스신화와 성경에 등장하는 인물과 사건을 여성의 시각으로 다시 들여다보고 사유하는 작업도 게을리 하지 않았다. 예를 들어, 그리스신화에 난봉꾼 제우스가 독수리에게 쫓기는 백조로 변신하여 레다(Leda)라는 처녀의 동정을 얻어 품에 안긴 후 이를 기회로 삼아 그녀와 통정(通情)한 사건이 나온다. 아일랜드 시인 예이츠(W. B. Yeats)는 「레다와 백조」("Leda and the Swan")[3]에서 이를 보다 강압적인 겁탈로 묘사

---

3) 참고로 「레다와 백조」의 전문(全文)은 아래와 같다.

A sudden blow: the great wings beating still
Above the staggering girl, her thighs caressed
By the dark webs, her nape caught in his bill,
He holds her helpless breast upon his breast.

How can those terrified vague fingers push
The feathered glory from her loosening thighs?
And how can body, laid in that white rush,
But feel the strange heart beating where it lies?

A shudder in the loins engenders there

하면서 이 '강간' 사건이 궁극적으로 가부장적 권위에 의한 문명의 시혜(施惠)라고 해석할 여지를 준 바 있다. 이에 조던은 '예이츠의 「레다와 백조」를 참조할 것'을 부제로 명시한 「여성, 그리고 한 남자의 침묵」("The Female and the Silence of a Man")(1989)이라는 일종의 풍자시를 발표하였다.

이제 그녀는 안다: 자기의 얼굴을 박살내는 그 커다란 주먹을.
저 위에서, 하늘은 달의 슬픔을 감춘다.
그러면 창문은 밝아지고, 문들은 잠긴다, 그녀가 지나온
모든 흔적과 대비된 채: 그녀는 한 여인의 파멸이라는 폭력의 나락으로
　　떨어진다.

어떻게 그녀가 그의 욕정이 달려드는 걸 이겨내고 일어설 수 있겠는가?
그녀는 자신의 이빨들을 내뿜는다. 그는 그녀의 가냘픈 다리를 찢듯이 헤
　　집는다.
흥분한 그의 털북숭이 몸통이 보드라운 마지막 보루를 허문다,
　　　　　　　　　　그녀의 신념의 보루를.
그는 그녀의 젖가슴도 갈기갈기 헤집는다. 그는 그녀의 심장을 할퀴고 쥐
　　어짠다.

그녀는 백합꽃들과 한 마리 백조가 있는 목초지 연못 속으로 가라앉는다.
그녀는 숲속으로부터의 음악이 있는 오후 위로 떠오른다.
그녀는 사람들이 밟고 지나가는 핏자국처럼 사라진다.
그녀는 다시 나타난다: 이성(理性)이 잡을 수 없는 미친 암캐가 되어;

The broken wall, the burning roof and tower
And Agamemnon dead.

　　　　　　　　Being so caught up,
So mastered by the brute blood of the air,
Did she put on his knowledge with his power
Before the indifferent beak could let her drop?

강과 곡식도 말려버릴 정도의 어떤 열기:
잔인한/작열하는 에너지로 자신을 보호하는 한 어여쁜 소녀.

And now she knows: The big fist shattering her face.
Above, the sky conceals the sadness of the moon.
And windows light, doors close, against all trace
of her: She falls into the violence of a woman's ruin.

How should she rise against the plunging of his lust?
She vomits out her teeth. He tears the slender legs apart.
The hairy torso of his rage destroys the soft last bastion
                                    of her trust.
He lacerates her breasts. He claws and squeezes out her heart.

She sinks into a meadow pond of lilies and a swan.
She floats above an afternoon of music from the trees.
She vanishes like blood that people walk upon.
She reappears: A mad bitch dog that reason cannot seize;
A fever withering the river and the crops:
A lovely girl protected by her cruel/incandescent energies.

　　　　　─ 「여성, 그리고 한 남자의 침묵」("The Female and the Silence of a Man") 전문

　　조던은 겁탈조차 '권위자의 은총'으로 해석하는 남성 본위의 가부장적
신화체계와 수용방식에 대해 거부감을 보이고 있다. 이러한 그녀의 역사관
과 여성관은 남성중심 혹은 서구중심 혹은 백인중심의 주류평단으로부터
종종 "까탈지다"거나 "편협하다"거나 "지나치게 전투적이다"라는 평가를 받
기도 했다. 그러나 이것은 역사적 맥락에 관한 이해가 없이 자신의 작품과
행동에 대해 표피적으로 반응하는 것이라는 게 그녀의 생각이다. 그래서
그녀는 남들이 이해하지 못하는 "미친 암캐"가 된다 해도, 차별 받는 여성

들의 권리를 회복하는 데 공헌하기 위해 강렬한 필설과 행동을 택한 것이다. 결론적으로 그녀가 이 여성들에게 당부하는 진정 아름다운 보편적 모습은 "강과 곡식도 말려버릴 정도의 어떤 열기(혹은 열정)" 즉 "잔인할 정도로 뜨겁게 열을 발하는 에너지"로 자신을 무장하여 스스로 보호할 수 있는 진정 사랑스런 소녀의 모습이다.

조던은 보편적 여성주의를 국가나 권력 간의 관계에도 적용하여 세계 도치에서 벌이지는 자유의 투쟁에 힘을 실이주려고 노력했다. 특히 강연과 시낭독회를 통해 팔레스타인, 니카라과, 과테말라, 남아프리카공화국 등지에서의 자유와 평등과 독립을 위한 투쟁을 옹호하는 목소리를 높인 바 있다. 그러다가 그녀는 1980년대 초 팔레스타인의 정치적 입장을 열렬히 옹호한다는 이유로 당시 매체와 출판사들이 그녀의 작품을 거론하거나 출판하기를 거부하는 사태를 겪기도 했다. 그러나 그녀는 이에 아랑곳하지 않고 아프리카대륙이나 디아스포라 현장에서 벌어지는 유색인 여성들의 권리 쟁취 운동을 응원하는 작품들을 지속적으로 발표했다.

그 중 「남아공 여인들을 위한 시」("Poem for South African Women") (1980)는 1950년대 남아공에서의 차별적인 통행여권(dumb pass, 일명 "dompass") 발행에 저항하여 맨몸으로 봉기한 4만 여 명의 여성들과 아이들의 용기를 기리는 작품으로, 결국 자신의 운명을 결정하는 것은 자신이라는 사실을 강조한다.

> 그리고 아기들도 엄마들이 팔과 더불어
> 심장을 높이 들어올리자
> 경기(驚氣)를 멈춘다 그 때 저 멀리 감춰진 별들은
> 제 모습이 보이지 않지만 우주 속으로 뭔가를 세차게 던져준다
> 광년(光年)처럼 돌이킬 수 없이
> 열린 시선으로 이동해오는

그 어떤 원동력을

그러면 누가 이 봉기에 동참해 줄 것인가
그저 알량한 동반자도 없이 서 있던 이들만이
노래하고 또 노래할 것이다
저 뒤 저 산속을 향해 그리고
필요하다면
심지어 바다 아래를 향해

결국 우리는 우리가 기다려온 바로 그 사람들.

And the babies cease alarm as mothers
raising arms
and heart high as the stars so far unseen
nevertheless hurl into the universe
a moving force
irreversible as light years
traveling to the open eye

And who will join this standing up
and the ones who stood without sweet company
will sing and sing
back into the mountains and
if necessary
even under the sea:

we are the ones we have been waiting for.
— 「남아공 여인들을 위한 시」("Poem for South African Women") 21–34

평화적 시위를 시도하는 엄마들의 용감한 행동 앞에서 아기들도 두려움의 울음을 멈춘다. 뭔가 알 수 없는 저항의 동력(動力)에 이끌려 시위 현장에 나와 노래하며 구호를 외치고 있지만, 남아공의 여인들은 승산 없어 보이는 싸움에서 새로운 동조세력을 초조하게 기다린다. 그러나 결국 그들은 자신들이 기다려온 사람들이 바로 자신들이라는 사실을 깨달으며 결사의 의지를 불태울 수밖에 없다. 이는 「나의 권리에 관한 시」의 결말부에서 "나의 자기결정을 방해하려는 자는 / 그 목숨을 걸고 하는 게 좋을 것"이라고 말하며 자존을 선언하는 것과 일맥상통한다. 「여성, 그리고 한 남지의 침묵」에서 "잔인한/작열하는 에너지로 자신을 보호하는 한 어여쁜 소녀"가 되기를 독려하는 것과도 같은 맥락이다.

지금까지 몇 개의 대표적 시편을 통해 살펴본 바와 같이, 조던의 작품들은 "보편적 투쟁의 친근한 얼굴"(the intimate face of universal struggle)을 특징으로 삼고 있으며, 개인적인 것과 보편적인 것이 사회적으로나 정치적으로 별개의 것이 아니라는 생각에 기반을 두고 있다. 이런 점에서 그녀는 스스로를 휘트먼(Walt Whitman)과 네루다(Pablo Neruda)처럼 민주주의적 정치관과 인본주의적 가치관을 작품의 기저로 삼은 시인들의 전통을 계승하는 작가로 여기며 이를 작품과 행동으로 실천하고자 애썼다.

이처럼 여성주의(feminism)의 외연을 확장한 그녀의 보편적 여성주의("womanism")에 입각하여 그녀가 일생동안 작품 활동 못지않게 공을 들인 분야는 교육활동이었다. 어린이를 위한 글쓰기 교육에서부터 대학에서의 문학 강의에 이르기까지 그녀가 가장 중점을 둔 것은 시 쓰기를 자기표현과 자기강화의 도구로 사용할 수 있도록 독려하는 일이었다. 준 조던은 이같이 행동하는 지식인으로서 왕성한 문학 활동과 UC 버클리 교수로서 헌신적인 교육활동을 하던 중 40대 전후부터 그녀를 괴롭혀온 유방암으로 인해 2002년 6월(June)에 요단(Jordan) 강을 건너 세상을 떠났다.

결론적으로 조던의 시세계를 요약하자면, 그녀의 작품에는 흑인이민자의 딸로서 빈민가에서 성장한 문학소녀의 복합적인 의식과 감성, 대학에서 만난 백인청년과의 이른 결혼(1955)과 그에 대한 당시 외부로부터의 사회적 압박, 그로 인한 이혼의 경험과 사회운동가로의 전환 등 개인적인 경험과 성향이 잘 반영되어 있다. 그러나 그녀의 작품의 진수는 이러한 자전적 요소들을 "보편적 투쟁"에 적용하여 정의와 진리를 추구하려는 데 있다. 그리하여 그녀는 인종주의와 여성주의는 물론 세계 여러 곳에서 벌어지는 자유를 향한 투쟁을 외면하지 않고 이를 모성애에 기초한 보편적 여성주의로 승화하여 자신의 작품에 담으려 애썼다. 아울러 조단은 구전전통을 충실히 계승한 "흑인영어"의 미학과 효능을 인식하고 이를 시의 구연 전략으로 적극 활용하여 앨리스 워커를 비롯한 후배문인들에게 커다란 영향을 주기도 했다.

■ 참고문헌

Gates Jr., Henry Louis & Nellie Y. McKay, eds. *The Norton Anthology of African American Literature*. 1st ed. New York: Norton, 1997.

_____. *The Norton Anthology of African American Literature*. 2nd ed. New York: Norton, 2004.

Whitehead, Kim. *The Feminist Poetry Movement*. Jackson, Miss.: UP of Mississippi, 1996.

이반 볼랜드 Eavan Boland, 1944-
"두 개의 지도"를 들고 "새 영토"를 찾아가는 아일랜드 여성시인

ǀ 김준환

한 시인을 소개하는 데 있어, 추정상의 정체성을 표시하는 이름 주어와 그 이름을 지닌 인물의 속성을 나타내는 술어 사이에는 항상 뭔지 모를 간극이 존재한다. "이반 볼랜드는 시인이다." "이반 볼랜드"라는 주어와 "시인"이라는 술어 사이의 간극을 메우기 위해, 그리고 약간의 구체성을 더 얻기 위해 우리는 몇 가지 술어를 덧붙이기도 한다. "이반 볼랜드는 아일랜드 시인이다." 혹은 한 걸음 더 나아가, "이반 볼랜드는 아일랜드 여성시인이다." 시인이라는 직업(?), 아일랜드라는 국적, 여성이라는 성정체성을 술어에 덧붙여 놓고 보면, 무언가 좀 더 구체적이라는 느낌을 받는다. 술어가 더 많이 붙으면 붙을수록 아마 시 읽기는 더 제한적이 될 것이지만, 그 위험을 감수하고서라도 "아일랜드 여성시인"으로서의 볼랜드의 일면을 소개하고자 한다.

볼랜드는 1944년 더블린에서 태어났다. 아버지는 외교관이었으며 어머니는 후기인상파 계열의 화가였다. 그녀는 영국 대사로 임명받은 아버지를 따라 여섯 살에 런던으로 이주해 살았고 이후 유엔대사가 된 아버지를 따라 뉴욕으로 이주했다. 16세 되던 해에 다시 아일랜드로 돌아와 1966년 트리니티 칼리지(Trinity College)를 졸업하고 현재 스탠포드 대학(Stanford University) 등에서 시 창작 강의를 하고 있다. 그녀의 첫 시집인 『23편의 시』(*23 Poems* 1962)와 『새 영토』(*New Territory* 1967)로부터 『사랑 시에 반하여』(*Against Love Poetry* 2001) 및 『내부의 폭력』(*Domestic Violence* 2007)에 이르는 시, 그리고 『실물 교습: 우리 시대 여성과 시인의 삶』(*Object Lessons: The Life of the Woman and the Poet in Our Time* 1995)에서 『두 개의 지도로 하는 여행: 여성시인되기』(*A Journey with Two Maps: Becoming a Woman* 2012)에 이르는 산문은 전체적으로 "아일랜드," "여성," "시인" 이라는 세 단어 사이의 연결 지점들을 찾아 가는 여정이라 볼 수 있을 것이다.

예이츠(W. B. Yeats), 카바나(Patrick Kavanagh), 히니(Seamus Heaney) 등으로 대표되는 아일랜드 남성 시 전통에서 벗어나 여성의 경험을 담을 수 있는 시를 찾는 과정에서 볼랜드는 남성시인들에 의해 이상화된 여성상 ㅡ "어머니 아일랜드"(Mother Ireland) ㅡ 을 거부한다. 그녀는 1960년대 이후의 미국 여성시인인 플라스(Sylvia Plath)와 리치(Adrienne Rich)에게 많은 영향을 받았지만 이들처럼 가부장적 전통을 전면적으로 거부하는 분리주의적 태도를 취하지는 않는다. 오히려 볼랜드는 그 전통에 내재한 관례적 요소들을 찾아 수정하면서 사소하고 사적이라고 여겨졌던 여성의 일상성을 보편적이며 공적인 영역으로 옮겨놓으려는 시도를 한다(Haberstroh 59). 이러한 태도로 인해 일상적 공간, 특히 여성의 일상적 공간에 존재하는 아이, 집, 주방의 사물 등은 시에서 전경화 되어 나타난다. 일면 1960년대 미국 여성시인들의 급진적인 태도에 익숙해 있는 독자들에게 볼랜드는 사뭇 한 지식인 여성의 넋두리로 읽힐 수도 있을 것이다. 하지만 그녀의 시를 아일 랜드의 가부장적 민족주의가 만들어낸 단일한 국가 정체성 이념에 의해 억 제된 혹은 망각된 여성의 삶과 목소리를 복원하여 기록하려는 시도로 읽는 다면 또 다른 층위의 의미를 찾아볼 수 있을 것이다.

*

"여성"의 목소리가 전면에 드러난 시집은 아마 볼랜드의 시집들 중 가 장 특이한 『그녀 자신의 형상으로』(*In Her Own Image* 1980)일 것이다. 플라 스의 영향이 가장 잘 나타난 이 시집에는 고착화된 가부장 체제와 그 이데 올로기에 의해 미묘하게 왜곡된 여성 화자, 지배 담론에 우회적인 균열을 만들어 내는 극적독백(dramatic monologue), 3~5행, 2~4음보(feet)의 짧은 시행을 사용한 시들이 수록되어 있다. 이 시집의 첫 번째 시 「흉내 내는 뮤 즈에 대한 분노의 장광설」("Tirade for the Mimic Muse")은 볼랜드 자신의 이전 시와 달리 전통적인 남성시에 등장하던 여성상에 대한 전면적인 비판 이다. 총 여섯 연으로 구성된 이 시의 화자는 전통적으로 분칠을 한 기존의 여성 뮤즈를 비난한 후 마지막 연에서 다음과 같은 장광설을 토해낸다.

네 얼굴을 드러나게 하라.
네 마음을 벗겨 드러나게 하라.
네 피부를 여성들의 눈물에 젖게 하라.
내 너를 헤픈 잠에서 깨어나게 하리라.

내 너에게 반영된 진짜 모습, 공포를 보여주리라.
너는 모든 우리 거울상의 뮤즈다.
그걸 들여다보라, 그리고 눈물을 흘려라.

Make your face naked.
Strip your mind naked.
Drench your skin in a woman's tears
I will wake you from your sluttish sleep.
I will show you true reflections, terrors.
You are the Muse of all our mirrors.
Look in them and weep.

― 「흉내 내는 뮤즈에 대한 분노의 장광설」("Tirade for the Mimic Muse") 부분

분칠하여 아름다운 외관만을 보였던 기존의 "헤픈" 뮤즈를 대놓고 비난한 화자가 제시한 "너[여성 뮤즈]"의 "진짜 모습, 공포"는 이 시집에서 다양한 형태의 극적독백을 통해 그려진다. 이어지는 시들에 등장하는 여성 화자/인물들이 드러내는 경험은 실로 분칠한 아름다움과는 전혀 상관이 없는 것들―가정 폭력, 거식증, 유방절제수술, 자위행위, 월경 등― 이다.

국가적 공식사가 아닌 일상에서 일어나는 이러한 요소들이 극적독백을 통해 제시된 일례로 남편에 의해 구타당한 한 여성의 모습을 그린 「그 자신의 형상으로」("In His Own Image")를 살펴보자. 창세기 제1장 27절에 따르면 "하나님은 자신의 형상으로 인간을 창조하셨다"(God created man in his own image). 하지만 하나님의 창조와 달리, 이 시에서 여성 화자는 남편의 구타에 의해 "새로운 여성"으로 창조된다. 볼랜드는 1인칭 화자인 "나"의 일상을 다음과 같이 묘사한다.

난 내가, 내가 아니었다.

셀러리 잎사귀,
베이컨 한 쪽,
선반 깊숙이 있는 컵,
그리고 주전자의 불뚝한 배에
구릿빛으로 비춰진
내 뺨,
양철 냄비에서 우는
내 입 —
이들이 내가 이어가야만 했었던 것들.

어찌 이어 갈 수 있었겠는가
나에 대한 이 변변찮은 증거들로?
나는 매일 깨어났다.
매일 나는 사라졌다.
지난밤의 내 자신으로부터.

I was not myself, myself.
The celery feathers,
the bacon flitch,
the cups deep on the shelf
and my cheek
coppered and shone
in the kettle's paunch,
my mouth
blubbed in the tin of the pan —
they were all I had to go on.

How could I go on
With such meagre proofs of myself?
I woke day after day.

Day after day I was gone.

From the self I was last night.

－「그 자신의 형상으로」("In His Own Image") 1-2연

　　1연의 첫 행은 도발적인 진술로 시작한다－ "난 내가, 내가 아니었다."
"나"는 추정상의 자기 정체성 없이 부엌이라는 공간을 배경으로 살아가고
있는 인물로서 음식 재료와 주방 용품에 비춰진 자신의 모습을 부정적으로
인식하고 있다. 부정형의 "나"와 일상에 갇힌 "내 자신" 사이의 간극을 느
끼는 화자는 2연에서 일상성에 얽매인 자신으로부터 혹은 자기만의 정체성
을 갖지 못한 자신으로부터의 일탈을 희망한다.

　　이어지는 3연부터 화자의 희망은 "그"의 등장으로 이루어지기 시작한
다. 볼랜드는 6개의 1음절 단어로 구성된, 규칙적인 약강 3음보의 한 행을
한 연으로 분리하여 총 다섯 연의 중간에 배열함으로써 시의 극적인 변화
를 표현한다.

　　그리곤 그가 집에 왔다 꼿꼿하게.

And then he came home tight.

－「그 자신의 형상으로」 3연

　　특히 의도적으로 마지막에 배치된 "꼿꼿하게"(tight)라는 단어는 이 시
행의 율격이 매우 규칙적이라는 점 그리고 한 행이 독자적인 한 연으로 구
성된 점과 맞닿으며 절묘한 효과를 이룬다. "꼿꼿하"고 규칙적이며 독자적
인 "그"는 1-2연에 등장한 "나"의 부유하는 모습과 극적인 대조를 이루게
된다. "그"의 등장과 더불어 시작된 여성 화자의 변화는 이어지는 4-5연에
서 자세히 묘사된다.

그토록 간단한 정의!
얼마나 내가 그걸 기다렸던가?
이제야 나는 안다
내가 필요로 했던 것은 단지
내 입을 주조하고
내 뺨을 뜨겁게 하는
어떤 손이라는 것을,
이 충격이라는 것을
그 충격이 일으킨 빛으로 나는
침착해지고
거기서 나는 완성된다.

그는 주먹으로 내 입술을 가르고,
일격을 가해 내 눈을 그늘지게 하고,
내 목을 쳐서 각도를 적절히 맞춘다.
얼마나 완벽주의자인가!
그의 손은 조각가의 손:
그 손은 공허에서
형상을 불러내며,
그 손은 다시 한 번
내 자신이 되게 한다.
난 새로운 여자다.

Such a simple definition!
How did I miss it?
Now I see
that all I needed
was a hand
to mould my mouth
to scald my cheek,

was this concussion
by whose lights I find
my self-possession,
where I grow complete.

He splits my lip with his fist,
shadows my eye with a blow,
knuckles my neck to its proper angle.
What a perfectionist!
His are a sculptor's hands:
they summon
form from the void,
they bring
me to myself again.
I am a new woman.

—「그 자신의 형상으로」 4-5연

　무정형의 모습으로 일상 속에서 부유하던 화자가 자신의 확실한 모습을 찾게 되는 것은 바로 "꼿꼿한" "그"의 "손"을 통해서이다. 특히 화자는 "그토록 간단한 정의"를 얻기 위해 자발적으로 그 "조각가"의 손을 "기다렸고" "필요로 했다." "그"의 손이 조각한, 구타한 모습대로 만들어진 "나"는 바로 거기서 자신이 "완벽"한 모습을 찾았다고 생각한다. 화자에게 "그"는 "공허"에서 "형상"을 부여해주는 "완벽주의자"이다. 이 여성 화자는 "그"의 손을 통해 과거 시제로 구성된 1~2연에서 부유하던 자신의 예전 모습을 벗어나, 현재 시제로 구성된 5연에서 새로운 정체성을 부여받고 "새로운 여자"로 탄생한 것이다. 하나님이 인간을 자신의 형상에 따라 만들었듯이, "그"는 "나"를 그 자신의 "손"으로 빚어 만든다. 한데 "하나님은 자신의 형상으로 인간을 창조하셨다"는 창세기의 문장에서는 주어가 하나님인 반면,

이 시에서의 주어는 창조자 "그"가 아니라 "그"에 의해 빚어진 여성 화자 "나"이다. 이러한 시점의 전환에도 불구하고, 일반적인 독자의 기대와는 달리, 볼랜드의 이 여성 화자는 (무)의식적으로 폭력에 의해 형성된 자기 정체성을 긍정한다―"난 새로운 여자다."

만약 "난 내가, 내가 아니었다"는 이 시의 첫 문장과 "난 새로운 여자다"라는 마지막 문장만을 놓고 본다면 일상성에 갇힌 무정형의 여성이 새로운 정체성을 얻게 되는 것처럼 보일 것이다. 하지만 이 두 단정적 진술 사이의 내용을 본다면 독자는 예상과 전혀 다른 느낌을 받는다. 마찬가지로 볼랜드가 극적독백이라는 문학적 장치를 사용하여 재현한 여성 화자 자신의 이야기도 액면 그대로 독자에게 전달되지는 않을 것이다. 볼랜드는 "그"의 물리적인 폭력이 자신의 정체성을 "창조"해주는 힘이라고 믿고 있는 이 화자와 비판적 거리를 유지하면서 믿지 못할 화자(unreliable narrator)를 제시하기는 하지만 브라우닝(Robert Browning)이 자신의 화자에 대해 취하는 태도와는 사뭇 다르다. 볼랜드의 화자는 가해자가 아니라 피해자의 입장에 있기에 믿을 수 없는 화자이기는 하지만 불쌍한 인물이라는 느낌을 지울 수가 없다. 즉 볼랜드가 쏜 비난의 화살은 가부장체제의 이데올로기 혹은 신화를 내재화한 이 병든 여성 화자뿐만 아니라 오히려 이러한 여성 화자를 가능하게 하는 상황 혹은 체제를 겨냥한 것이라고 볼 수 있을 것이다. 이렇듯 볼랜드는 기독교 창조 신화를 제목으로 인유하고, 첫 문장과 마지막 문장을 의도적으로 배열하고, 다소 독특한 방식의 극적독백을 사용하여 「그 자신의 형상으로」에 미묘한 균열을 심어놓는다.

*

다음으로 볼랜드의 "아일랜드" 정체성과 관련된 시를 한 편 살펴보자.

"상실," "기억," "망명/타향살이" 등의 모티프가 자주 등장하는 『여행』(*The Journey* 1987)에 수록된 「좋은 기억」("Fond Memory")은 볼랜드가 어린 시절 런던으로 이주하여 다니던 학교생활을 기억하여 쓴 시이다.[1] 이 시는 「아일랜드 아이의 영국살이: 1951」("An Irish Childhood in England: 1951")와 더불어 어린 시절의 기억을 통한 아일랜드적 정체성 문제를 다룬다. 「좋은 기억」이라는 제목은 19세기 아일랜드의 비공식적인 계관시인인 토마스 무어(Thomas Moore 1779-1852)의 「지난날들의 빛」("The Light of Other Days") 혹은 「가끔, 그 고요한 밤에」("Oft, in the Stilly Night")라는 매우 감상적인 시에서 인유한 것이다. 2연으로 구성된 무어의 시는 "지난날들의 빛"을 가져오는 "좋은 기억"(Fond Memory)과 "슬픈 기억"(Sad Memory) 사이의 변주로 구성되어 있다. "가끔, 그 고요한 밤에, / 잠의 쇠사슬이 나를 동여매기 전에, / 내 주위로 지난날들의 / 빛을 좋은 기억이 가져온다"(Oft, in the stilly night, / Ere slumber's chain has bound me, / Fond Memory brings the light / Of other days around me)로 시작하여 점진적으로 상실감을 표현한 후 "가끔, 그 고요한 밤에, / 잠의 쇠사슬이 나를 동여매기 전에, / 내 주위로 지난날들의 / 빛을 슬픈 기억이 가져온다"(Thus, in the stilly night, / Ere slumber's chain has bound me. / Sad Memory brings the light / Of other days around me)로 끝을 맺는다. 무어의 시에 등장하는 두 가지 기억 – "좋은 기억"과 "슬픈 기억" – 에서 볼랜드는 "좋은 기억"을 제목으로 삼는다. 하지만 "좋은 기억"이라는 시의 제목과 시의 내용 사이에는 균열이 나타난다.

학교에서 아이들은 모두 기운 모직 옷을 입고 있었고,

---

[1] 작가 개인사와 관련지어 본다면, 약 42세가 된 시인 볼랜드가 자신의 8살적 경험에 대해 쓴 시라고 볼 수 있을 것이다.

그들-아니 거의 모두-는 원장 수녀님이 점심시간에
왕께서 주무시다 평화롭게 서거하셨다고 공포하자

울음을 터트렸다. 나도 모직 옷을 입고 있었고,
배급 받은 음식을 먹었고, 영국식 놀이를 하였고, 얼마나
대헌장이 사려 깊은 것인지, 얼마나 열심히 하노버 왕가가

노력했는지, 운문의 박자와 복잡함,
전체 오케스트라의 소리와 악보를 배웠다.
세시에 집으로 가는 버스를 두 번 갈아탔다

집에서 늦은 오후면 이따금
놀이방 구석으로 밀려난 피아노에
아버지가 앉아 톰 무어의 느린 리듬의 곡들을

연주했다, 내가 거기에 서서
그의 손가락 사이에서 피어오르는 따갑게 하는 담배연기에
울지 않으려 했고-내가 생각할 수 있었던 만큼-

나는 이게 나의 조국이고, 이었고, 다시금 그럴 것이며
이 고음으로 치닫는 노래가 고통의 안전한 저장고가
되도록 만들어졌다고 생각했다. 근데 내가 틀렸었다.

It was a school where all the children wore darned worsted;
where they cried-or almost all-when the Reverend Mother
announced at lunch-time that the King had died

peacefully in his sleep. I dressed in wool as well,
ate rationed food, played English games and learned
how wise the Magna Carta was, how hard the Hanoverians

had tried, the measure and complexity of verse,
the hum and score of the whole orchestra.
At three-o-clock I caught two buses home

where sometimes in the late afternoon
at a piano pushed into a corner of the playroom
my father would sit down and play the slow

lilts of Tom Moore while I stood there trying
not to weep at the cigarette smoke stinging up
from between his fingers and—as much as I could think—

I thought this is my country, was, will be again,
this upward-straining song made to be
our safe inventory of pain. And I was wrong.

　　　　　　　　—「좋은 기억」("Fond Memory") 전문

각 연이 3행으로 구성된, 총 6연인 이 시의 공간적 배경은 영국 학교 교실
(1연~3연 2행), 집으로 가는 길(3연 3행), 그리고 화자의 집(4연~6연)이
다. 공간은 "where"를 기점으로 둘로 분리된다—"a school where"(1연 1행),
"home / where"(3연 3행~4연 1행). 특히 이 시의 정중앙인 3연의 첫 단어
"where"는 이어지는 행갈이(run-on line)를 통해 2연 마지막에 배치된
"home"과 구분되어 공간의 분리를 지시한다.

　　시는 먼저 현재의 화자에 의해 대상화된 과거의 "나"가 영국 학교 교실
에서 겪었던 낯설음에 대한 묘사로 시작한다. 학교에서 원장수녀님이 영국
(United Kingdom of Great Britain and Northern Ireland) 왕 조지 6세의 서
거(1952) 소식을 전하자 "그들—아니 거의 모두—"는 울음을 터트린다. 대
시(—)를 통해 나타나듯 잠시 머뭇거리는 화자가 지칭한 "그들—아니 거의

모두―"에는 "나"가 포함되어 있지 않다. 이어지는 문장에서도 볼랜드는 "as well"을 사용하여 "나"도 "그들"과 마찬가지로 영국 아이들과 같은 옷을 입고, 같은 음식을 먹고, 같은 놀이를 하며, 영국 역사의 위대함을 배우고 영국 문학을 배우지만, "나"와 "그들" 사이에 미묘한 간극이 있음을 나타낸다.

이 간극은 "집"이라는 다음 공간으로 이동하면서 구체화된다. 4-6연에 제시된 "집"은 무어의 음악이 연주되는 공간이며 영국 학교를 다니고 있던 "나"는 아일랜드 인이라는 점이 드러난다. 교실에서 "그들"과 같지만 같지 않은 낯설음을 느낀 "나"는 집에 돌아와 학교에서 울음을 터트리지(cry) 못했던 것과 달리 무어의 아일랜드 노래를 들으며 흐느낀다(weep). 이를 볼랜드는 우회적으로 과거의 "내"가 아버지의 담배연기로 인해 눈물이 나오는 것을 참으려 한 것으로 묘사하고 있다. 과거의 어린 "나"는 무어의 노래가 흐르는 바로 이 공간이 과거, 현재, 미래의 "조국"이라 생각하고 그것이 집단적인 일인칭 "우리"의 고통의 안전한 저장소라 생각했다. 여기까지는 영국 학교 교실과 집, "그들"과 "우리" 사이의 구분이 매우 선명하게 그려져 있다. 하지만 이어지는 "그런데 내가 틀렸었다"라는 마지막 진술로 인해 그 구분이 모호해 진다. 더불어 이 시가 전하는 "슬픈" 내용과 달리 왜 제목이 "좋은 기억"인지도 모호해진다.

현재의 발화자인 "내"가 왜 과거의 "내"가 한 생각이 틀렸다고 하는 것인가? 공간상의 대립―영국 학교 교실과 집―과 더불어 또 한 가지 고려해 볼 수 있는 것은 그 공간을 구성하고 있는 요소들 사이의 대립이다. 교실에는 영국 왕의 서거에 대한 소식뿐만 아니라 영국의 역사, 문학, 음악 등의 위대함이 있는 반해, 집에는 "놀이방 구석으로 밀려난 피아노"와 무어의 상실에 대한 구슬픈 노래가 흐르고 있다. 학교에서 영국의 역사, 문학, 음악을 배우던 아일랜드 아이의 머리에서 아일랜드의 역사, 문학, 음악은 피아노처럼 "구석으로 밀려"나 있다. 이러한 상황에 처한 아이가 19세기 영탄조의 노래를 아일랜드다운 것이라 느끼고, 이것이 바로 자신의 "조국"이라고 나름대로 "생각"한 것이다. 현재 발화자의 입장에서 교실에서의 낯설음에 대한 반대급부로 실체 없이 이상화된 아일랜드를 받아들인 과거 "나"의 생각이 틀렸다는 것이다.

그런데 왜 이것이 "좋은 기억"일까? 무어의 시를 염두에 둔다면, "좋은 기억"보다는 "슬픈 기억"이 오히려 더 적절한 제목일 것이다. 19세기 무어의 시가 "좋은 기억"에서 "슬픈 기억"으로 옮겨가며 상실감을 영탄조로 읊조린 것이라면, "아버지"가 무어를 통해 상상속의 이상화된 조국 아일랜드를 지속시키고 있는 것이라면, 그리고 과거의 "나"도 "집"에서 그 흐름을 이어가야겠다고 생각한 것이라면, 마지막 현재 화자의 돌발적인 진술—"근데 내가 틀렸었다"—은 "좋은 기억"이라는 제목 자체를 반어적으로 만들어버린다. 제목과 관련된 또 다른 해석은 "Fond"라는 단어를 통한 말놀이(word play)와 관계있다. "Fond"는 좋은"(loving)이라는 의미와 더불어 "어리석은"(foolish)이나 "미혹시키는 / 그릇된"(delusive)이라는 의미도 포함하는 단어이다. 이처럼 볼랜드는 반어법과 말놀이를 통해 과거의 "내"가 가졌던 "조국"에 대한 생각뿐 아니라 그 생각으로 이끌었던 무어와 "아버지"가 형상화한 모습의 "아일랜드"도 우회적으로 비판한다.

*

있는 것을 보지 못하는 것, 혹은 있는 것을 보지 못하게 만드는 것—바로 이것을 볼랜드가 문제화하려는 것일지도 모르겠다. 분칠을 해서 실상을 보지 못하는 뮤즈, 가부장체제의 가치가 내재화되어 체제의 폭력을 의식하지 못하는 여성, 감상적으로 이상화된 아일랜드로 인해 그 실체를 인식하지 못하던 어린 아이. 이들을 눈멀게 한 것들 그리고 그로 인해 눈먼 자들에 대한 애정 어린 비판이 볼랜드 시의 한 줄기를 이룬다. 가장 최근의 시집인 『내부의 폭력』(2007)에 수록된 「역사들」("Histories")은 기존의 단수의 대문자 역사(History)에 복수의 소문자 역사들("histories")을 개입시켜, 존재했지만 보지 못한 것들을 볼 수 있게 한다. 각각 동일하게 4행으로 구성된 두 연의 1연은 "라디오," "통계," "진실" 등이 있는 공적인 영역을, 이어지는 2연은 "어머니," "헛간," "행주치마" 등이 있는 사적인 영역을 그리고 있다.

그 해엔 나쁜 소식 일색이었다
(라디오에서의 통계)
슬픈
진실도 계속 반복되었기에 그 못지않았다.

그해에 어머닌 바깥
헛간에 있었지
등 뒤로 끈을 두 번 질끈 묶은
행주치마를 하고서, 문은 활짝 열려 있었지.

That was the year the news was always bad
(statistics on the radio)
the sad
truth no less so for being constantly repeated.

That was the year my mother was outside
in the shed
in her apron with the strings tied
twice behind her back and the door left wide.

―「역사들」("Histories") 전문

어려운 시절의 아일랜드는 공식적인 통계 및 사회면 뉴스와 더불어 행주치마를 질끈 동여맨 어머니의 일상사를 통해서도 표현된다. 대문자 역사가 가부장적인 공적 영역에서 발생하는 사건들만을 다루며 사소하게 여겨지는 일상사를 지우는 반면, 볼랜드의 소문자 역사들은 공적 영역을 축소하여 확보한 그 공간에 사적 영역의 일상사, 특히 여성의 일상사를 개입시켜 평행하게 배열한다.

　　분리된 듯 보이는 이 두 연/영역 사이의 관계를 어떻게 설정할지는 또 하나의 문제일 것이다. 서로 다른 복수의 역사들을 구성하는 각각의 역사를 단지 분리한 채 병렬 상태로 존재하게 둘 것인가? 아니면 그 사이의 관계를 찾아 어떤 방식으로든 연결고리를 찾을 것인가? 이 문제는 비단 작가의 문제일 뿐만 아니라 독자들의 문제이기도 하다. 볼랜드의 문학적 "어머니"인 플라스와 리치의 고민 또한 바로 이 문제를 중심으로 전개되었다. 가장 최근에 발간된 볼랜드의 산문집, 『두 개의 지도로 하는 여행: 여성시인 되기』(2011)라는 제목 자체가 말해주듯, 그들의 문학적 "딸"인 "아일랜드 여성시인" 볼랜드는 여전히 두 개의 지도를 가지고 여행을 하는 중인 듯하다. 이 산문집의 2부에서 볼랜드는 리치, 비숍(Elizabeth Bishop), 샬롯 뮤 (Charlotte Mew), 플라스, 밀레이(Edna St. Vincent Millay), 레버토프(Denise Levertov), 브래드스트리트(Anne Bradstreet), 브룩스(Gwendolyn Brooks), 미한(Paula Meehan) 등의 여성시인들로 한쪽 지도의 공간을 채우고 있다. 볼랜드의 시를 읽는 데 있어서 그녀의 일부를 구성하는 술어인 "아일랜드," "여성," "시인"이라는 면을 염두에 두는 것이 굳이 "위험을 감수"하는 문제는 아닌 듯하다.

■ 참고문헌

김희성. 「신화를 넘어 역사 속으로」. 『현대영미시연구』 13.1 (2007): 23-49.

최지은. 「이반 볼랜드의 시에 나타난 잃어버린 땅 되찾기」. 이화여자대학교 석사논
문, 2008.

한지희. 「『역사 밖에서』(*Outside History*)와 이반 볼랜드(Eavan Boland)의 몸의 시학」.
『한국예이츠저널』 26 (2006): 217-44.

허현숙. 「신화에서 역사로: 예이츠와 이반 볼란드 시에서의 여성」. 『한국예이츠저
널』 22 (2004): 143-63.

_____. "In Searching for the Lost: The Individual and the History in the Poems of
Eavan Boland." 『한국예이츠저널』 28 (2007): 167-92.

Boland, Eavan. *Domestic Violence*. New York: Norton, 2007.

_____. *Eavan Boland: A Critical Companion*. Ed. Jody Allen Randolph. New York:
Norton, 2008.

_____. *A Journey with Two Maps: Becoming a Woman Poet*. New York: Norton, 2011.

_____. *New Collected Poems*. New York: Norton, 2008.

_____. *Object Lessons: The Life of the Woman and the Poet in Our Time*. New York:
Norton, 1995.

Haberstroh, Patricia Boyle. *Women Creating Women: Contemporary Irish Women Poets*.
Syracuse: Syracuse UP, 1996.

Park, Joo Young. "Decolonization of the Female Body in Eavan Boland's *In Her Own
Image*." 『영미문학페미니즘』 20.1 (2012): 59-91.

Plath, Sylvia. *The Collected Poems*. Ed. Ted Hughes. New York: Harper Collins, 1981.

캐롤 안 더피^{Carol Ann Duffy, 1955-}
소수자의 목소리

| 허현숙

*

캐롤 안 더피는 1955년 스코틀랜드의 글라스고우(Glasgow)에서 태어났다. 부친은 전기수선공으로 골수 노동당원이었고, 모친은 아일랜드계였다. 이들 가족은 그녀가 6살이었을 때 영국 북서부 지역의 스태포드(Stafford)로 이사한 후 그곳에 정착했다. 더피는 15세에 학교 선생님의 도움으로 시 작품들을 출판사에 보내 몇 작품들을 팸플릿 형식으로 세상에 선보였다. 특히 16세에 더피는 당시 유명시인이었던 23년 연상의 에드리언 헨리(Adrian Henri)와 사귀기 시작하는데, 그의 격려를 받으며 시 쓰기에 전념하는 한편,

'리버풀 시인들'이라는 일군의 시인들의 리더였던 그와 더 가까이 있기 위해 리버풀 대학으로 진학, 철학을 전공했다. 대학에 입학한 후인 1974년에 더피는 첫 시집 『플레쉬웨더콕 및 기타 시들』(*Fleshweathercock and Other Poems*)을 출판했고, 대학을 졸업한 해인 1977년에는 헨리와의 공동 작업으로 『미녀와 야수』(*Beauty and Beast*)를 내면서 시인으로서의 입지를 서서히 다지기 시작했다. 이후 희곡 작품과 라디오 방송극을 쓰는 한편 시 경연대회에서 두 차례 1등을 하면서 신인 시인으로서의 격려를 한껏 받기도 하였다. 그리고 1985년 『서있는 여성 누드』(*Standing Female Nude*)를 세상에 내놓으면서 그녀는 20세기 후반기의 영국을 대표하는 여성시인으로 평가받기 시작한다. 이 시집으로 그녀는 스코틀랜드 예술문화상을 수상하여 명실 공히 영국의 촉망받는 젊은 시인으로 기대를 받았다. 이후 그녀는 거의 2-3년마다 한 권씩 시집을 냈고, 그 시집들마다 권위 있는 문학상들을 받았다. 가령, 『맨해튼 팔기』(*Selling Manhattan*, 1987)로 서머셋 모옴 상을, 『다른 나라』(*The Other Country*, 1990)로 스코틀랜드 예술문화상을 다시 받았다. 이후에도 그녀는 『표준 시간』(*Mean Time*, 1993)으로 휘트브레드 상과 스코틀랜드 문화예술상 및 포워드 상을 받았고, 왕실로부터 두 번의 훈장을 받는 한편, 1999년 시집 『세상의 아내』(*The World's Wife*, 1999)를 출판한 후 『황홀』(*Rapture*, 2005)로는 엘리엇 상을 받았다. 이처럼 내놓은 시집마다 문학상이 뒤따를 만큼 더피는 영국시단으로부터 높이 평가받으면서 대중적으로도 널리 알려고 있다.

영국의 일반 문학 독자들이 더피를 친숙하게 알게 된 것은 그녀의 서정시 작품을 통해서이기도 하지만 그녀의 동화와 동시 덕분이기도 하다. 더피는 그녀 자신이 한 딸의 엄마로서, 스스로의 필요에 의해서도 직접 동시를 쓰거나 발굴하여 어린 아이들에게 문학의 흥미를 일으킬 수 있는 일에 적극적으로 헌신했다. 그래서 여러 권의 동시집 및 동화집을 편집 출판했는데, 이를 통해 더피는 대중들과 보다 더 가까운 시인으로 알려지게 된 것이다.

특히 그녀의 이름을 대중적으로 각인시키는 일이 있었는데, 그것은 계관시인 임명과 관련된 논란이었다. 1998년 당시 계관시인이었던 테드 휴즈(Ted Hughes)가 사망한 후 이어졌던 후임 계관시인의 선정 과정에서 그녀는 강력한 후보로 거론되었다. 그런데 이전까지 계관시인은 모두 남성인데다 동성애자가 임명된 적이 한 번도 없어서 과연 여성, 그것도 스스로 동성애자라고 공언하는 여성이 계관시인이 될 수 있는가가 초미의 관심거리이자 논란거리로 등장했던 것이다. 당시 더피는 같이 살고 있던 작가 제키 케이(Jakie Kay)와 동성애 관계임을 숨기지 않았을 뿐만 아니라 1995년에 낳은 딸을 키우고 있던 미혼모였다.

물론 이때 더피는 계관시인으로 임명되지 않았지만, 결과적으로 영국사회에 계관시인에 대해 다시 논의할 기회를 제공한 셈이 되었다. 즉, 계관시인은 이전까지는 '죽을 때까지' 자리를 보장받았지만 이제 '10년'이라는 한시적 명예직으로, 여성 및 동성애자에게도 개방되었다. 더피는 이후 10년의 기간이 지난 2009년에 앤드류 모션(Andrew Motion)의 후임 계관시인으로 임명되어 현재 계관시인으로서의 작품 활동도 하고 있다.[1]

*

1920년대 초반 버지니아 울프(Virginia Woolf)는 '여성으로서의 나에게는 아무 나라도 없다. 왜냐하면 여성의 나라는 "전 세계"였기 때문이다'라

---

1) 영국의 계관시인은 왕실 임명직으로 왕실과 관련된 행사나 사건 등에 대한 시 작품을 쓴다. 더피는 왕실과 관련해서만이 아니라 주요 사회적인 사건이나 당대 스타를 소재로 한 작품을 쓰기도 하고, 특히 유명 축구선수의 부상에 대해서도 작품을 씀으로써, 계관시인으로서의 영역을 넓히고 있다는 평을 받고 있다.

고 말한 바 있다. 울프의 이러한 언급은 여성에게 국가는 세계 어느 곳이나될 수 있으면서도 또한 어느 곳도 아님을 의미한다. 즉 여성은 어디에서나여성일 뿐 국민의 일원이지는 않다는 것이다. 이는 당대의 남성 위주의 국가 정체성 개념이 일반화되어 있었다는 사실과 견주어 볼 때 여성들의 정체성에 대한 규정이 그야말로 여성이라는 성적 정체성에서 한발자국도 나아가지 못한 상황을 반영한다. 그리고 이러한 인식은 20세기 후반을 지나면서도 크게 달라진 것 같지는 않아 보인다. 왜냐하면 오늘날의 여성 작가들과 시인들에게도 울프가 제기한 것과 같은 문제가 여전히 주요한 관심사로 다뤄지고 있기 때문이다. 20세기 초반에서부터 20세기 후반까지의 시간적 간격과 여러 개혁적인 변화에도 불구하고 여성들의 정체성의 문제는 여전히 의문의 대상으로 남아 있는 것이다.

더피의 작품들은 이러한 맥락에서 울프의 뒤를 잇는 논쟁적 관점을 제시한다. 특히 그녀의 작품이 주목받는 것은 여성 화자의 내면 고백이 단순히 여성으로서의 정체성에 대해서만 국한되지 않고 더 많은 사회적 문제들과 얽혀 있기 때문이다. 여성으로서 내가 누구인가에 대해 질문을 제기하는 것은, 그녀의 작품에서 보면, 당대 영국사회의 주류 세력이 이미 제시한표준이나 기준에 대해 의문을 제기하는 것에서부터 더 나아가 기존의 그것과는 완전히 다른 기준을 제시할 수 있다는 가능성을 제시하는 것이다. 이는 의문을 제기하고 질문하는 과정 자체가 기존의 관점이 아닌 다른 관점에서 이뤄지기 때문에 가능하다. 가령 더피의 가장 대표적인 작품인 「서있는 여성 누드」("Standing Female Nude")를 보자.

> 단 몇 프랑에 이 상태로 여섯 시간 째.
> 빛이 쏟아지는 창가 배 젖꼭지 엉덩이,
> 그는 내게서 색을 뽑는다. 이봐,

좀 더 오른 쪽으로. 그리고 가만히 있어봐.
나는 해부학적으로 그려져 걸릴 것이다
훌륭한 박물관에. 부르주아들이 나지막이 탄성을 지르겠지
이런 강변의 매춘부 이미지에 대고. 그들은 그걸 예술이라 하지.

그럴지도. 그는 부피, 공간에 관심이 있다.
나는 다음 식사에 관심이 있는데. 당신 점점 야위고 있어,
이봐, 이건 좋지 않아. 내 젖가슴은 약간 아래로
매달려있고, 화실은 춥다. 찻잎 속에서
나는 볼 수 있다 내 형상을 응시하는
영국 여왕을. 근사 하네, 여왕은 웅얼거리지
앞으로 나아가며. 그 말이 웃긴다. 그의 이름은

조지. 사람들은 내게 그가 천재라고 말한다.
그는 집중하지 못해서 그리고 나의 온기 때문에
경직될 때가 있다.
그는 나를 캔버스에서 갖는다
반복해서 물감 속에 붓을 적실 때. 조그마한 남자여,
당신은 내가 판매하는 기술을 살 돈이 없어.
둘 다 가난하니까, 우리는 할 수 있는 방법으로 생계를 유지하지.

나는 그에게 왜 이 일을 하느냐? 고 묻는다. 왜냐하면
해야만 하니까. 다른 선택이 없으니까. 말하지 마.
내 미소 때문에 그가 혼란스러워진다. 이 예술가들은
자신을 너무 심각하게 받아들인다. 밤이면 나는 와인으로
나를 채우고 술집 근처에서 춤춘다. 끝나면
그는 내게 거만하게 보여주며, 담배에 불을 붙인다. 나는 말한다
12프랑이에요 라고, 그리고 숄을 두른다. 그건 나 같지가 않다.

Six hours like this for a few francs.
Belly nipple arse in the window light,

he drains the colour from me. Further to the right,
Madame. And do try to be still.
I shall be represented analytically and hung
in great museums. The bourgeoisie will coo
at such an image of a river-whore. They call it Art.

Maybe. He is concerned with volume, space.
I with the next meal. You're getting thin,
Madame, this is not good. My breasts hang
slightly low, the studio is cold. In the tea-leaves
I can see the Queen of England gazing
on my shape. Magnificent, she murmurs
moving on. It makes me laugh. His name

is Georges. They tell me he's a genius.
There are times he does not concentrate
and stiffens for my warmth.
He possesses me on canvas as he dips the brush
repeatedly into the paint. Little man,
you've not the money for the arts I sell.
Both poor, we make our living how we can.

I ask him Why do you do this? Because
I have to. There's no choice. Don't talk.
My smile confuses him. These artists
take themselves too seriously. At night I fill myself
with wine and dance around the bars. When it's finished
he shows me proudly, lights a cigarette. I say
Twelve francs and get my shawl. It does not look like me.

-「서 있는 여성 누드」("Standing Female Nude")

이 작품의 화자는 나체화 모델이다. 이제까지 나체화 모델은 화가의 눈을 통해 화폭에 그려지는 존재였다. 그래서 여성 모델은 화가에 의해 '해부학적으로 표현'되어 결국 '예술'이라는 틀로 규정될 것임을 그녀 자신 잘 알고 있다. 또한 모델은 화가에 구속되어 일정한 시간 동안 그를 위해 존재한다. 그래서 화가는 야위어 가는 모델에게 그건 좋지 않은 것이라고 말하여 모델의 몸에 대한 주도권을 자신이 갖고 있다고 암시하고, 또한 모델에게 말하지 말 것을 주문하여 그녀에 대한 우위를 과시 한다. 모델은 화가의 요구에 따라서 자신의 자세를 바르게 해야 하기도 하고 함부로 살이 빠지거나 더 쪄서도 안 되는 처지에 있는 것이다. 그렇게 모델을 지배하면서 화가가 그린 그림은 '예술'이라는 평가를 받으며 멋진 미술관에 전시되어 관람객들의 찬사를 받는다. 심지어 여왕도 그림을 보며 놀라운 그림이라고 칭찬할 수도 있을 것이다.

그런데 모델의 입장에서 보면 '예술' 속에 있는 자신과 실제의 자신은 전혀 다른 존재이다. 모델이 보기에 자신은 그저 일상을 살아가는 사람인데, 화가가 그린 자신은 결코 자신의 모습을 닮지 않았다. 닮지 않았을 뿐만 아니라 아예 자신이 아니라고 그녀는 선언한다. 따라서 사람들이 그런 그림을 보며 찬탄을 쏟는 것이 정말 '웃기는' 일이다. 더군다나 그런 그림을 그린 화가는 그녀가 보기에 그저 자신과 다를 바 없는 사람이다. 아니 자신보다 더 형편없는 사람이라고도 말한다. 그녀는 화가가 자신의 '온기' 때문에 일에 집중하지 못하고 경직된다고 지적하고("There are times he does not concentrate / and stiffens for my warmth."), "내 미소 때문에 그가 혼란스러워진다(My smile confuses him.)"고 언급함으로써 화가의 정서적 불안정을 암시하고 자신의 정서적 우월함을 과시하기도 한다. 그러므로 화가는 자신의 붓을 반복적으로 물감에 적셔내어 모델을 그림으로써 모델을 소유한다고 생각하지만, 모델에게 그는 "little man"에 불과하다. 여기서 "little"은 실제로 작은 사람을 의미할 수도 있지만, 여성 화자의 입장에서 느끼는 시시하고 별 볼일 없는 사람이란 의미를 중의적으로 표현한다. 따라서 화가와 모델의 전통적 관계는 뒤바뀐다. 여성 모델의 눈에 화가는 '천재'가 아니라 그저 자신을 그리고 돈을 지불하기로 한 계약의 당사자일 뿐이며 나아가 천재는 고사하고 시시한 한 남자에 불과한 것이다. 그녀에게는 그가 그린 그림도 고매한 '예술'이라기보다는 생계유지를 위한 행위일 뿐이다. 더더군다나 그 그림은 자신과 닮지 않은 이상한 그림이어서 화자인 모델에게는 전혀 호소력이 없다. 그녀가 보기에 자신을 그리면서 화폭에 물감을 적실 때마다 자신을 소유하는 것처럼 보이는 화가나 그에게 소유되는 것처럼 보이는 자신이나 어떤 소유관계도 상하관계도 성립되지 않는, 그저 각자 '할 수 있는 방식으로 생계를 유지하는' 사람들이다.

이처럼 더피는 이제까지 전혀 들을 수 없었던 모델의 목소리를 찾아주고 그녀의 목소리를 통해 기존의 화가가 주관했던 관점을 전복시켜 여성 모델 스스로 자신의 정체성을 드러내도록 한다. 기존 권력이나 체제에서 벗어난 사람을 화자로 등장시켜 기존의 관점을 해체하고 전복시키는 시도는 「그녀의 진주 목걸이를 데우며」("Warming Her Pearls")에서도 찾을 수 있다. 대개 연애시의 화자는 남성인데, 더피는 여성을 화자로 등장시켜 전통적인 연애 감정이 남성의 전유물이 아니며 여성 역시 사랑의 주체임을, 그리고 여성의 사랑 역시 복잡한 사회계층적 상황에 제한됨을 표현한다. 전통적인 '궁정식 연애 시'(courtly love poems)에서 사랑의 대상인 여인에게 그녀의 아름다움과 천상에나 속할 고귀한 신분을 칭송하는 화자와 마찬가지로 이 시의 화자는 사랑하는 여인의 너그러운 마음과 아름다운 외모를 칭송하면서 하녀인 자신과는 달리 노동의 노역에서 자유로운 그녀의 한가로운 일상을 경외의 눈으로 바라본다.

바로 내 피부에 그녀의 진주들. 나의 애인이
내가 그녀의 머리카락을 빗질하는 저녁까지
내게 그것들을 걸치고, 그것들을 따뜻하게 하라고 명했어.
여섯시에, 난 그것들을 그녀의 차갑고 흰 목 주변에 둥글게 놓았지.

노란 방에서 쉬면서, 오늘밤은 실크 아니면 명주,
어떤 가운일까? 온통 생각했지. 그녀는 혼자 부채질하지,
내가 기꺼이 일하는 동안, 느릿느릿 내 열기가 스며든다
진주방울마다. 내 목 위에 늘어지는, 그녀의 밧줄.

그녀는 아름답다. 나는 내 다락방 침대에서
그녀를 꿈꾼다. 그리고 나는 그녀를 그려본다, 그녀의
프랑스 향수, 그녀의 우윳빛 보석 아래 나의 여리고
지속적인 내음에 당혹스러워하는, 큰 키의 남자와 춤추고 있는.

나는 토끼 발로 그녀의 어깨 먼지를 털고,
가만히 바라 본다 여릿한 홍조가 나른한 한숨 인 듯
그녀의 피부를 스쳐 지나가는 것을. 그녀의 거울 속에서
나의 붉은 입술은 말하고 싶은 양 갈라진다.

보름달. 그녀의 마차가 그녀를 집으로 데려온다.
난 머릿속에서 그녀의 모든 움직임을 본다.
옷을 벗으면서, 보석들을 빼고, 그녀의 가느다란 손을 상자를 향해 뻗는
  다.
벌거벗고 침대 속으로 미끄러지며 들어가는

늘 그녀가 하는 방식… 그리고 나는 여기 깨어 누워있다.
그 진주들은 내 애인이 잠자고 있는 방에서
평온한 지금 차가워지고 있다 여기며. 밤새
나 그 부재를 느낀다, 그리고 나 타오른다.

Next to my own skin, her pearls. My mistress
bids me wear them, warm them, until evening
when I'll brush her hair. At six, I place them
round her cool, white throat. All day I think of her,

resting in the Yellow Room, contemplating silk
or taffeta, which gown tonight? She fans herself
whilst I work willingly, my slow heat entering
each pearl. Slack on my neck, her rope.

She's beautiful. I dream about her
in my attic bed; picture her dancing
with tall men, puzzled by my faint, persistent scent
beneath her French perfume, her milky stones.

I dust her shoulders with a rabbit's foot,
watch the soft blush seep through her skin
like an indolent sigh. In her looking-glass
my red lips part as though I want to speak.

Full moon. Her carriage brings her home. I see
her every movement in my head.... Undressing,
taking off her jewels, her slim hand reaching
for the case, slipping naked into bed, the way

she always does.... And I lie here awake,
knowing the pearls are cooling even now
in the room where my mistress sleeps. All night
I feel their absence and I burn.

　　―「그녀의 진주목걸이 데우기―쥬디스 라드스토운을 위하여」("Warming Her Pearls―for
　　Judith Radstone")

"차갑고 하얀 목덜미"(cool, white throat)로 표현되는 사랑의 대상 그녀는 사랑에 무심하다 못해 '차갑기'까지 한데, 화자에게 그녀는 전혀 다른 세계에 속하면서 명령하는 존재이다. 그럼에도 화자는 자신의 열기를 그녀의 진주 목걸이로 전하고 저녁마다 그녀가 입을 드레스가 실크옷일지 명주옷일지 그를 늘 생각한다. 즉 화자는 그녀에게 "기꺼이"(willingly) 일상을 바쳐 헌신하는 것이다. 이 역시 전통적인 연애 시의 전형이다. 화자의 신분이 다락방의 침대에 누워 파티에서 멋진 남자들과 춤추는 사랑하는 사람의 모습을 그려보거나 하는, 가난하고 비천한 처지라는 대목에서 신분계층상의 절대적 거리가 드러난다.

이러한 신분상의 거리는 궁정식 사랑을 담은 연애 시에서 사랑의 욕망을 성취할 수 없게 하는 주요한 요소로 작용할 뿐만 아니라 나아가 욕망을 촉진하는 매개적 역할을 한다. 이는 밤이 되어 진주목걸이가 이제 그녀에게 없다는 것으로 집약되면서, 이 부재로 인해 더욱 더 사랑의 열정은 보름달 마냥 차오르게 되는 것이다. 이 시의 화자가 여성이고 그녀의 사랑의 대상 역시 여성이어서 전통적인 궁정식 연애 시에서 보이는 화자와 대상 간의 거리는 얼핏 존재하지 않을 것이라고 지레 짐작할 수도 있지만, 두 여성 간의 차이는 마치 남성과 여성의 그것처럼 여전히 존재한다. 이는 그들이 속한 사회계층상의 다름에서 비롯된 것이다. 그리고 이러한 차이로 인해 화자의 욕망은 더더욱 간절해 보인다. 그러나 이러한 욕망은 아무리 강하고 열정에 가득한 것이라 해도 결코 메울 수 없는 상대방의 부재를 실감하게 할 따름이다.

그러므로 이와 같은 복잡한 여성 내면의 구조와 그 욕망의 정체를 드러내고 있는 더피의 시를 단순히 여성이 여성에게 갖는 사랑의 드러냄이라고만 읽고 더피의 사랑 시를 동성애적 정서의 표현이라고 말하는 것은 이 시인의 작품들을 지나치게 단순화하는 일이다. 물론 여성시인이 쓴 것이므로 여성의 또 다른 여성에 대한 감정의 표현, 즉 동성애적 감정의 표현이라고 이해할 수 있지만, 다른 한편 여성 역시 남성들의 내면과 마찬가지로 복잡한 사회계층적 상황에 제한되는 것임을 드러내는 것으로 이해할 수 있다. 다시 말해 더피는 이제까지의 연애 시의 발화자에서 소외되어 왔던 여성의 내면을 여성 화자의 독백으로 전달하는 것이다. 이를 통해 더피는 연애 시의 대상이었던 여성이 사랑의 주체가 되었을 때의 내면을 전통적인 형식으로 담아내어 이제까지 서정적 발화의 구조에서 소외되었던 여성을 그 주체로 등장시키는 것이다.

더피의 작품들에서 외국인 화자가 등장하는 작품들 역시 같은 맥락에서 해석할 수 있다. 가령 작품 「외국」("Foreign")을 보자.

> 낯설고 어두운 도시에서 20여 년 동안 산다고 상상해 보라.
> 동쪽 편에 음울하게 봉긋 솟은 곳들이 있고, 그 중
> 한 곳이 당신이 살고 있는 곳이다. 그곳에 닿으면 당신의
> 외국인 억양이 계단 아래로 메아리치는 것을 듣게 된다.
> 그리고 당신은 자신의 언어로 생각하고 그들의 언어로 말하는 것이다.
>
> 그리고 고향으로 편지를 쓴다. 당신 머리 안에서는
> 편지를 그곳 사투리로 목소리 내어 낭송한다. 그런데 그 뒤로 들려온다
> 당신 어머니의, 저 오래 전에, 당신을 향한 노래가, 그리고 지금 당신은
> 알 수가 없다 왜 눈이 젖어오는지 이에 무언 말이 있는지.
>
> 당신은 대중교통을 이용한다. 일한다. 잠든다. 상상해 보라 어느 밤
> 당신의 이름이 벽돌 담벼락에 붉은 칠로
> 개칠된걸 보았던 것을. 분노의 이름. 피처럼 붉은.
> 거리엔, 네온 불빛 아래, 눈이 내리고,
> 마치 이곳이 당신 눈앞에서 산산조각 나는 듯.

그리고 식품점에서, 가끔, 손바닥 안
동전이 이동하지 않는다. 어눌해서,
이곳은 집이 아니므로, 손가락으로 과일을 가리킨다. 상상해보라
당신 중 누군가가 '이 사람들이 무얼 말하는지 난 모르겠으요
저들은 그저 잠자리에 들어 꿈꾸는 것만 같으요'라고 말하는 것을. 저걸
　상상해보라고.

Imagine living in a strange, dark city for twenty years.
There are some dismal swellings on the east side
and one of them is yours. On the landing, your hear
your foreign accent echo down the stairs. You think
in a language of your own and talk in theirs.

Then you are writing home. The voice in your head
recites the letter in local dialect; behind that
is the sound of your mother singing to you,
all that time ago, and now you do not know
why your eyes are watering and what's the word for this

You use the public transport. Work. Sleep. Imagine one night
you saw a name for yourself sprayed in red
against a brick wall. A hate name. Red like blood.
It is snowing on the streets, under the neon lights,
as if this place were coming to bits before your eyes.

And in the delicatessen, from time to time, the coins
in your palm will not translate, Inarticulate,
because this is not home, you point at fruit. Imagine
that one of you says *Me not know what these people mean.*
It like they only go to bed and dream. Imagine that.

　　　　　　　　　　　　　　－「외국」("Foreign") 전문

이 작품의 외국인 화자는 머리로는 원래의 자신의 모국어로 말하지만 실제로는 자신이 정착한 나라의 말을 하고 있다. 이 화자는 고향으로 편지를 쓸 때마다 자신의 모국어로 편지를 쓰면서 어린 시절 들었던 엄마의 자장가를 의식의 저 한편으로 떠올리며 눈물짓지만 이런 상황에 어떤 말이 적절한지 알 수가 없다. 또한 이들 외국인들이 종종 마주치는 것으로 시인은 동네 담벼락에 붉은 페인트로 그들의 이름이 개칠된 것을 보는 일임을 상기시킨다. 물론 이런 일뿐만 아니라 동네 조그만 가게에서 과일을 살 때도 손아귀에 쥔 동전을 선뜻 내밀지 못하고 말을 우물거리며 손가락으로 자신이 살 과일을 가리키는 일도 외국인이 겪는 일임을 시인은 놓치지 않는다. 이들의 내면에서는 그 나라 말을 하고 있는 본토박이 사람들이 도대체 무슨 말을 하는지 알 수 없다. 시인은 이런 사람들의 처지를 외국인이 직접 화자로 등장하여 말하도록 설정함으로써 그들의 내면을 생생하게 전달한다.

이처럼 더피는 이제까지 전혀 목소리를 낸 바 없는 이들 외국 이민자들에 목소리를 부여하여 그들이 겪는 정체성의 혼란과 언어 구사의 문제로 겪는 소외감과 절망감을 형상화한다. 이제까지 목소리를 갖지 못했던 인물로 하여금 직접 자신의 목소리를 내도록 설정하는 더피의 방식은 『세상의 아내』에 실린 작품들에서 빛을 발한다. 이 시집의 화자들은 모두 이제까지의 신화나 전설 또는 위인전에서 남성들 뒤에 존재했던 여성들이다. 이들은 세상에 전혀 알려지지도 언급되지도 않는 여성들이지만 더피는 이들을 불러내어 각자의 말들을 쏟아내도록 하고 있다. 그 중에서 「라자루스 부인」("Mrs Lazarus")은 남편 라자루스의 죽음과 부활에 가려진 그의 아내가 화자로 등장하여 미망인으로서의 자신의 처지와 세상의 냉대 및 그것을 극복하여 당당한 한 인간으로 서는 과정을 묘사한 작품이다.

나는 슬펐다. 나는 하루 밤낮을 울었다.
내 상실에 대해, 그리고 결혼할 때 입었던 옷을
가슴에서 찢어발기고, 고함지르고, 비명을 내지르며,
손에서 피가 날 때까지 무덤의 돌을 움켜잡고, 자꾸 자꾸
토악질을 해댔다 죽고 죽은 그의 이름 위에.

집으로 갔다. 그곳을 비워냈다. 싱글 침대에서 잠을 잤다.
미망인, 텅 빈 장갑 한 짝, 반 쯤 먼지 속에 있는
하얀 허벅지. 검은 가방 안에 어둔 색깔의 양복을 쑤셔 넣었고,
죽은 사람의 구두를 신고 발을 질질 끌며 걸었다.
그리고 내 다 드러난 목에 두 번 묶은 넥타이를 고리로 걸었다.

거울 속 앙상한 수녀, 자신을 만지는. 나는
사별의 신분을 알았다. 각각의 황폐한 틀 속의
내 얼굴의 표상. 그러나 그가 내게서 사라진 저 모든 나날들은
스냅사진의 크기로 쪼그라들면서 쭈그러지다가, 사라진다,

사라진다. 그의 이름이 그의 얼굴에 더 이상
어떤 마술이 되지 않을 때까지. 그의 머리에 난 마지막 머리카락이
책에서 나와 떠다닌다. 그의 냄새가 집에서 나왔다.
유언이 낭독되었다. 보라, 그는 사라지는 중이었다
내 금 반지에 간직된 조그마한 영으로.

그리고 그는 사라졌다. 그런 후 그는 전설, 언어가 되었다.
학교 교사의 팔 위에 얹어있던 나의 팔. 그의 코트 소매 아래,
나무 울타리를 따라, 한 남자의 힘이 지닌 충격.
그러나 나는 충실했다
그것이 있는 한, 그가 기억이 될 때까지는.

그래서 나는 그 들판에서의 저녁을 견딜 수 있었다,

맑은 공기의 숄을 두르고, 치유되어, 볼 수 있었다
하늘에 달의 가장자리가 떠오르는 것을,
토끼가 덤불에서 뛰어 오르는 것을. 그리고는 알아차릴 수 있었다
마을의 남자들이, 소리 지르며, 내게 달려오는 것을.

그들 뒤로는 여자들과 아이들, 짖어 대는 개들,
그리고 나는 알았다. 나는 알았다, 대장장이의 얼굴에 감돌던
교활한 빛과 술집 여자의 날카로운 시선을 통해,
나 앞에서 갈라지는 군중들의 열나게 꽝꽝거리는 속으로
나를 품고 가는 갑작스런 손길들을.

그는 살았다. 나는 그의 얼굴 위에서 두려움을 보았다.
나는 그의 어머니의 미친 노래 소리를 들었다. 나는 그의
악취를 숨 쉬었다. 나의 신랑은 썩어가는 수의를 입고,
무덤이 느릿느릿 씹어대는 것으로부터, 축축하게 흩어졌다,
물려지지 않은, 그의 불륜의 이름을 쉰 소리로 말하며, 그의 시절에서 벗
어나.

I had grieved. I had wept for a night and a day
over my loss, ripped the cloth I was married in
from my breasts, howled, shrieked, clawed
at the burial stones until my hands bled, retched
his name over and over again, dead, dead.

Gone home. Gutted the place. Slept in a single cot,
widow, one empty glove, white femur
in the dust, half. Stuffed dark suits
into black bags, shuffled in a dead man's shoes,
noosed the double knot of a tie around my bare neck,

gaunt nun in the mirror, touching herself. I learnt
the Stations of Bereavement, the icon of my face
in each bleak frame; but all those months
he was going away from me, dwindling
to the shrunk size of a snapshot, going,

going. Till his name was no longer a certain spell
for his face. The last hair on his head
floated out from a book. His scent went from the house.
The will was read. See, he was vanishing
to the small zero held by the gold of my ring.

Then he was gone. Then he was legend, language;
my arm on the arm of the schoolteacher-the shock
of a man's strength under the sleeve of his coat-
along the hedgerows. But I was faithful
for as long as it took. Until he was memory.

So I could stand that evening in the field
in a shawl of fine air, healed, able
to watch the edge of the moon occur to the sky
and a hare thump from a hedge; then notice
the village men running towards me, shouting,

behind them the women and children, barking dogs,
and I knew. I knew by the sly light
on the blacksmith's face, the shrill eyes
of the barmaid, the sudden hands bearing me
into the hot tang of the crowd parting before me.

He lived. I saw the horror on his face.
I heard his mother's crazy song. I breathed
his stench; my bridegroom in his rotting shroud,
moist and dishevelled from the grave's slack chew,
croaking his cuckold name, disinherited, out of his time.

— 「라자루스 부인」("Mrs Lazarus")

　　성경에서 라자루스는 죽음의 세계로부터 부활한 사람이다. 이 시는 그
라자루스가 아닌 그의 부인을 상상하여 시의 화자로 삼고 있다. 즉 화자는
남편의 죽음과 부활을 모두 겪으면서 할 말이 무척 많았음에도 불구하고
발언의 기회를 전혀 갖지 못한 여성이다. 이제까지 누구도 라자루스 부인
에 대해서 상상도 하지 않았을 터이지만 더피는 라자루스 부인에게 말을
하게 하여 그 내면을 드러내 보인다. 첫 연에서 화자는 남편과 사별한 후의
슬프고도 황망한 처지를 한 짝이 사라져 쓸모없게 된 장갑 한 짝으로 비유
한다. 그리고 죽은 남편의 옷과 신발을 정리하며 조금씩 그를 완전히 떠나
보내면서 그녀는 처음의 격렬한 슬픔과 아픔에서 벗어난다. 그러나 죽은
남편은 여전히 그녀의 주변에 남아 있다. 그는 죽은 후에도 어디에서나 보
이는 그의 영상으로 또는 냄새와 옷차림 등으로 나타나지만, 화자에게는
무엇보다도 금반지와 같은 제로의 모습으로 남아 있다. 즉, 라자루스는 죽
었지만(제로, 영) 그 부인에게는 여전히 결혼의 약속으로 존재하는 것이다.
그리고 화자는 누군가와 데이트를 하면서 사별의 상처에서 회복하지만 곧
바로 들리는 동네 사람들의 비난을 통해 여전히 남편 라자루스의 힘이 자
신에게 가해지는 것을 경험한다. 5연과 6연의 묘사는 혼자가 된 라자루스
부인의 생활이 다른 사람들에게는 간통의 것으로 평가되어 결국 라자루스
가 다시 부활한 것으로 받아들여진다. 따라서 6연의 첫 행에서 "그가 살았
다"는 언급은 부활한 라자루스를 그 부인의 눈으로 보면 자신의 홀로된 삶

을 용납하지 못한 다른 사람들의 평판으로 되살아난 사람이다. 그러니 그는 더 이상 이전의 살아 있을 때와 같이 당당하거나 자신 있는 사람이 아니라, 썩어가는 수의 속에서 시대로부터 무덤으로부터 해체되는 존재이다. 화자에게 그는 더 이상 부활하여 하나님의 말씀을 이 세상에 전하는 라자루스가 아니라 여전히 죽음 속에서 힘을 잃어가는 나약한 남성일 뿐이다.

이러한 라자루스 부인을 통해 더피는 남편의 죽음을 오래 오래 애도하지도 않고 미망인으로서의 삶을 이어가지도 않는 현대 여성의 모습을 형상화 하고 있다. 라자루스 부인의 삶을 묘사하면서 더피는 라자루스가 전하는 기존의 영의 세계, 말씀의 세계, 권위의 힘이 아니라 나약하되 현실에 충실한 여성의 삶을 시의 중심에 놓고 있다. 그리고 라자루스는 성경에서처럼 당당한 모습이 아니라 죽음의 연장선 위에 있는 존재로서 살아 있는 라자루스 부인에게 아무런 의미도 없는 존재로 그려지고 있다. 따라서 살아 있는 라자루스 부인의 삶에 라자루스는 그저 죽음의 그림자로 드리워져 있으며 그것을 해체하는 것이 바로 라자루스 부인의 남은 삶일 것이며 시인이 말하고자 하는 여성의 삶일 터이다.

*

여성이나 이민자 또는 외국인을 화자로 등장시켜 직접 그들의 내면을 토로하게 하는 것은 그들에게 자신들의 말이 존재한다는 것을 보여주는 방식이기도 하다. 즉 누구든지 자신의 정체성을 깨닫고 알리는 것에는 말이 중요하다는 전제를 더피는 자신의 작품에서 보여주고 있는 것이다. 대학 시절 철학을 전공으로 공부한 더피는 비트겐슈타인 등의 철학자들의 언어 문제에 대한 연구로부터 영향을 받은 것으로 알려지고 있다. 이들 언어철학자들의 주장대로 더피는 언어가 현실의 현상을 그대로 전달하지 않는다는 점에 주목한다. 즉 일상생활에서 사용하는 우리의 언어가 사실을 왜곡하거나 감추어 그 의미를 제대로 전달하지 않는다는 것이다. 사실로 전달하는 것이 진정한 언어의 역할일 터인데, 오늘날 언어는 더피가 보기에 오히려 사실을 덮어 다른 의미의 것으로 바꿔버리는 도구로 비쳐진다. 완곡한 표현으로 사물을 미화하거나 그것의 성격 자체를 다른 성격의 것으로 전달하려는 시도는 바로 그런 예의 하나인 것이다.

특히 언어의 문제가 여성이니 외국인 등 사회의 소외자 또는 약자의 관점에서 어떻게 사용되고 받아들여지는지를 형상화함으로써 더피는 언어가 곧 사회문화적 맥락에서 하나의 권력 표상임을 드러낸다. 언어를 사용하는 사람이 누구냐에 따라서 언어는 단순한 기호나 약속에 머무는 것이 아니라 자신의 정체성을 규명하는 도구이기도 하고, 말하는 사람의 사회적 행동을 드러내는 표피로서의 기능도 지닌다는 것이다. 그래서 더피의 시는 현대 영국에서 늘 논의되어 온 언어의 개념에 대한 정의들을 시적으로 형상화한다는 것에도 의미를 지닌다. 언어를 도구로 사용하는 예술이 언어의 정체성을 밝히려 한다는 것은 순환적 모순에 빠질 수도 있으나 더피는 이를 자신 만의 방식으로 극복하는 것처럼 보인다. 그것은 언어에 대해 규정하려 하면서도 언어를 통해 자신의 대 사회적 행동의 하나를 실천한다는 점에서 찾을 수 있다. 즉, 언어의 성격이 불완전하고 늘 가변적이며 사회 권력의 실천 도구라는 것을 인정하면서도 더피는 그것이 결국 인간의 삶을 규정하는 또 다른 요소임을 인식한다. 살아 있다는 것이 그저 호흡하는 것만으로는 충분하지 않고 움직여 파장을 일으키면서 그 존재성을 드러내야 하는 것이어야 한다는 점에서 언어는 살아 있음을 증명하는 도구인 셈이다.

그런데 언어를 통한 정체성 표현 및 언어 자체에 대해 문제를 제기하는 더피의 자세는 언어 철학자의 그것과는 다르다. 이는 더피의 작품들이 추상적이고 사회적인 문제들을 다루고 있음에도 불구하고 일상적인 삶의 경험과 관련하여 그 의미들을 형상화하는 것에서 비롯된다. 특히 현대 영국 사회가 직면한 이민자들의 소통 문제, 여성과 유색인종 등의 소수 계층 사람들의 자기표현과 자기 정체성 문제 등과 직접 관련지어 언어의 문제를 제기함으로써 더피의 작품은 현대 영국의 일상적인 문제들을 대면하게 한다. 그래서 그녀의 작품은 현대의 영국사회의 문제들에 대해 영국이 어떤 행동을 할 것인가라는 질문과도 관련된다. 가령 더피가 여성문제를 시적으로 형상화한다고 할 때 그녀는 언어와 여성 의식을 긴밀하게 연관시킨다.[2] 그리고 이러한 의식은 사회적으로 여성운동에 가세한다는 등의 실천적 운동으로 나타나기 보다는 시적 형상화로 나타난다. 즉, 그녀에게 있어서 언어가 행동하는 언어로서 의미를 지니는 것은 결국 시인으로서의 시 창작에서 언어에 대한 그녀의 관점이 실현되는 것임을 입증하는 일이다. 이것이 그녀의 행동하는 말들에 대한 탐구인 것이다. 뿐만 아니라 그녀의 많은 작품들이 사회소외계층 사람들의 내면을 그들의 목소리를 통해 드러내고 있는 점 역시 그녀가 추구하는 행동하는 언어에 대한 탐구로 이해할 수 있다.

행동하는 언어에 대한 탐구는 여성을 비롯한 외국 이민자들이나 소외계층 사람들의 정체성에 대한 탐구와 관련되면서 더피의 작품이 현대 영국사회를 번역한다는 평가로도 이어진다. 그렇다고 해서 더피의 작품들이 리얼리즘의 맥락에 닿아 있는 것은 아니며, 오히려 초현실주의의 기법을 빌려서 현대인들의 분열되고 모순되는 내면을 그려 보인다. 그리고 엘리엇(T. S. Eliot)의 '몰개성론'과 극적독백의 방식을 계승한다는 평가를 받을 정도로 그녀는 극적독백의 기법을 즐겨 사용한다. 특히 더피 작품의 극적독백은

---

2) 더피는 자신이 여성이기 때문에 여성 의식을 남성보다 더 잘 그릴 수 있다고 단언하지는 않지만 스스로 여성이라는 점을 군이 회피하지도 않는다. 그녀는 여성시인으로서는 최초로 계관시인에 임명된 것을 기쁘게 생각한다고 말한 바 있으며(*The Guardian* 2 May 2009), 또한 자신이 계관시인으로 임명된 것에는 여성이라는 사실이 작용했을 것임을 잘 알고 있다고 말한 바도 있다(*The Observer*, 3 May, 2009).

이전 시인들과는 달리 화자와 시인간의 거리가 명확하지 않다. 극적 화자는 시인 자신과는 확연히 다른 인물임에도 불구하고 그 인물과 시인은 일체된 것 같은 느낌을 불러일으킨다. 마치 모형인형극에서 목소리로 인형의 내면을 연기하는 배우처럼 시인이 시적 화자 뒤에서 그에게 목소리를 부여하는 것이다. 그러니까 화자와 시인은 다르면서도 같은 존재인 셈이다. 이를 통해 시인은 자신이 아니면서도 자신인 것처럼 화자를 설정하여 그가 행하는 독백이 자신의 발언인 것처럼 독자들에게 전달하는 것이다. 그래서 더피의 작품들이 다루는 사회 문제들은 전통적인 영시 형식에 대한 새로운 활용으로 이제까지와는 다른 관점과 방법에 의한 해결을 암시한다.

이러한 더피 시의 특징은 제2차 세계대전 이후 영국 시인들이 제기해온 주요한 이슈, 가령 영국적 특성, 즉 'Englishness'의 의미에 대한 새로운 규정과도 관련된다. 이전 시인들 중 특히 라킨(Philip Larkin)은 영국 국민의 대다수를 구성해 왔던 앵글로색슨 족의 관점에서 영국사회의 보다 더 개방화되는 변화에 대한 한탄과 야유, 그리고 전통적인 영국의 관습과 풍습에 대한 향수 등을 함축함으로써 시인 자신뿐만 아니라 당대 영국의 주류계층이 어떤 시선으로 영국의 정체성의 변화를 받아들였는지를 드러내 보인다. 따라서 라킨의 관점은 남성이자 앵글로색슨 엘리트의 관점이라고도 할 수 있는데, 70년대를 지나면서 영국사회가 겪는 다양한 인종의 유입과 문화적 변화들을 고려할 때 라킨 류의 영국 정체성 인식 역시 이제 변화해야 하는 것이 당연한 일이라고 할 수 있겠다.

더피의 작품은 바로 이러한 변화의 시점에 서 있다. 그녀는 바로 직전 세대의 남성시인들에 비해 기존의 시선과 판이하게 다른, 여성과 외국인 등의 소수자의 관점을 제시하여 새로운 영국 정체성을 제시한다. 이는 더피의 작품이 지니는 의미를 두드러지게 하는 요소이다. 그리고 그녀의 작품은 현대 영국인들이 겪고 있는 고민을 집약하는 동시에 시적 언어와 형식의 측면에서도 그에 걸맞은 새로운 실험들을 통해 진 영국시단의 새로운 흐름을 주도한다. 더피가 1999년 계관시인으로 임명된 것은 바로 이 점을 영국사회가 인정한 것이라 할 수 있다. 그만큼 더피는 현재 영국의 다양한 사회 현상들을 새로운 눈으로 객관화하고 형상화하고 있는 시인임을 인정받고 있는 것이다.

■ 참고문헌

Duffy, Carol Ann. *Mean Time*. London: Picador, 1993.

_____. *The Other Country*. London: Anvil, 1990.

_____. *Selling Manhattan*. London: Anvil, 1987.

_____. *Standing Female Nude*. London: Anvil, 1985.

_____. *The World's Wife*. London: Picador. 1999.

허현숙. 「현대 영국 번역하기: 캐롤 안 더피의 시」. 『현대영미시연구』. 8.1 (2002): 99-121.

_____. 「소외된 자의 독백: 캐롤 안 더피 시의 복화술적 화자」. 『영어영문학』 51.4 (2005): 809-35.

Jeon, Bo-mi. "Interrogating Iconized Masculinity and English National Identity in Carol Ann Duffy's Poetry." *Studies in Modern British and American Poetry* 18.2 (2012): 197-220.

Kinnahan, Linda A. "'Look for the Doing Words': Carol Ann Duffy and Questions of Convention." *Contemporary British Poetry: Essays in Theory and Criticism*. Ed. James Acheson & Romana Huk. Albany: New York State UP, 1996. 245-68.

Michelis, Angelica & Antony Rowland, eds. *The Poetry of Carol Ann Duffy: 'Choosing tough words'*. Manchester: Manchester UP, 2003.

Rees-Jones, Deryn. *Carol Ann Duffy*. Devon: Northcote House Publishers, 2001.

| 필자 소개 |

김양순(고려대)

T. S. 엘리엇과 제프리 힐에 관한 연구로 박사학위를 취득함. 논문 「아시아계 미국시의 재편성: 캐시 송, 명미 김, 수지 곽 김의 차이를 중심으로」(2010), 「W. S. 머윈의 생태시: 암울한 현실과 심미적 시의 경계를 가로지르며」(2011).

김준환(연세대)

에즈라 파운드와 찰스 올슨 전공, 현재 영미 모더니즘과 한국 모더니즘을 비교하여 연구하고 있음. 논문 「최재서의 엘리엇읽기에 대한 몇 가지 단상」(2011), 「김기림의 반-제국/식민 모더니즘」(2008), 저서 *Out of the "Western Box": Towards a Multicultural Poetics in the Poetry of Ezra Pound and Charles Olson.*(New York: Peter Lang, 2003). 역서 이글턴, 프레드릭 제임슨, 에드워드 사이드 저 『민족주의, 식민주의, 문학』(2011).

독고현(부산교대)

랭스턴 휴즈를 전공했으며 흑인음악시를 중심으로 문학과 음악의 융합 및 문화예술교육에 관해 연구 중임. 논문 「블루스시와 현대시조의 형식미 연구」(2011), 「힙합문화와 음악교육콘텐츠」(2010).

박연성(전남대)

W. H. 오든을 전공, 최근 드니스 레버토프와 조이 하조의 시로 연구의 외연을 넓히고 있으며 영시의 영어교육활용법에도 천착 연구하고 있음. 논문 "Ecocritical Reading of Auden's Poetic Works — With Focus on His Austrian Days."(J. Douglas Stuber와 공저, 2012), "College EFL Classes through English Poetry Instruction Incorporating the Multiple Intelligences Theory."(2013).

송지윤(고려대)
모더니스트 시인들의 서사기법에 관하여 연구 중임. 논문 「토니 해리슨의 전쟁시 연구: 현실 마주하기」(2008), 「거트루드 스타인과 언어시인의 서술 기법 비교 — 모더니즘과 포스트모더니즘의 경계에서」(2013).

신문주(서강대)
에밀리 디킨슨을 전공했으며 디킨슨과 메리 올리버의 자연시를 생태시의 관점에서 비교 연구하고 있음. 논문 "Emily Dickinson's Ecovision: the Interrelatedness of Nature and Human Beings,"(2009) "'Love for the Earth and Love for You': Christian Nature Spirituality in Mary Oliver's Thirst"(2012).

신원철(강원대)
G. M. 홉킨즈를 전공, 홉킨즈와 다른 시인들을 비교하는 쪽으로 연구를 확대하고 있으며 문예지를 통하여 영미시 전반을 일반인들에게 소개하고 있음. 저서 『현대미국시인 7인의 시』(2008). 논문 「생동하는 감각들: 홉킨즈와 딜런 토마스의 시」(2012).

염정인(한국외대)
셰이머스 히니를 전공했으며 이 시인의 최근 시를 집중적으로 연구하고 있음. 논문 「셰이머스 히니의 『스테이션 섬』의 전략: 불편한 끼어들기」(2008), 「쎄이머스 히니 시의 반어법과 페이소스에 관한 고찰」(2012).

염주경(건국대)
에밀리 디킨슨을 전공했으며, 신화 특히 원시신화와 여성주의 시인들에 관심을 가지고 연구하고 있음. 논문 「콜리지의 「크리스타벨」과 디킨슨의 시에 쓰인 신화: 원형적 어머니 데메테르-페르세포네의 부활」(2004).

이현숙(한국외대)
실비아 플라스를 전공했음. 논문 「실비아 플라스의 후기시에 나타난 자아 회복의 열망」(2002), 「실비아 플라스의 시에 나타난 결혼 생활의 위기와 갈등」(2001). 역서 『거상 — 실비아 플라스 시선』(1986), 『티베트 원정기』(2006).

정옥희(김포대)
윌리엄 칼로스 윌리엄스를 전공했으며 로버트 크릴리, 매리언 무어 등 현대시인들과 영어교육 쪽으로 연구를 확장하고 있음. 논문 「매리언 무어의 시학에 관한 시들 — "진정한" 어떤 것」(2012), 「하이쿠 및 짧은 서정시를 통한 영작교육」(2012). 영역서 『한국의 판소리문화』(2009).

최용미(이화여대)
윌리엄 칼로스 윌리엄스를 전공했으며, 미국 모더니즘 장시의 서사양식과 도시공간의 관계를 연구하고
있음. 논문 「거리산보자의 도시공간 읽기 - 『패터슨』과 『율리시즈』」(2012). 역서 『아듀 데리다』(2013).

한지희(경상대)
에이드리언 리치 전공, 리치의 시와 산문에 대한 연구를 지속적으로 진행하고 있음. 역서 에이드리언 리
치의 시전집 『문턱 너머 저편』(2011). 논문 「"저도 노란 별을 달지요" - 에이드리언 리치의 유태계 인종
의식과 종교적 예술가의 책임의식」(2012).

허현숙(건국대)
예이츠를 비롯한 현대영미시인들과 특히 아일랜드 시인들 및 여성 시인들에 대해 연구해왔음. 논문 「"완
곡하게 말하기": 폴 멀둔의 초기 시」(2010), 「드니스 레버토프의 베트남 전쟁시」(2010), 「셰이머스 히니
의 시학」(2012). 번역서 휘트먼의 『풀잎』(2011), 존 키츠 시 선집 『빛나는 별』(2012).

홍성숙(청주대)
셰이머스 히니를 전공했으며 현대 영미시와 르네상스 영시를 폭넓게 연구하고 있음. 저서 『현대 아일랜
드 문학 전통과 셰무스 히니 시 연구』(1997), 『르네상스 영시와 성 문화』(2013). 논문 「Robert Herrick
의 Hesperides 연구」(1983)와 「아일랜드 현대 문학에 나타난 대 기근: 제임스 글라렌스 망간으로부터
셰무스 히니까지」(2007).